맞춤형 글쓰기

사범·예체능 계열

사범·예체능 계열 맞춤형 글쓰기

초판 2쇄 2017년 4월 25일
초판 1쇄 2016년 8월 30일

지은이 박은정 · 신승용 · 정정순
펴낸이 서길수
펴낸곳 영남대학교출판부

출판등록 1975년 9월 5일 경산 제16-1호
주소 경북 경산시 대학로 280
전화 053) 810 - 1801~3
FAX 053) 810 - 4722
홈페이지 book.yu.ac.kr

ISBN 978 - 89 - 7581 - 476 -1

맞춤형 글쓰기

사범·예체능 계열

박은정 · 신승용 · 정정순

영남대학교출판부

머리글

'맞춤형 글쓰기'는 지금 우리나라 대학 글쓰기 교육의 큰 흐름이다. 맞춤형 글쓰기란 전공과 계열을 최대한 고려하고, 그 직업 세계에서 전문가로서 활동하는 데 필요한 글쓰기 능력을 키우기 위해 2004년 우리 대학에서 최초로 시도한 글쓰기 교육의 이름이다. 그것이 전국적으로 확산되어 이제는 대학 글쓰기 교육의 주요한 방향이 되고 있다.

이 책은 2004년 맞춤형 글쓰기의 목적과 내용을 계승 발전시킨 것이다. 계승한 것은 전공과 계열을 고려한 글쓰기와 전문적인 직업 세계에 필요한 글쓰기를 계열별 글쓰기와 실용 글쓰기란 이름으로 수용한 것이다. 또한 변화 발전한 것은 자칫 기능적인 글쓰기 교육에 머물러 놓치기 쉬운 지성인으로서의 사유와 표현의 연관성 문제를 교육 과정에 담았다는 것이다. 또한 사유의 지평을 넓히기 위해 명저 읽기를 함께 구성한 것도 나름의 변화라 할 수 있다.

생각해 보면, 대학에서 학생들이 접하는 글은 전공과 계열에 따라 매우 다르다. 내용과 표현 방식은 물론이고 심지어 어휘까지도 큰 차이가 있다. 맞춤형 글쓰기는 이런 현실에 대응하기 위해 그동안 동일한 내용과 방식으로 진행되어 오던 글쓰기 교육의 틀을 바꾼 역사적인 의미가 크다. 자신에게 주어진 글쓰기 상황과 괴리된 글쓰기 수업이 얼마나 교육적일 수가 있겠는가. 이러한 문제적 상황을 해소하고 학생들의 현실적 욕구에 대응하기 위해 전공과 연계된 글쓰기 교육을 한다는 것은 학생들이 글쓰기를 스스로 실감하도록 한다는 점에서 중요한 의미를 지닌다. 그것은 곧 미래의 직업 세계와도 연계되어 학생들에게 실질적인 의사소통 경쟁력을 높이는 계기가 되기도 한다.

그러나 한편, 우리가 배우는 글쓰기의 목표가 단순한 글쓰기의 기술 습득에만 있다면, 그것은 진정한 글쓰기의 지향과는 거리가 있다. 글쓰기는 글쓴이의 주체적 삶의 표현이자 그 정신과 가치를 드러내는 자기 정체성의 실현 방식이다. 이 책의 집필에 참여한 저자들이 특별히 고민한 부분도 바로 이것이다. 대학생으로서 스스로 갖추어야 할 지적 사유들, 예를 들면 인간에 대한 다양한 이해력, 사회 공동체나 세계의 공존적 가치에 대한 깊은 생각, 학문을 탐구하는 이유와 자신의 삶에 대한 주체적 성찰 등은 글쓰기의 주인공으로서 대학의 지식인들이 갖추어야 할 전제들이다. 이 책은 이러한 지성적 사유와 그것을 표현하는 글쓰기를 함께 구성하고 교육시켜야 한다는 저자들의 생각을 담고 있다. 이는 교재를 집필하는 저자들이 대학 글쓰기의 방향과 교육적 목표에 대해 오랫동안 고민한 결과이기도 하다.

그런 의미에서 잠시 이 교재의 집필 과정에 대한 설명을 보태어 그 의미를 되새기고자 한다. 이번 교재 집필에 참여한 저자들은 우리 대학 문과대학 국어국문학과와 사범대학 국어교육과, 그리고 교양학부의 교수들이다. 저자들은 먼저 글쓰기 교재의 방향과 구성, 내용에 대하여 지난 1년여 간 논의와 회의를 진행하였다. 국내외 대학의 사례를 살피고, 관련 자료를 찾아 분석과 정리를 하는 한편, 글쓰기 교육의 철학과 정신, 가치와 필요성 등에 관해서도 깊은 이야기를 나누었다. 그 결과 글쓰기 교육이 교양 교육의 영역이면서도 모든 학문과 교육의 토대가 된다는 기본적인 인식을 공유하였다. 이를 바탕으로 학생들에게 글쓰기 교육의 정신과 함께 사유와 표현의 연관성, 전공 공부를 하는 데 필요한 글쓰기, 나아가 이후 직업 세계에서 필요한 글쓰기 능력 배양 등을 큰 목적으로 하여 교재를 편찬하자는 데 뜻을 같이 하였다. 편찬 과정은 우선 계열별 교재의 방향과 목적, 기본적인 구성을 상호 공유한 후, 계열별로 집필 작업에 들어갔다. 그리고 교재는 최종적으로 다음과 같은 네 계열로 나누어 그 내용을 구성하게 되었다.

① 인문 계열 맞춤형 글쓰기
-인문정신과 글쓰기, 생각하기와 글쓰기, 인문학적 글쓰기와 사유의 심화(에세이, 인터뷰, 비평, 논설), 인문학 전공자를 위한 실용 글쓰기(자기 소개서, 보고서, 발표, 인문콘텐츠 기획서)

② 사회 계열 맞춤형 글쓰기
-사회과학적 글쓰기의 방향, 글쓰기의 기초, 글쓰기의 확장(성찰적·소통적·비평적·융합적 글쓰기), 글쓰기의 실용(과제 제안서, 기획서, 프레젠테이션, 보도·홍보자료, 자기 소개서, 이력서)

③ 이공 계열 맞춤형 글쓰기
-과학 기술자의 글쓰기, 과학 기술 글쓰기의 기초, 과학기술 글쓰기의 심화(보고서, 논문, 에세이 작성), 과학기술자의 사회적 의사소통(이력서, 자기 소개서, 제품 설명서, 프레젠테이션, 디지털 글쓰기)

④ 사범·예체능 계열 맞춤형 글쓰기
-글쓰기의 중요성, 글쓰기의 기초, 전공 글쓰기, 실용 글쓰기(프레젠테이션, 자기 소개서/이력서, 기획서, 디지털 글쓰기)

이 책은 맞춤형 글쓰기의 전체적인 방향 속에서 계열별로 나름의 특징을 최대한 살려 구성하였다. 그러므로 글쓰기 교육에 대한 공동의 방향성과 함께 계열별 개성을 최대한 수렴한 책이라 할 수 있다. 또한 맞춤형 글쓰기 교육의 흐름을 나름대로 창의적으로 계승하였다는 점에서 작은 자부심을 가진다. 이는 교재 집필에 참여한 교수들의 노력과 쉽지 않은 집필의 과정이 있었기 때문에 가능한 것이었다. 그러나 여전히 고치고 보태야 할 것이 많은 책이다. 그런 의미에서 교재 집필에 참여한 저자들을 계열별로 밝혀 그동안의 노고에 대한 격려와 책임감을 함께 느끼고자 한다.

① 인문계열 맞춤형 글쓰기 교재는 박승희, 서희정, 최윤정 교수, ② 사회계열 맞춤형 글쓰기 교재는 김문주, 김세환, 신태수 교수, ③ 이공계열 맞춤형 글쓰기 교재는 김기호, 김원준, 조보라미 교수, ④ 사범·예체능 계열 맞춤형 글쓰기 교재는 박은정, 신승용, 정정순 교수가 집필에 참여하였다.

이 책이 나오기까지 열악한 상황 속에서도 좀 더 나은 책으로 학생들을 만날 수 있도록 노력을 아끼지 않은 영남대학교 출판부의 이종백 실장님과 그 외 담당자 분들에게도 감사의 말씀을 드린다. 교재 한 권이 교육 전체를 책임질 수는 없다. 다만, 이 교재가 대학생들에게 글쓰기를 공부하는데 좋은 길라잡이가 되길 바라며, 나아가 글쓰기 수업 이후에도 대학생들과 함께하는 좋은 친구로 남길 바랄 뿐이다.

2016년 8월

영남대학교 ‘맞춤형 글쓰기’ 집필진 일동

일러두기

'내가 사는 세상을 읽어 내고, 나를 세상에 알리는 글을 쓴다.' 이것이 사범·예체능 계열 맞춤형 글쓰기의 1차적인 목표이다. 이러한 목표 달성을 위해 교직이나 예·체능 직무에서 글쓰기가 어떤 의미를 가지고 있는지를 이해하고 글쓰기의 필요성과 중요성을 깨닫는다. 그리고 글을 쓰기 위한 기본적인 방법들을 익히고, 다양한 형식의 전공 및 실용적인 글을 접하고 또 직접 써 보게 될 것이다.

본 강좌는 총 15주에 걸쳐 강의가 이루어지며, 책의 구성은 총 4부 14장으로 구성되어 있다. 사범 계열과 예체능 계열을 통합하면서도, 사범 계열과 예체능 계열의 독자적인 영역을 살리기 위해 각 영역의 독자성을 고려한 내용이 각각 2장씩 들어가 있다. 그래서 내용상으로는 실질적으로 사범 계열이 12장, 예체능 계열이 12장으로 구성되어 있다고 할 수 있다. 제1부의 제2장과 제3장, 그리고 제3부의 제8장과 제9장이 각각 전자가 사범 계열, 후자가 예체능 계열을 고려한 장으로 구성하여, 사범 계열과 예체능 계열에서 각각 선택해서 강의할 수 있도록 하였다.

본 강좌의 학습 내용을 소개하면 다음과 같다.

제1부는 '왜 글쓰기가 중요한가?'라는 제목 하에 제1장에서는 글쓰기의 의의에 대해 함께 생각하면서 그 필요성과 의의를 내재화하도록 하였다. 그리고 제2장은 '교직과 글쓰기', 제3장은 '예술가와 글쓰기'인데, 사범 계열에서는 제2장을, 예체능 계열에서는 제3장을 선택해서 강의할 수 있게 하였다. 교직에서 글쓰기가 왜 필요하고 중요한지, 예체능 분야에서도 글쓰기가 왜 중요한지에 대한 내용을 담고 있다.

제2부는 '글쓰기의 기초'인데, 여기서는 제1부의 내용을 학생들이 내재화한 후에 이제 실질적으로 글을 쓸 때 필요한 구체적인 방법들을 배울 수 있게 하였다. 제2부는 제4장 ~ 제6장의 총 세 개의 장으로 구성되어 있다. 제4장 '무엇에 대해 쓸까'는 발상에 대

한 내용이고, 제5장 '어떻게 쓸까'는 발상을 하고 난 뒤, 그리고 주제가 설정되고 난 뒤의 과정에 대한 내용이다. 즉 개요를 작성하고 문장을 쓰고, 문단을 쓰는 방법론에 대한 내용을 담았다. 제6장 '고칠수록 나아진다.'는 글이 완성된 후에 내용에 대한 퇴고, 문단 및 문장에 대한 퇴고, 맞춤법 교정과 관련된 과정과 방법론을 익힐 수 있게 하였다.

제3부는 '전공 글쓰기'에 대한 내용으로 구성되어 있다. 제3부는 제7장 ~ 제10장 총 4장으로 구성되어 있다. 제7장은 글쓰기에 있어서 요약의 중요성과 의의에 대해 소개하고, 실제 요약하기 연습을 해 보도록 구성하였다. 제8장 '교육의 나아갈 길'은 논술 글쓰기로 사범 계열에서, 제9장 '예술과 창의성'은 비평 글쓰기로 예체능 계열에서 선택해서 강의할 수 있게 하였다. 양쪽 계열 모두 제8장과 제9장을 모두 다루어도 무방하게 구성하였다. 그리고 제10장 '학문과 소통'은 보고서 쓰기에 대한 내용으로 대학 수업에서 내는 각종 보고서 쓰기의 기본적인 형식 및 내용 구성에 대한 방법을 소개하고 실제 보고서를 써 볼 수 있게 하였다.

제4부는 '실용 글쓰기'에 대한 내용이다. 실용 글쓰기 중에서도 중요하다고 생각하는 것들을 선별해서 제11장 ~ 제14장 총 네 개의 장으로 구성하였다. 제11장은 '프레젠테이션', 제12장은 '자기 소개서와 자기 서사문', 제13장은 '기획서', 제14장은 '디지털 시대의 글쓰기'로 이루어져 있다.

저자들은 책의 형식적인 체제에서는 여타의 글쓰기 교재의 기본적인 틀을 유지하였지만, 내용 면에서는 기왕에 나와 있는 글쓰기 교재와는 차별화된 교재를 만들고자 하였다. 그래서 실제 내용은 기왕의 교재에서 다루고 있는 원론적인 내용보다는 본 교재가 추구하는 목표를 달성할 수 있도록 신경을 써서 집필하였다. 그리고 글쓰기가 내용 없는 기교만으로 이루어지는 것은 아니기에 글을 쓰기 위한 읽기 자료에도 신경을 많이 썼다.

차 례

제1부

왜 글쓰기가 중요한가?

제1장

글쓰기의 **의의**

1. 글쓰기는 왜 필요한가?

> 이외수
> @oisoo
> 팔로우
>
> 글쓰기의 중요성이 절감되는 시대입니다. 하다못해 떡볶이 장사를 하더라도 멋진 광고 한 줄에 따라 매출이 달라집니다. 당장 취업을 하고 싶어도 자소서 한 장 변변히 쓰지 못한다면 낙방은 당연지사지요. 지금부터라도 글쓰기에 관심을 가져 봅시다.

글을 잘 쓰는 것의 중요성 혹은 필요성은 이미 여러 사람들이 강조한 바 있다. 이외수의 트위터 글 또한 일상적인 생활을 영위하는 차원에서 글쓰기 능력이 중요함을 재치있게 강조한 것이라 할 수 있다. 단순히 전문적인 능력을 신장시키기 위한 차원에서만 글쓰기 능력이 필요한 것이 아니라 일상적인 삶의 영역에서 글을 잘 쓰는 것이 큰 힘을 발휘할 때가 많은 것이다. 가령 연애를 시작하려고 할 때 어떤 방식으로 자신의 마음을 표현하느냐에 따라 그 관계의 성패가 좌우되기도 하며, 층간 소음이 심해서 마음고생이 심할 때 위층 사람에게 어떤 방식으로 표현하느냐에 따라 문제가 해결될 수도 있고 악화될 수도 있는 것이다.

무엇보다 글쓰기가 중요한 것은 하나의 인격적 주체로 성장하는 과정에서 자신의 사고 과정을 단련시키고 세계에 대한 성찰과 통찰을 견인하는 데 글쓰기만 한 역할을 하는 것이 없다는 점에 있다. 쓰기 위해서는 끊임없이 쓸거리들을 찾고 다듬고 갈음하고 그리고 결국 내 것으로 만들어야 한다. 좋은 요리를 하기 위해서 좋은 재료들을 찾고

요리하는 과정을 끊임없이 고민하고 탐구하듯, 좋을 글을 쓰기 위해서는 좋은 글쓰기 재료들을 찾고 구상하고 또 그것들을 벼려 내는 과정을 거쳐야 한다.

글쓰기는 대학 생활의 꽃이다.

대학 생활을 하는 동안 다양한 교양 과목들과 전공과목들을 들으면서 여러 종류의 글쓰기 과제를 부과 받게 된다. 글쓰기 과제는 평가를 위해 부과되는 경우가 대부분이며, 그 평가 결과에 따라 대학 성적이 좌우된다. 그러므로 글쓰기를 잘 해야 하는 이유는 우선 대학에서의 학점을 잘 받기 위해서라고 말할 수 있다. 이는 글쓰기를 잘해야 하는 현실적인 이유이면서, 외적 동기를 구성하는 요인이기도 하다.

하지만 이보다 더 크고 중요한 이유는 내적 동기에서 찾아져야 할 것이다. 대학생이라면 누구나 대학 생활을 하는 동안 자의에 의해서든 타의에 의해서든 여러 종류의 전공 서적이나 교양서적들을 찾아 읽게 된다. 그 과정에서 알아가는 즐거움을 느낄 수 있을 것이며, 더 알고 싶은 것들도 생길 것이다. 내가 새롭게 알게 된 것들을 효과적으로 잘 정리하고 조직하여 한 편의 보고서로 표현할 수 있을 때의 만족감, 내가 생각하고 표현하고자 하는 바들을 내 의도대로 표현할 수 있을 때의 즐거움은 그 어느 동기보다 강력하다.

글쓰기는 자신의 정신적, 인격적 성숙을 가능하게 하는 가장 유용한 방법 중의 하나이다. 쓰기는 과제의 성격에 따라 그 양상이 조금씩 다르긴 하지만, 우리의 사고력을 연마시키는 가장 효과적인 수단이다. 보고서를 준비하는 과정에서 찾은 자료들을 분석하고 분류하는 사고, 특정 사안에 대한 자신의 생각을 정리하고 가다듬는 과정에서 요구되는 비판적인 사고, 자신의 일상을 돌아보고 기록할 때 요구되는 성찰적 사고 등은 대학생에게 필수적으로 요청되는 사고 능력이며, 이러한 사고력의 발달을 바탕으로 할 때 글쓰기 능력은 나날이 향상될 수 있다.

성공적인 대학 생활을 위해 가장 우선적으로 요청되는 것이 글쓰기 능력이며, 또한 자신의 정신적 인격적 발달을 도모할 수 있는 가장 효과적인 수단이 글쓰기이다. 대학 생활 동안 자신이 얼마나 지적으로, 정신적으로 성숙하였는지 가늠하고 싶으면 4학년이 되었을 때 자신이 1학년 때 작성한 글이나 보고서를 다시 보라.

대학 졸업 후 사회는 나에게 어떤 능력을 요구하는가?

글쓰기 능력은 단순히 성공적인 대학 생활을 위해서만 요구되는 것은 아니다. 대학

생활은 특정 분야에 대한 지식의 폭을 확장하고 깊이를 심화해 가는 지적 훈련의 과정이기도 하지만, 졸업 이후 내가 선택한 진로에서 요구하는 능력을 갖추고 준비하는 도정이기도 하다. 따라서 4년간의 대학 생활 이후 나는 대학 담장 밖 어느 곳에 서 있을 것인지에 대한 답을 찾고 그에 상응하는 준비의 과정을 거쳐야 한다. 그 준비의 핵심은 사회에서 요구하는 역량이 될 것이다.

정보화 산업 기반의 미래 사회에서 필요로 하는 인재들에게 보편적으로 요구되는 역량은 크게 창의적 역량, 의사소통적 역량, 협동적 역량 등이다. 이때 의사소통적 역량의 핵심이 글쓰기이다. 의사소통을 위해 글쓰기만큼 좋은 수단은 없다.

글쓰기가 즐겁다고 생각하는 사람은 그리 많지 않다. 그것을 업으로 삼아 신명으로 글을 쓰는 사람조차도 때로는 글쓰기의 어려움을 호소하는 경우가 있다. 그럼에도 불구하고 글만큼 자신의 생각을 효과적으로 전달하는 방법도 그리 흔치 않다. 의사소통이 전제되지 않는 글쓰기는 없다. 독자가 자신인 일기조차도 자신의 내면과의 의사소통을 이미 전제하고 있다. 그런 의사소통은 자신만의 독특한 언어를 가지면 더 맛을 낼 수 있다. 예술가이면서도 뛰어난 행정가였던 한국예술종합학교 전 총장인 이강숙은 의사소통의 소중함을 다음처럼 말한 바 있다.

> 행정이 뭔지 아직도 모른다. 다만 학교도 사람이 얽히고설키는 곳이라고 생각한다. 나도 여기에 잘 얽히고설키려 한다. 행정은 그저 사람이 일을 하게 하는 절차 정도로 이해하고 있다. 현안이 불거지면 상식선에다 여론을 보태 풀어 나간다. 모르면 묻는다. 옳다 싶으면 밀어붙이고 아니다 싶으면 곧장 수정한다. 사무직원들의 마음을 번역한다. 사무직원들의 언어와 교수들의 언어가 다르기 때문이다.
>
> 부부 간에도 돈주머니가 다르다. 항차 남남 사이인데…. 그래서 사무직원과 교수간의 언어를 서로 번역해 준다. 사람들 간에 나름대로 벽이 존재한다. 같은 한국어를 사용해도 벽이 있으면 외국어가 된다. 소통이 안 되면 동일 언어도 적대 언어가 되고 만다.
>
> 많은 사람을 만나면서, 절제된 언어의 필요성을 느꼈다. 짧은 시간에 상대방을 설득해야만 했기 때문이다. 자기 입장만 내세워 횡설수설하다간 될 일도 안 된다. 또한 상대방이 자기 얘기만 하다 가면 그렇게 황당하고 답답할 수가 없었다. 말에도 「프로」와 「아마」가 있다는 걸 절감했다. 그건 미성인과 기성인과의 차이만큼이나 컸다.

언어도 연습하는 것만큼 정제되고 세련된다. 피아노도 마찬가지다. 일이 안 풀리면 '내가 연습이 부족해서 그렇다', '내 탓이다'는 식으로 시각을 교정했다.

(출처: http://art.chosun.com/site/data/html_dir/2001/03/26/2001032600008.html)

잘된 의사소통은 문제를 해결한다. 그러나 잘못된 의사소통은 적대 관계를 만든다. 글쓰기도 마찬가지다. 좋은 글쓰기는 사람의 마음을 움직이지만, 그렇지 못한 글쓰기는 오히려 사람의 마음을 닫게 만든다.

연습문제 다음 글을 읽고 화가였던 필자가 대중적인 필자가 된 과정에 대한 자신의 생각을 말해 보자.

미술관 전시장의 그림 앞에 쩔쩔맨 경험이 있는 사람에게는 미술이 수학만큼 어렵게 느껴진다. 나름의 해석을 내리는 데 도움이 되는 지식이 있었으면 한다. 예술에 정답이 있을 리 없지만 때로는 수학의 답지처럼 명쾌한 풀이를 보아야 속이 시원해질 것 같다. 또는 나는 이렇게 느끼는데 다른 사람은 어떨지 궁금하기도 하다. 그림 앞에서 느끼는 이런 답답함과 궁금증을 풀어 주는 사람이 있다. 미술 평론가 이주헌 씨(51)다.

1995년 출간된 <50일간의 유럽 미술관 체험>(전2권)으로 미술 에세이라는 새로운 장르를 연 그는 이후에도 30여 권의 책을 내며 미술의 대중화에 기여하고 있다. 누적 판매 부수가 15만 부에 달하는 그의 <50일간의 유럽 미술관 체험>은 서양 미술을 전문으로 다룬 미술 대중서로서 독보적인 판매 부수를 기록하고 있다.

꾸준히 공부를 하면서 콘텐츠를 발굴하고 저술과 강연으로 그 가치를 검증해 콘텐츠가 탄탄한 저술가라는 출판계의 신뢰를 한몸에 받고 있다. 그가 낸 책은 최소 1만 부 이상이 팔려 그의 책이라면 모두 사서 읽는 '전작주의' 독자층이 형성되어 있다는 말도 있다. 오늘날 폭넓게 소비되는 미술 대중서의 시대를 열었다는 평가를 받는 그를 지난 17일 파주 헤이리의 자택에서 만났다.

이주헌은 홍익대 서양화과를 졸업하고 동아일보와 한겨레 신문 기자를 거쳐 학고재와 아트스페이스서울 관장을 지냈다. 서양화과를 졸업한 그가 그림을 그리지 않고 기자를 선택한 것은 생계 때문이었다. 대학 때에도 화실에서 아르바이트를 하며 등록

금과 생활비를 마련했는데 졸업 후에도 화가로서 그림 그리는 일에 집중하기에는 형편이 되지 않았다. 안정된 직장을 찾으려고 했으나 미대 졸업장으로 지원할 수 있는 곳은 광고 회사와 언론사뿐이었다.

낮에 일하고 저녁에 짬 내서 그림을 그리면 되겠다고 생각하면서 선택한 기자가 결국 그를 화가에서 미술 이야기꾼으로 바꾸었다. 미술 담당 기자를 하면서 당시의 미술평론가들이 미술과 일반인을 연결시키는 데 상대적으로 관심이 소홀하다는 것이 자꾸 눈에 들어왔다. 미술이 얼마나 나를 행복하게 해 줬는데, 조금 쉽게 써서 미술을 사람들이 좋아하게 하면 얼마나 좋을까 하는 생각이 들었다고 한다.

그는 "누군가 해 줬으면 하는데 아무도 그런 사람이 없고 결국 그런 게 필요하다고 생각하는 사람이 나 자신이라면 이 일을 해야 할 사람도 나 자신이라고 생각했죠." 라고 말했다. 기자 생활을 하면서 글쓰기 훈련도 어느 정도 됐다 싶었다. 화사한 색채로 거친 붓질의 표현주의 그림을 그리던 화가는 기자를 거쳐 미술 대중서 작가로 거듭났다. 그림을 그리기 위해 사 놓은 붓과 물감은 이제 서양화를 전공하려 하는 자녀의 몫이다.

그는 미술 작품을 매개로 역사와 사회, 정치 등 삶의 다양한 면을 이야기하는 크로스오버적인 글쓰기를 하며 미술 대중서 분야에서 새로운 흐름을 만들고 있다. 사회와 역사 전반을 넘나드는 그의 미술 이야기는 미술과 담을 쌓고 지내던 사람들조차 미술을 좋아하게 만든다. 미술의 최전방에서 미술의 영역을 확대하고 있는 셈이다. 그는 "처음 글을 쓸 때부터 미술 자체에만 초점을 맞추기보다 미술을 통해 삶을 이야기하고 일상을 이야기하고 사회와 역사를 이야기하고자 하는 지향이 있었다."고 말했다. 미술은 우리의 삶을 들여다보는 창과 같아서 정치·경제·사회·문화 모두 미술을 통해 볼 수 있다는 것이다. 그가 역사와 인문, 창의력, 자기 계발 등으로 영역을 확장하고 다양한 콘텐츠를 확보할 수 있는 이유이다. 예술을 사회학적인 측면에서 다룬 아르놀트 하우저의 <문학과 예술의 사회사>에서 많은 영감을 받았다고 한다.

그는 자신만의 차별점을 화가와 기자를 모두 경험했다는 데서 찾았다. 그림을 그린 사람으로서 화가의 심리를 이해하고 이를 객관적으로 서술해 대중과 화가의 정서적 소통을 가능하게 하는 것이 장점이라고 보았다. 그러면서도 한편으로 그는 자신이 글을 쓰면서도 작가라기보다 미술가라는 인식이 더 강하다고 한다. 어떻게 하면 작품을 제대로 사람들이 이해하고 즐길 수 있는지에 모든 초점을 맞추기 때문이다.

그가 맘속으로 정한 일과는 오전 9시 출근해 오후 6시에 퇴근하는 것이지만 대개 저녁을 먹고 늦으면 밤 10시까지 일한다. 자기 관리가 직장인보다 더 철저하다. 전업 작가란 '자전거 바퀴를 스스로 굴리는 것과 같아서 멈추면 쓰러진다는 생각'에서다. 계속 페달을 밟아야 하는 긴장감이 있지만 그것도 재밌다고 한다.

예술 감상에 대한 조언도 들어 보았다. 그는 "좋아하는 작가, 좋아하는 그림, 좋아하는 스타일을 깊이 있게 파는 것이 좋다."면서 "그림에 대한 욕심이 아닌 지식에 대한 욕심으로 접근하면 지치게 된다."라고 말했다. 반 고흐 그림이 좋아 반 고흐의 책을 보면 고갱의 그림이 궁금해지고, 또 당시 인상파에 대한 관심도 생기는 식으로 하나를 깊이 파면 자연스럽게 지식도 넓어진다고 한다.

이씨는 책과 강연을 듣고 미술을 이해하고 즐기는 것이 사람을 창조적으로 만들 수 있다는 것을 깨달았다고 이야기해 주는 사람을 만날 때마다 즐겁다고 했다. 종종 기업체 초청 미술 강연을 하곤 했던 그는 예술이 갖는 창조성이 기업의 상품 개발 및 경영 전략에 도움이 된다는 말을 들을 때 보람도 느낀다. 현재는 그간의 강연 내용을 정리 중이다. "우리의 마음을 움직인 이상 이 허구의 이미지는 세상을 움직이는 하나의 힘이 되어버린다." 그가 저서 <지식의 미술관>에 쓴 말이다. 그가 독자들의 마음을 움직여 미술의 저변을 넓혔다는 점에서 그도 역시 우리 저술계에서 소중한 존재가 아닐까.

- 경향신문(2012.02.24.), **정지윤 기자**

2. 어떻게 하면 글을 잘 쓸까?

글쓰기가 어렵다는 사람들은 공통적으로 무엇을 써야 할지 모르겠다는 말을 한다. 똑같이 수학여행을 다녀왔는데 왜 누구에게는 쓸거리가 있고, 누구에게는 없는 것일까? 과제로 기행문을 쓰게 하면 여정, 견문, 감상이 갖춰진 비슷비슷한 글들을 써서 제출한다. 수학여행 다녀온 장소는 같다고 하더라도 각각의 개성이 다르듯이 보고 느낀 것이 같을 수는 없다.

글을 쓰기가 어렵다고 푸념을 하는 것은 자신의 느낌이나 생각을 찬찬히 들여다보고 그것을 음미할 여유를 가지지 못한 사람들이 하는 자기변명인 경우가 많다. 쓸거리가 없는 사람이 정말로 있겠는가? 그건 자신이 아무 것도 알지 못하고 아무 경험도 없다는 의미인데, 실제로 그런 경우는 없다. 표현 욕구는 인간의 공통된 욕구이다.

개인 블로그에 글을 올리고, SNS에 일상의 생각과 느낌들을 표현하는 것은 이러한 자신의 개인적 경험들을 타인과 공유하고 싶은 욕구 때문이다. 이러한 욕구는 대체로 사적인 글쓰기를 통해 표출되는 경우가 많다. 공적인 글쓰기는 타인과 공유하고자 하는 욕구뿐만 아니라 타인으로부터 인정받고자 하는 욕구 또한 강하게 작용하기도 한다. 타인에게서 인정받고 싶은가? 현재 자신의 글쓰기 능력이 어느 정도 되는지 먼저 자기 점검을 해 보는 것이 필요하다.

다음 글쓰기 능력 자기 점검표에서 자신이 글을 쓸 때 해당하는 항목에 표시를 하여 보고 자신이 글을 잘 쓰는 편에 속하는지, 그렇지 않은지 생각해 보도록 한다.

글쓰기 능력 자기 점검표

준비 단계	1. 왜 글을 쓰는지 글의 목적을 분명히 알고 있다. ______
	2. 글의 예상 독자를 인식하고 있다. ______
	3. 쓸거리를 생각하면서 꾸준히 메모한다. ______
	4. 쓸거리와 관련된 자료를 다방면으로 수집한다(인터넷, 도서관, 지인 등의 활용). ______
	5. 직접 쓰는 시간보다 준비하는 데 많은 시간을 할애한다. ______
	6. 자신의 경험을 글과 관련지어 이해하려고 노력한다. ______
쓰기 단계	7. 글을 쓰기 전에 글의 전체 흐름을 예상하고 개요를 미리 짜 본다. ______
	8. 개요에 따라 초고 형태로 글을 쓴다. ______
	9. 글의 목적과 예상 독자를 고려하면서 글을 쓴다. ______
퇴고 단계	10. 글의 목적에 맞지 않는 내용을 삭제하거나 수정한다. ______
	11. 어휘, 문장, 단락 간의 관계를 고려하여 글의 내용과 표현을 조정한다. ______
	12. 글의 흐름(처음, 중간, 끝 등)이 유기적으로 이어지는지 검토한다. ______
	13. 다른 사람에게 내 글을 읽어보도록 하고 조언을 구한다. ______
	14. 맞춤법에 맞지 않는 표현이나 비문을 수정한다. ______

글을 잘 쓰는 사람들의 공통점 중의 하나는 한 편의 글을 쓰기 위해 준비하는 시간을 오래 갖는다는 사실이다. 그런데 이때 오래 준비하는 과정 속에는 글읽기의 과정이 포

함되어 있는 경우가 많다. 자료 수집은 관련된 자료를 '모으는' 과정이라기보다, 관련된 자료를 '읽는' 과정이다. 평상시 책을 많이 읽는 사람이 글을 잘 쓰는 데 상당히 유리한 이유이다.

대체로 어렸을 때나 젊은 시절에는 광범위하게 독서를 하고, 나이가 들어갈수록 깊이 있는 독서를 하게 된다고 한다. 특히 그 독서가 자발적인 독서일 때 글쓰기 능력으로 꽃피울 가능성은 더 높아진다. 널리 알려져 있듯 중국의 구양수(歐陽脩)라는 사람은 좋은 글을 쓰기 위한 요건으로 다문(多聞), 다독(多讀), 다상량(多商量)을 강조한 바 있다. 많이 듣고, 많이 읽고, 많이 생각하라는 것이다. 이들은 모두 쓸거리를 풍부하게 하는 데 도움이 되는 것으로, 특히 다독(多讀)은 여러 종류의 글을 쓰는 과제를 수행하는 과정에서 상당히 도움이 된다.

하고자 하는 말을 충분히 뒷받침할 수 있는 풍부한 예시와 자료가 있을 때 글은 독자에게 더 설득력 있게 읽힌다. 같은 주장을 하는 글이라도 주장을 뒷받침하는 근거가 풍부할 때 더 좋은 글이 되는 것은 당연하다. 좋은 글을 쓰기 위한 가장 기본적인 요건은 자신의 생각(주장)이나 느낌에 대한 표현에 독자가 얼마나 공감할 수 있는가 하는 데 달려 있다.

일반적으로 글쓰기 능력을 향상시킬 수 있는 방법으로 소개할 수 있는 것들은 다음과 같다. 우선 학교에서 듣는 모든 강의에 충실하게 참여하는 것이 도움이 된다. 대학에서는 전공만 공부하는 것이 아니라 다양한 분야의 강의를 들을 수 있다. 이를 통해 배경지식을 폭넓게 쌓을 수 있으며 이러한 지식의 축적을 통해 깊이 있는 글을 쓰는 것이 가능해진다. 그런데 자신이 관심을 가지는 분야의 강의만 듣지 말고 사회학, 역사, 경제학, 철학, 문학 등 다양한 분야를 접해 보는 것이 좋다. 글을 잘 쓰기 위해 별도의 배경지식을 쌓는 시간을 들이지 말고 평소 여러 과목들을 활용하는 것이 효과적이다.

둘째, 읽기와 쓰기와 생각하기 간의 밀접한 관계를 밀도 있게 경험할 필요성에 동의한다면 적어도 일주일에 세 번 정도는 무언가 쓰는 데 열중해야 한다. 강의를 위해 읽었던 책에 대한 노트도 좋고, 대중매체에서 보도된 어떤 사건에 대한 논평도 가능하며, 마음에 드는 누군가에게 보내는 편지일 수도 있다. 무엇에 대해 쓰는가는 크게 중요하지 않다. 이렇게 쓴 글에 날짜를 적어 보관했다가 추후에 다시 읽어 보는 것도 도움이 된다. 혼자서 하기 어렵다면 여럿이서 같이 해 보라. 이런 글쓰기 훈련을 하면 글쓰기에 상당한 자신감이 붙어 있는 자신의 모습을 발견할 수 있을 것이다.

셋째, 자신이 쓴 글을 남에게 자주 보이고 조언을 구하는 것이 좋다. 대학 수업을 듣는 과정에서 해당 교수에게 자신의 글쓰기에 관한 조언을 구할 수도 있고, 혹은 글쓰기에 관심이 많은 동료들과 같이 돌려 읽으면서 피드백을 받을 수도 있다. 이를 통해 자신이 부족한 부분을 확인하고 이를 바탕으로 글쓰기 연습을 하면 된다.

넷째, 고쳐쓰기를 습관화해야 한다. 시간을 두고 자신이 쓴 글을 다시 읽다 보면 어색한 부분이나 부족한 부분이 눈에 띄게 된다. 한 번만 고쳐 쓰는 것이 아니라 서너 번 고쳐 쓰라. 고쳐 쓰는 과정을 통해 새로운 생각들이나 더 효과적인 표현들이 글에 반영되게 되고, 글은 그 고쳐 쓰는 정도에 따라 수준이 높아질 것이다.

연습문제 다음은 소설가 김연수의 글쓰기 및 글쓰기 재능에 대한 생각을 알 수 있는 대담 자료이다. 읽고 글쓰기를 잘 하기 위한 자신의 경험이나 노력 등에 대해 말해 보자.

성실한 게 나의 콤플렉스?!

김연수 작가는 '사람이 너무 좋다는 점'이 자신의 콤플렉스라고 말했다. 독자들은 웃었다. "농담이 아니고요." 그는 이어 자신이 모범생같이 성실한 분위기를 가진 게 콤플렉스라고 말해 또 독자들을 웃겼다. 사람 좋고, 성실함이라니. 아마 누군가는 올해의 목표로 삼아두었을 그런 미덕들이 그에겐 콤플렉스로 다가왔단다.

"그래서 한번은 나쁘고 불성실한 인간처럼 살아보려고 노력을 한 적이 있어요. 노력을 해봤더니…… 다들 비웃더라고요. 그걸 노력한다는 것 자체에…… 이게, 도저히 안돼요.(웃음) 방법이 없더라고요. 난 안 되는구나."

지난 1월 00일, YES24와 한겨레 신문사가 주최하는 '아름다운 책 이야기'에서 독자들은 이런 이야기를 좀더 자세하게 들을 수 있었다. 김연수 작가의 콤플렉스에 대한 이야기였고, 결국 어떻게 콤플렉스를 극복하게 되었는지에 대한 간증이었고, 결국 날마다 읽고 쓰는 것에 관한 이야기였다.

김연수 작가의 "사람 좋아 보이고, 성실하다는 얘기가 엄청난 콤플렉스"였다는 고백이 처음에는 장동건이 "잘생긴 게 콤플렉스" 원빈이 "키 큰 게 콤플렉스"라는 말처럼 충격적으로 들렸지만, 그의 말을 듣다 보면 일리가 있다. 바로 작가나 예술가에게 붙어있는 재능, 혹은 천재라는 전설. 미신 때문이다.

이를테면, 하루 밤새 긁적인 글이 당선되고, 취중에 썼다는 글이 두고두고 한국 문학계에 남는 그런 전설쯤 가져야 우리는 소위 예술가답다고 칭송하지 않던가. 어쩌면 재능이 남다르고 재주가 빛나야 한다고 당연히 믿고 있는 예술 분야의 경우 꾸준한 노력과 성실함은 작품의 성과와 비례되지 않았을 경우 미덕이 되지 않을 수도 있다. 우리는 노력만 열심히 하는 사람을 인정해주지 않으니까 말이다. 그래서 김연수 작가는 각오할 수밖에 없었다.

"성실하지 않을 수 없다면, 소설을 잘 쓰는 수밖에 없다." 그가 콤플렉스를 극복하고, 드디어 매일 글을 쓰는 소설가라고 떳떳하게 말하기까지의 과정을 살펴보기 위해서는, 그가 어떻게 매일 달릴 수 있게 되었는지 들어보는 게 우선이다.

달리기를 시작한 이유는

"97년에 IMF가 터져서 제가 다니던 잡지사가 폐간됐어요. 그렇게 잡지사를 그만두게 되어 집에 있었어요. '난 하루 휴가인 거야.'라는 자세로 동네를 거니는데, 어쩐지 사람들이 다 내가 직업이 없는 걸 알고 손가락질 하는 기분이 들었어요. 거기다 담배를 피우고 앉아 있으려니 완전 실업자 꼴인 거예요.

그래서 달리기를 시작한 것 같아요. 내가 할 일이 없는 사람이 아니라는 걸 보여주기 위해서. 운동장을 뛰기 시작했는데, 오늘은 한 바퀴, 내일은 두 바퀴, 이런 식으로 계획을 짰어요. 자고로 사람은 매일매일 나아져야 하니까요. 하지만 5일쯤 되니까 힘들어지더라고요. 그래서 안 뛰었어요.

어느 날 『좋은 사람』이라는 만화책을 봤어요. 달리기 코치와 부원들이 나오는 얘기예요. 코치가 매일 꼴찌만 하는 학생들에게 그러더라고요. "너네들은 어차피 꼴찌니까 천천히 뛰어라." 그래서 학생들이 천천히 뛰는데 1등을 해요.(웃음) 정말 만화 같은 일이죠. 하지만 생각해 보니 그 말도 일리가 있더라고요.

그 책을 읽고, 나도 가능한 적게 달려야겠다고 생각했어요. 몇 바퀴가 아니라, 시간만 채우자고 생각을 한 거죠. 뛰다가 힘들면 걷고, 걷는 것도 힘들면 나가서 서 있는 식으로요. 그렇게 두 달을 30분씩 나갔더니, 30분은 계속 뛸 수 있게 됐어요. 그렇게 달릴 수 있는 시간이 길어지면서 달리기를 즐길 수 있게 된 거죠.

그 때 마라톤을 나가게 됐어요. 달리기를 하면서 만난 사람들은 체형이 달라요. 담배를 피우는 사람이 없어요. 항상 달릴 준비가 되어 있는 사람들이죠. 제일 잘 뛰는 사람은 제일 연습을 많이 한 사람이에요. 고기도 골라서 먹고요. 엄청나게 관리를 하는 사람들인데, 그런 사람들이 결과적으로 대회 날 좋은 성적을 내요. 정말로 상식적인 사회인 거예요.

작가에게 재능이란 전설 같은 거죠. 물론 재능이라는 게 있죠. 하지만 '저 사람은 어떤 짓을 하더라도 그 재능은 훼손되지 않는다. 천부적으로 타고난 것이다.'라고 생각하는 재능은 미신에 가깝다고 봐요. 이봉주 선수가 마라톤에 재능이 있죠. 만약 그가 평상시 연습하지 않고, 자기 관리를 하지 않아도 당연히 1등을 할 거라고 할 수 있는 걸까요?

재주는 기술이죠. 기술은 굉장히 많은 시간을 필요로 하는 것이고요. 재능이라는 건 따로 있는 것 같아요. 기술을 익히는 일이 지루하거든요. 김연아도 10대 때 매일 연습했다잖아요. 부상이 나도 계속 연습하는 거죠. 아마 처음엔 비슷했을 거예요. 다만 차이가 나는 건, 김연아 같은 선수는 계속 해 왔다는 거죠. 그렇게 할 수 있는 게 재능이에요. 기술을 연마할 수 있는 태도죠.

누군가는 그게 쉬운 일일 수 있어요. 문인인 부모님 아래서 태어난 사람은 아무래도 책과 글쓰기의 세계를 빨리 받아들이게 되겠죠. 익숙하면 좋아하게 되고, 그러면 지구력이 강해져요. 혹은 그저 정말 좋아해서 시작하는 경우도 있을 거예요. 결국 반복적으로 연습할 수 있게끔 만드는 건, 무엇이 되겠다는 결과 지향적인 태도보다는 과정 지향적인 태도에서 비롯되는 거예요. 연습하는 게 좋아서 12시간씩 할 수 있는 거죠. 그래서 재능은 기술을 익힐 수 있는 능력에 가까워요."

매일매일 글을 쓰는 일, 모든 일이 가능하다고 믿는 상태가 되는 일

"날마다 글을 쓰자고 말하는 건, '글을 계속 쓰면 글을 잘 쓰게 된다.'는 얘기를 하는 게 아니에요. 재능 따위를 생각하면 아무것도 쓸 수가 없어요. 글을 쓰려고 하면 지난 번의 실패라든지, '재미없더라' '어렵더라' 지난 번에 들었던 말들이 떠오르죠. 이런 상태로는 어떤 글도 쓸 수가 없어요.

자기 안에 그런 자아가 있잖아요. 시니컬한 목소리를 내는 그 자아의 목소리를 꺼야 해요. 그런 부정적인 생각이 꺼져 있는 상태, 밝고 맑고, 모든 것에 열려 있는 사람이 되어야 하는 거죠. 그때는 모든 일이 가능하다고 믿는 상태가 돼야 해요. 그런 마음 상태에 도달하는 일이 바로 매일매일 글을 쓰는 일인 거죠.

내가 원하지 않는 일은 너무나 쉽게 이루어지고요. 정말 원하는 일은 너무너무 힘들어요. 내가 하고 싶은 일은 서로 하겠다는 사람도 너무너무 많아요.(웃음) 이런 판국인데 저까지 가세해서 얼마나 힘든지 얘기할 필요는 없잖아요. 우리는 귀도 얇은데! 그러니까 계속 해야 해요. 투자하면 재능이 되거든요. 그때부터 뭔가 되는 거죠. 우리가 꿈꾸던 것들, 혹은 그 비슷한 거라도요."

모르죠! 얘길 안 하면 그 사랑, 알 수가 있나요

강연 후에, 독자들은 김연수 작가에게 질문했다.

행복하자는 얘기를 종종 하시는데, 20대~30대가 행복해지기 위한 제안을 해 주신다면요?

"우리가 얼마나 행복하지 않으면 그런 얘기를 하고 다니겠습니까마는 행복이 뭔지 아직도 잘 모르겠어요. 다만 알게 된 게 있다면 건강한 삶이 있는 것 같아요. 행복과는 무관하게 건강한 삶. 친구들과 자주 만나서 떠들고 놀며 시간을 보내잖아요. 그런 일이 삶이 건강해질 수 있는 일이죠.

행복하다고 해도 그런 순간은 짧고, 지속되지 않죠. 지속되는 일은 짜증나는 일들뿐이에요. 시간 없는데 밥은 먹으러 가야 하고, 매일 뭘 먹어야 하는지 정하는 일도 힘들어요. 그 와중에도 다른 것에 마음을 쓸 수 있는 사람이 되면 행복할 수 있을 것 같아요.

'어? 겨울의 절정은 지났나 보다. 이제 추위도 내리막이구나. 좋다.' 할 수 있는 것. 세상이 약간씩 변하고 있는 걸 느끼는 것. 그게 제가 생각하는 행복한 상태예요. 결국 또 싸우겠죠. 울고 불고, '괴롭히고 복수할거야!' 하는 시간이 오긴 하겠지만, 그런 시간과 동시에 마음에 여유 같은 걸 찾을 수 있으면 좋겠어요. 행복한 삶이라는 게 변화가 없는 삶, 늘 만족스러운 삶은 아니라고 생각하거든요. 매 순간, 자기에게 추억이 많은 사람들이 진짜 건강한 삶이라고 할 수 있는 거죠."

중학교 국어 교사입니다. 미래의 작가가 될 수도 있는 아이들에게 국어 교사가 어떻게 도움을 줄 수 있을까요?

"책을 많이 보게 해 주셨으면 좋겠어요. 고전들은 읽기가 되게 힘들잖아요. 저도 어릴 때는 고전보다 만화방에서 더 많은 책을 읽었는데. 어떤 고전들은 그 시기 때 읽어야만 하는 책들이 있어요. 『폭풍의 언덕』 같은 건 10대 때 읽어야 빠져들 수 있거든요.

좀 더 바란다면, 소설이나 시를 공부할 때, 언어적인 부분을 더 설명해 주시면 좋을 것 같아요. 왜 이렇게 표현하는 게 아름다운지 나눌 수 있었으면 좋겠어요. 나이가 들어야 이해할 수 있는 것도 있어요. 전부 이해할 수 없더라도, 좋은 말에 대해, 언어에 대해 감상할 수 있는 힘을 배울 수 있다면 좋을 것 같아요."

『세계의 끝 여자친구』 읽고 진짜 소통이 가능한가 묻게 되었습니다. 작가님은 어떻게 생각하나요?

"잘 안돼요. 특히나 가까운 사람 사이에 소통이 안되면 진짜 안타깝잖아요. 경상도에 그런 말이 많은데. '내가 얘기해야 아나.' 이런 거. '낯간지럽다.' 이런 말들이 싫었어요. 모르죠! 얘길 안 하면 그 마음을 알 수가 있나요. 집에 와서 소리만 지르는데. 사랑하는지 모르죠. 동네 아저씨들을 보면 그러다 세상을 떠나요. 남은 사람들은 어느 날, 그이가 귤을 꺼내면서 '묵으라' 했던 그 말이 사랑이 아니었을까 생각하는 거죠. 그런 게 잘 이해가 되지 않았어요.

소통은 안되지만 말은 계속 해야 해요. 그게 노력인 거죠. 이런 얘길 하면, 친구들은 손발이 오그라든다고 해요. 저는 비관적이어서 그런 얘길 많이 하는 것 같아요. 너무나 소통이 안되기 때문에 계속 해 보자는 셈이죠.

그런데 때로는 오히려 잘 모르는 사람들과 소통을 경험할 때가 있어요. 나와 어떤 사람이 같은 시간, 같은 공간을 경험하는 경험이 있어요. 『세계의 끝 여자친구』에서는 가까운 사람들끼리 소통이 중요하다는 얘길 했지만, 뜻밖에 공통점이 없는 사람들 사이에서 무언가 공유할 수 있다는 것도 새롭게 발견한 거예요. 그게 굉장히 놀라운 것 같아요."

-「채널 예스」 작가와의 만남 중 -

제2장

교직과 **글쓰기**

한국에서는 어떻게 교사가 될 수 있는가? 일반적으로 사범대를 졸업하거나 혹은 정해진 교직 과목을 이수하면 교사 자격증을 부여받게 된다. 교사 자격증이 있어야만 교원을 선발하는 임용시험에 응시할 수 있으며, 사립학교에 교사로 지원할 자격이 주어진다. 그러므로 교사 자격증을 얻는 것은 교사가 되기 위한 가장 기본적인 제도적 관문을 통과했다는 것을 의미한다. 이후 교원임용시험에 합격하거나 사립학교 교원선발시험에 합격해야 교단에 설 수 있게 된다.

4년간의 사범대학 교육과정은 교과별로 교사에게 요구되는 능력과 자질을 기르도록 국가에서 정한 교직과목을 이수하게 하고 교과별로 전문적인 내용을 공부하도록 한다. 여기서 교사에게 기본적으로 요구되는 자질과 능력은 무엇인가 하는 점을 생각해 볼 필요가 있다.

개인마다 이상적이라고 생각하는 교사상이 있을 것이며, 교사에게 어떤 능력이나 자질이 가장 우선적으로 필요한 것인지 하는 문제에 대한 판단에는 조금씩 차이가 있을 것이다. 자신이 가르치는 교과 내용에 능통한 교과 전문가로서의 자질을 중시하는 사람도 있을 것이며, 학생 지도나 상담의 역할에 더 큰 의미를 부여하는 사람도 있을 것이다. 이 외 교사에게는 학교 경영(교실 경영)과 관련된 행정가로서의 역할 또한 요구되기도 한다.

교사에게 요구되는 능력이나 자질은 교육에 대한 관점의 변화와 맞물려 조금씩 변화되어 오기도 하였으며, 계속 변화하고 있다고 볼 수 있다. 교사의 자질은 고정적인 것이 아니고 변화하며, 성장이 가능한 것이며, 각각의 직능, 전문 분야, 능력, 적성, 흥미, 관심 등에 맞추어 지속적인 향상을 도모할 필요가 있다.

시대적 상황에 따라 교사관이나 교사상이 조금씩 바뀌어 온 것은 사실이지만, 교육에서 교사의 역할의 중요성은 오히려 계속 강조되고 있다고 볼 수 있을 것이다. '교육의 질은 교사의 질을 뛰어넘을 수 없다.'라는 명제는 교사의 역할이 얼마나 중요한지 잘 알려준다. 학교라는 제도 교육의 틀에서 교사가 어떤 내용으로, 어떤 교육 방법으로, 어떤 인격적 주체로 학생들을 가르칠 것인가 하는 문제가 교육에 가장 큰 영향을 미친다고 해도 과언이 아니다.

이렇게 볼 때 자신이 전공하는 교과의 전문 지식을 익히는 것만으로, 교육과정과 교육철학, 교육방법과 교육평가 등의 과목을 듣는 것만으로 교사가 될 준비가 다 되었다고 보기 어렵다. 교사는 직업적인 측면에서의 '전문성' 이상의 것을 갖출 필요가 있다. 직업적인 측면에서 교사에게 요구되는 글쓰기로는 구체적으로 보고서, 학교 행사 기획서, 생활기록부 등 학생에 대한 평가적 기술, 상부기관에 올려야 할 각종 공문서 등이 있을 것이다. 그러나 이런 글을 쓸 수 있게 되었다고 해서 교사가 되기 위한 준비가 다 된 것은 아니다. 각종 글들의 형식을 이해하고 그에 맞게 쓸 줄 아는 것도 중요하지만, 무엇보다 글쓰기는 교사다움에 바탕을 둔 진정성 있는 소통 방식이 되어야 한다.

교육은 인간에 관한 일이다. 인간이 무엇인지, 어떻게 살아야 하는지, 사는 목적은 무엇인지 등에 대한 인문학적 질문과 성찰을 지속적으로 해 나가는 과정이 필요하다. 이러한 과정을 통해 '전인격적' 주체로서 학생 앞에 설 수 있을 것이며 인간 대 인간으로서의 교감과 소통이 가능할 것이다.

존 테일러 개토(John Taylor Gatto)는 '교사는 자신이 누구인지 가르치는 것'이라고 했다. '우리가 누구인지 가르침으로써 우리는 완전함으로 나아갑니다. 제 자신이 완전해지고 제가 가르치는 아이들이 완전해집니다. 우리가 완전함을 얻으려고 노력하지 않는다면 월급 받는 것 말고 가르치는 일이 무슨 소용이 있을까요?'라고 교사의 진정성을 되묻는다.

인격적 주체로 학생들 앞에 서기 위한 과정, '자신이 누구인지를 가르칠 수' 있기 위한 과정은 끝없는 자기 성찰을 요구하는 과정이며 인문학적 깊이를 다져가는 과정이라고 할 수 있다. 인간의 사고 영역과 관련된 '표현 인문학'[1] 이 필요한 것이다.

---

1. 정대현 외, 『표현인문학』, 생각의 나무, 2000, 참조.

표현 인문학은 모든 표현 행위가 궁극적으로 인간다움을 지향하는 과정에 있음을 강조하는 말이다. 보고서 쓰기는 일종의 학문적 활동이고, 일기 쓰기는 반성이자 성찰의 과정이다. SNS에 올리는 글들은 독자들과의 관계적 대화이고, 게시판에 올리는 글들 혹은 댓글은 익명의 독자들을 대상으로 한 자기표현이다. 이처럼 개별적인 글쓰기는 각각의 목적을 지니고 있지만, 궁극적으로 하나의 관점에서 추려 보면 모든 글쓰기는 '사람다움의 표현'이라 할 수 있다. 모든 글쓰기는 자신을 사회적 관계 속에서 단련시켜 가는 과정이면서, 자신의 주체적 위치 혹은 정체성을 확인하고 확장하는 과정이기 때문이다.

참고로 다음은 교사로서의 소통의 중요성에 대해 알 수 있는 자료이다.

학생과 학부모 또는 선생님과 원활하게 소통하기 위한 방법에는 어떤 것들이 있을까요? 소통이 잘 되면 교육적 효과도 그만큼 더 커지겠죠. 최근에는 SNS 등의 발달로 다양한 '스마트 소통'도 이뤄지고 있습니다. 학생과 선생님, 혹은 선생님과 학부모 간 이색적인 소통 방법에 대해 교육 현장의 이야기를 들어 봤습니다.

"학교는 아이들의 학습 능력을 향상시키는 것뿐 아니라 정서적인 관계 속에서 사랑을 먹고 성장하는 곳이라고 생각합니다. 이를 위해 우리 반은 매일 '시작 프로젝트'를 진행하고 있습니다. 학교생활 시작에 앞서 아름다운 음악 소리와 함께 사랑스런 시 한 편을 읽어 주고, 한 명 한 명 눈을 맞춰 "선생님은 너를 사랑해."라고 고백합니다. 말에는 힘이 있어서 이 사랑을 듣고 느끼는 아이들이 이제는 저에게도 고백해 줍니다. '저도 선생님을 사랑해요.'라고. 사랑이 가장 큰 소통의 힘인 것 같습니다."

- **이보람**(30) / 교사

"교사와 학생이 집단으로 소통할 경우 활발한 아이들 중심으로 피상적 상담이 될 수 있겠지요. 제대로 파악하기 위해서는 1:1 소통이 제일 중요하다고 봅니다. 아이가 중학교 때 담임 선생님이 점심 후 운동장을 돌며 산책형 1인 면담을 하신 것이 기억나는데, 어색하지 않게 이야기를 나누고 운동도 할 수 있어 일석이조라고 생각했습니다. 이것도 하나의 소통 아이디어 같네요."

- **이은영**(52) / 학부모

"학급에서 운영하는 카페에 저희가 직접 사진을 올리기도 하고, 선생님께서 올려주시기도 해요. 저희가 무슨 활동을 했는지 세세하게 다 볼 수 있고, 선생님께서 쓰신 글도 읽을 수 있어서 좋아요. 카페 활동을 꾸준히 하는 것이 학교 밖에서도 저와 친구들, 선생님을 이어준다고 생각해요."

- **박유안**(17) / 동산고 1학년

"교사와 학부모 간의 신뢰감을 쌓기가 정말 어려운 시대이지만, 특수교육 대상 학생들을 가르치면서 모바일 커뮤니티 학급 밴드를 활용해 아이들의 학교 활동 사진과 몇 마디의 소개말을 올리다 보면 함께 웃고, 함께 고민하고, 함께 아파할 수 있는 공감대가 형성되고 있어요. 서로가 더 편하게 소통하면서 이해의 폭도 넓히고 신뢰감도 깊어지는 것 같아요. 매일 학급 밴드를 관리하는 것이 결코 만만한 일은 아니지만 '매일 저녁 아이들의 하루를 들여다보는 게 가장 행복한 순간'이라는 말을 들을 때면 힘이 나죠."

- **여선영**(42) / 교사

"저희 학급 카페에 저와 학생들의 글과 사진을 탑재하고 있고, '17년 동안의 삶'을 표현한 에세이 쓰기를 하고 상담을 진행했어요. 시험 후에 학생들과 영화를 보러 가기도 하고, 학부모님들께는 학생 관련 내용을 수시로 문자 드리고 있습니다. 학급 전체 학생들과 단합대회도 하고, 단체 사진도 많이 찍었습니다. 그리고 예전의 제자들과도 꾸준히 연락하고 있어요."

- **김은하**(46) / 동산고 1-2반 담임 교사

"여러 성향을 지니고 있는 학생들과 진정한 소통이 이루어지기 위해서는 다양한 방법이 동시에 이루어져야 한다고 생각합니다. '학생의 생일날 함께 외식하기'를 통한 내면의 고민을 들어주고 신뢰를 구축하는 일대일 소통과 '학급회의 때 현재 안고 있는 자신의 고민 발표하기(담임교사도 동참)'를 통하여 선생님과 학생들의 고민을 공유하고 서로를 이해해 주는 다자간 소통 등을 통해 학생들과 진심을 나누고 있습니다."

- **양우심**(46) / 교사

"선생님과 카카오톡, 문자 등으로 얘기할 때가 정말 기분이 좋아요. 고민도 털어놓을 수 있고 선생님과 더욱 친해져서 학교에 오고 싶은 마음도 많이 들어요."

- **이소연**(10) / 학생

"학부모와의 소통을 위해 알림장뿐만 아니라 SNS를 적절히 활용하고 있습니다. SNS는 전달해야 할 소식을 학부모에게 명확하고 신속하게 전달할 수 있으며, 양방향으로 즉시 소통이 가능하기 때문에 학부모들의 의견을 바로 들을 수 있어 효율적이라고 생각합니다. 또 SNS는 적절히 활용할 경우 소식을 전달하는 역할 외에도 학부모와의 유대감과 친밀감 형성에 많은 도움이 된다고 생각합니다."

- **한상협**(33) / 교사

"활동량이 많은 교과이기에 학생들과 소통이 자연스럽습니다. 그러나 담임 업무도 맡고 있어 보다 효과적이고 효율적인 소통 방법을 고민하던 중, 별도의 SNS 담당 학생을 정하여 페이스북 학급 페이지와 카카오톡 그룹을 개설하여 운영하고 있습니다. 사진이나 정보도 실시간으로 올리고 평소 어려운 고민거리도 채팅으로 할 수 있다는 장점이 있습니다. 이런 방법도 괜찮지 않을까요?"

- **최지상**(32) / 체육 교사

"소통이란 그 사람에 대한 관심으로부터 시작하듯이 학생들과 선생님, 학부모가 다 같이 일주일에 한 학생씩 주인공으로 정해 그 아이의 일상을 사진으로 찍어 보는 것은 어떨까요? 온종일 무엇을 하는지 어떤 것에 관심이 있는지 사진을 찍다 보면 그 학생을 편견 없이 바라볼 수 있는 시간이 될 것 같습니다. 이런 방법이 학생들만이 아닌 학생들이 선생님을, 부모님까지 서로에게 활용한다면 자신들의 생각과 감정을 교류할 수 있는 진정한 소통이 이루어지지 않을까 생각합니다."

- **이강란**(42) / 학부모

"교생 실습하면서 하루 2회 쉬는 시간을 활용해 매점 미팅을 진행하고 있어요. 매시간 진행하면 좋겠지만 현실적으로 어려운 부분도 있어 두 번만 만나고 있습니다.

일단 남학생 고등학교이다 보니 매점에서 간식을 나눠 먹는다는 점이 저만의 친목과 소통의 비결인 것 같습니다."

- **이병진**(28) / 연세대 교육대학원생

"이번에 퇴임하신 선생님과 책을 바꿔 가며 읽었어요. 선생님이 책을 전해 주실 때, 항상 메모장에 내용을 적어 주셨어요. 꼭 저한테 하시는 말씀이 아니라 그냥 낙서 비슷하게 적으신 거 같아요. 처음엔 재미있게 보았는데 나중에 메모장이 반 친구들의 생각을 읽는 장이 된 것 같아요."

- **문희모**(17) / 광희중 학생

"교육의 주체인 학생, 학부모와의 소통은 교사 입장에서 아주 중요하다고 생각합니다. 특히, 요즘같이 각박한 세상에 학생, 학부모와 공감할 수 있는 인간관계를 형성하고 신뢰를 확보하는 일은 필수적인데요. 저는 매주 학생들의 알림장을 통해 학부모님께 편지를 보냅니다. 편지에는 일주일 동안 학생들과 있었던 즐거운 일, 감동적인 일, 가정에서 학생들 지도 방법 등 다양한 내용이 담겨 있습니다. 소소하지만 이런 방법으로 학부모님들과 정서적인 유대감을 나누고 있습니다."

- **윤창희**(29) / 교사

"아이 담임 선생님께서는 클래스팅이라는 어플리케이션(앱)을 통해 선생님, 학생들과 소통하고 있는데요. 이 앱을 통해서 학생들이 학교에서 생활하는 모습, 알림장 등을 전달받고 있습니다. 앱을 통한 스마트 소통은 선생님과 학부모의 신뢰감 형성에 아주 도움이 되는 것 같습니다."

- **김인영**(41) / 학부모

- 출처 : 행복한 교육
(http://happyedu.moe.go.kr/happy/bbs/selectHappyArticle.do?bbsId=BBSMSTR_000000005043&nttId=4232)

연습문제 1 개토의 다음 경험담을 읽고 교사란 무엇인가에 대한 자신의 인식을 구체화해 본 후 이에 맞게 준비하기 위해서는 어떻게 4년간의 대학 생활을 보내는 것이 바람직할지 생각해 보자.

사실 임시 교사 노릇이란 어느 곳이든 즐거운 일이 못 되었습니다. 학교란 곳에는 임시 교사를 착취해 먹으면서 그 생존을 전혀 돌봐 주지 않는 고약한 관습이 있습니다. 그때 조그만 여자아이 하나가 나타나지 않았다면 광고업(카피 라이터)으로 되돌아갔을지도 모릅니다. 도저히 견딜 수 없는 상황에서 벗어나려고 발버둥치고 있던 그 아이의 악몽 같은 학교생활을 알게 되면서 교사 노릇에서 제 존재 의의를 찾아낼 길을 알게 된 것입니다.

이렇게 된 일이었습니다. 이따금씩 초등학교에 불려 가는 일이 있었지요. 그 날은 107번가에 있는 한 초등학교 3학년 반에 들어갔는데, 그 무렵 그 학교에는 히스패닉계 교사가 단 한명도 없으면서 학생은 99퍼센트가 히스패닉 계였지요.

대책 없는 많은 교사들과 마찬가지로 저도 그날 아이들 하나하나에게 책을 읽히는 것으로 시간을 대충 때우면서 떠들지 못하게 아이들을 억누르는 데 대부분의 정력을 쏟고 있었습니다. 그 반은 열등반이어서 단어가 서너 개만 겹쳐 나와도 더듬거리지 않는 아이가 하나도 없을 정도였습니다. 그런데 난데없이 밀라그로스라는 조그만 여자애 하나가 글 한 편을 실수 하나 없이 깨끗하게 읽어 내렸어요. 수업이 끝난 뒤 저는 그 아이를 불러서 왜 그 아이가 열등반에 들어 있는지 물어 보았습니다. 그 아이의 대답인즉 그 사람들(학교 당국)이 자기 어머니에게 댁의 아이가 실제로는 책을 잘 읽지 못하면서 잘 읽는 것처럼 착각을 하고 있다고 설명했다는 것이었습니다. "그렇지만 개토 선생님, 우리 오빠는 6학년인데 난 오빠 영어책에 실린 글을 못 읽는 게 하나도 없는 걸요. 오빠보다 더 잘 읽을 수 있어요."

저는 조금 묘한 일이라는 생각이 들었지만 사실 그렇게 깊이 관심을 두지는 않았습니다. 학교 당국에서 알아서 하는 일이겠지. 그렇지만 그 아이가 너무나 깊은 좌절감을 느끼고 있는 것 같아서 그 아이에게 진정하고 앉아서 6학년 책을 한 번 읽어 보라고 했습니다. 정말 잘 읽으면 교장 선생님께 말씀 드려 보겠다고. 물론 저는 별 기대를 하지 않았습니다.

그런데 아이는 기대감에 잔뜩 부풀었지요. '악마와 대니얼 웹스터'를 골라잡더니 첫 두 페이지를 숨 한 번 안 돌리고 매끈하게 읽어내는 거예요. 아니 세상에, 이렇게 잘 읽는 애가 어떻게 이 열등반에 앉아 있는 거지? 글쎄, 뭔가 사소한 착오가 있었는지 모르지. 쉽게 바로잡을 수 있는. 나는 밀라그로스에게 반 옮기는 문제를 얘기해 주겠다고 약속하고 집으로 보냈습니다. 그 아이를 더 나은 반으로 옮겼으면 하는 제 추천이 어떤 벌집을 건드리는 것인지 상상도 하지 못했습니다.

"개토 선생님은 비위가 대단하신 분이로군요. 제 학교 운영 방법을 놓고 임시 교사가 이러쿵저러쿵 한 일은 제 기억에 없습니다. 강독 과목에 자격증을 갖고 계십니까?"

"아뇨." "그러시자면 그런 일은 전문가들이 알아서 하도록 놔 두지 그러십니까?" "그렇지만 그 아이는 읽기를 잘하는 걸요!" "그러면 어떻게 하기를 바라십니까?" "교장 선생님이 손수 시험해 보세요. 그래서 걔가 멍청이가 아니라면 그 반에서 옮겨 주세요."

"무슨 말씀을 그렇게 하십니까, 개토 선생님? 우리 아이들 중에는 멍청이가 없어요. 그리고 밀라그로스 같은 아이들은 당신 같은 아마추어를 속여 먹는 재주가 무한정 많이 있어요. 이야기 하나만 외워 갖고 잘 읽는 척할 수도 있고요. 당신 같은 분들이 생각나는 대로 말씀하시는 데 일일이 응대하다가는 제가 학교 운영할 시간이 모자라리라는 것, 이해하시겠지요?"

그러나 이상스럽게도 다시 만날 일이 없을지도 모르는 그 아이의 대변자를 자임하는 제 마음은 흔들리지 않았습니다. 저는 고집을 세웠고, 그 결과 교장은 다음 수요일 방과 후에 밀라그로스를 손수 시험해 보겠다고 약속했습니다. 저는 다음날 그 아이에게 그 일을 알려 주었습니다. 그때쯤이면 저도 혹시 교장의 말처럼 그 아이가 이야기 하나만을 외웠던 것이 아니었나 하는 생각이 들어서 밀라그로스에게 주의를 주었지요. 상급반 교과서에 나오는 말들을 다 알아야 하고 교장이 어떤 이야기를 짚어 주어도 서슴없이 읽을 수 있어야 한다고. 이제 내 할 일은 다 한 거다 하고 저는 스스로를 타일렀습니다.

다음 수요일 방과 후, 저는 밀라그로스의 시험이 끝날 때까지 교실에서 기다리고 있었습니다. 세 시 반, 아이는 수줍은 태도로 교실 문을 열고 들어왔습니다.

"어땠니?" 제가 물었습니다. "모르겠어요." 아이는 대답했지요. "그래도 실수는 하나도 안 했어요. 헤퍼만 선생님은 제가 읽을 수 있다는 사실에 화가 단단히 나신 것 같던데요."

다음날 아침 일찍 학교 시작하기 전에 저는 교장 헤퍼만 여사를 만났습니다. 그녀는 짤막하게 말했습니다. "밀라그로스 경우는 우리가 실수를 했던 것 같습니다, 개토 선생님. 반을 옮겨 줄 겁니다. 그 어머니께도 알렸습니다."

몇 주일 후 그 학교에 다시 임시 교사로 나갔을 때 밀라그로스가 찾아와서는 이제 우등반에 있고 공부를 아주 잘하고 있다고 제게 일러 주었습니다. 그리고 봉투에 든 카드 한 장을 주었습니다. 그날 밤 집에 가 보니 양복 주머니에 아직 뜯지 않은 봉투가 그대로 들어 있었습니다. 열어 보니 푸른 색 꽃이 그려진 번쩍번쩍한 카드가 들어 있었습니다. 카드를 펼치자 이렇게 적혀 있었습니다.

"선생님 같은 선생님은 찾을 수가 없어요. 선생님의 제자 밀라그로스 드림."

이 한 줄의 글이 한 사람의 일생을 교사직에 붙들어 놓은 것입니다. 일하는 사람으로서 제가 받은 의미 있는 칭찬으로는 첫 번째였습니다. 그 후로 밀라그로스를 다시 보지 못하고 24년이 지난 1988년에야 소식이라도 알게 되었습니다만 저는 그 말을 잊은 적이 없습니다. 어느 날 신문을 읽고 있는데 이런 기사가 눈에 띈 것입니다.

'직업 교사상'

통합교사연맹 소속의 밀라그로스 말도나도 씨는 그 탁월한 성취와 모범적인 직업정신으로 주 교육부로부터 우수 직업교사상을 받았다. 모교인 뉴욕 시 노먼 토마스 고등학교에 비서학 교사로 있는 말도나도 씨는 1985년 맨해튼 구 올해의 교사로 선출된 바 있으며, 그 이듬해에는 전국여성협의회에서 양심의 여성상에 지명된 바 있다.

아아 밀라그로스, 내가 네게는 모농가헬라 강*이 되어 준 셈이었는가? 아무려나, 그대와 같은 교사는 찾아서 얻을 수 있는 존재가 아니지.

*모농가헬라 강: 피트버그 근처의 강으로, 개토가 성장하는 과정에서 핵심적인 자양분이 되어준 환경이라고 할 수 있음.

- 출처 : **존 테일러 개토, 김기협 역**, 『바보 만들기』, 민들레, 2005, 92~97쪽.

연습문제 2 교사의 진정성과 글쓰기의 상관관계에 대한 간단한 에세이를 작성해 보자.

제3장

예술가와 **글쓰기**

예술가가 예술 작품을 창작하는 것은 일차적으로 자신과 소통하는 작업이다. 화가는 그림으로, 작곡가나 연주가는 음악으로, 예술 분야에 따라 소통의 도구는 각기 다르겠지만 작품을 통해 자신의 내면이나 정신세계를 표현한다는 점에서는 같다. 그런가 하면 예술 창작은 세상과 소통하는 작업이기도 하다. 대부분의 예술 작품이 감상을 전제로 한다는 점을 감안할 때 타인이나 세상과의 소통은 예술 작품에 제2의 생명을 부여하는 일이라고 할 수 있다.

글쓰기는 글을 도구로 한 의사소통의 한 방법이다. 위와 같은 예술가의 소통에도 글쓰기는 중요한 도구가 된다. 예술가의 창작 활동이나 대중의 감상, 전문가의 비평 등 모든 영역에서 글쓰기는 필요하다. 예술가가 예술 작품을 구상하는 단계에서 자기 분야의 도구를 배제한 채 글쓰기를 통해 아이디어를 정리하는 것은 창의적인 생각들을 구체화하는 데 도움이 될 수 있다. 예술 작품이 완성된 이후에는 대중의 감상을 돕기 위해 예술 작품을 소개하는 글을 직접 쓰기도 한다. 그리고 예술 작품에 대한 전문가들의 비평 활동이 글쓰기를 통해 이루어지는 것은 두말할 것도 없다.

실제로 상당수의 디자이너들은 디자인 작업을 시작하기 전에 자신의 아이디어를 글로 써 본다고 한다. 시각 정보를 차단하고 아이디어를 글로 써 보면 그 디자인이 전달하고자 하는 메시지나 키워드가 무엇인지 명료해진다고 한다. 밑그림을 그리듯 글쓰기를 통해 작품을 구상하고 주제를 정리해 보는 것이다. 이처럼 예술 활동에서도 상상력은 글쓰기를 통해 실체가 될 수 있다. 그림을 그리는 데 있어서 미술 기법 못지않게 논리적 사고가 중요시되는 흐름도 이와 무관하지 않다. 이런 흐름이 비단 미술 활동에만 국한되는 것은 아닐 것이다.

예술을 전공하는 대학생들의 경우, 대학 생활뿐만 아니라 졸업 후 전문 분야에서 활동할 때에도 글쓰기는 필요하다. 대학 재학 중에는 자신의 전공 분야와 관련된 리포트나 보고서, 비평, 논문을 쓰기도 한다. 물론 개인 창작 활동에 필요한 글쓰기를 할 수도 있다. 졸업 후 전문 분야에서 활동할 때에 글쓰기 능력은 무엇보다 중요한 자질이 된다. 전시회 도록이나 공연 팸플릿을 제작할 때도 글쓰기는 필요하며, 기획서나 프레젠테이션을 작성할 때도 글쓰기는 필요하다. 전문적이고 성공적인 예술가의 삶을 위해서는 글쓰기와 멀어질 수 없다. 한마디로 글쓰기를 통해 예술가의 삶은 더욱 풍요로워질 수 있다.

연습문제 1 다음 작가 노트의 사례를 보고, 작가 노트를 작성하는 것이 예술 창작에 어떤 영향을 미칠 수 있을지 말해 보자. 실제로 작가 노트를 쓴 경험이 있다면 각자 소개해 보자.

<작가 노트> 예 1)[2]

작품명 : 이응(O)

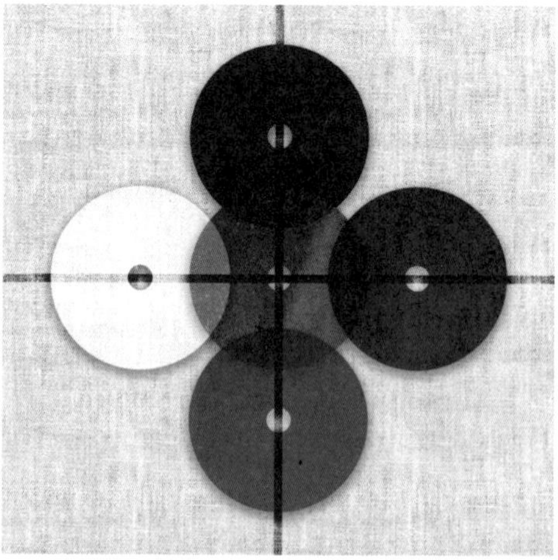

정원(正圓)은 깨끗하고 깔끔하다. 이응이 그러하다.

어느 한쪽으로 치우치지 않고 중심이 명확하여 순수한 안정감을 갖고 있다.

겉을 보아도, 그 안에 들어가 보아도 이것은 다 이응이다.

형태에 내포된 강한 기호적 특성은 보는 이로 하여금

비슷한 형태나 성질의 대상물을 떠올리게 한다.

이것은 이응이나 동그라미이며 동전, 레코드판 혹은 또 다른 무엇이 될 수도 있다.

이응 안에 천태만상이 담겨 있는 것이다. 동, 서, 남, 북, 중 오방의 각 위치에 이응을 놓아 본다.

통일과 조화의 음양오행이 이응 안에 흐르고 있다.

키워드: 이응, 동그라미, 음양, 오행, 오방색.

<작가 노트> 예 2)[3]

SNS, 타인의 욕망을 욕망하다

SNS를 통해서 일명 '대란'이라 불리는 온갖 것들이 일어난다. 이는 심리적 요인에서 욕망이라는 것을 자극하며 일어난다. 주체가 되는 사람들은 소수를 이루고, 타인이 제공하는 일반적인 정보와 시기적 분위기에 휩쓸려 어떤 행위에 참여하게 되는 사람들이 대다수에 분포된다. 지나치게 타인의 시선을 의식하는 현대인들을 비판하며, 현대인들이 다원화된 현실을 직시하고 주체적 자아를 찾아가기를 기대하는 바람을 담았다.

2. 안은혜(영남대학교 디자인미술대학 시각디자인학과 겸임교수).

3. 석온슬, 2015 영남대학교 시각디자인학과 졸업기록집.

연습문제 2 1. 다음 제시문을 읽고 베토벤에게 있어 예술가로서의 삶에 가장 큰 절망을 안겨준 것은 무엇이었는지, 그 절망으로 인해 목숨을 끊어버릴 뻔했을 때 그것을 제지한 것은 무엇이었는지 말해 보자.

<제시문 2>[4]

하일리겐슈타트의 유서
- 나의 동생 카를(요한) 베토벤에게 -

오오, 너희들 - 나를 원망 많고 허황하고 사람을 싫어한다고 생각하거나 또 남에게 그렇게 말하는 사람들아, 그게 얼마나 부당한 것인가! 내가 그렇게 보이는 숨은 이유를 너희들은 모른다! 내 마음과 정신은 어렸을 적부터 착한 것을 좋아하는 부드러운 감정으로 쏠렸다. 위대한 행위를 이루어 보고자 하는 마음까지 나는 늘 가지고 있었다. 그러나 생각만이라도 해 보라, 6년 이래 내 처지가 얼마나 비참했는가를! 주책없는 의사들 때문에 병세는 더해졌고 행여나 나아질까 하던 희망은 헛되기만 해 결국 병이 오래가리라는 것을 인정하지 않을 수 없게 되었다 - 이 병이 나으려면, 비록 전혀 불가능하지는 않다손 치더라도, 적어도 여러 해가 걸려야 할 것이다. 열렬하고 쾌활하며 사교도 곧잘 즐길 수 있는 성질을 타고났건만, 일찍부터 나는 사람들을 멀리

---

4. 로망 롤랑, 이휘영 옮김, 『베토벤의 생애』, 문예출판사, 2004, 91-96쪽. 『베토벤의 생애』는 '고독 속에서 살다간 정신의 거장'들을 알리려는 로망 롤랑의 기획에 따라 간행된 첫 번째 책이다. 이 전기는 베토벤과 그를 둘러싼 주변 인물들의 기록과 증언들을 바탕으로 하여 베토벤의 일생을 재구성하였다. 베토벤을 일생 동안 괴롭혔던 귀병에 대한 이야기, 베토벤의 친구이자 지지자였던 베겔러 부부와의 서신, 사랑했지만 결국 파혼하게 된 테레제 폰 브룬스비크, 괴테와의 만남, 자연에 대한 그의 사랑, 조카 카를에 대한 사랑을 소개한다. 또 「환희의 송가에 의하여 합창을 종곡으로 한 교향곡」(일명 「합창 교향곡」)에 대한 설명과 초연 당시 압도된 빈의 청중들에 관한 이야기가 소개된다. 이 책은 열악한 상황에서 삶을 꾸려가야 하는 사람들로 하여금 역경을 이길 의지를 갖게 하고 어떤 절망적 상황에서도 좌절하지 않고 희망을 가질 수 있게 할 것이다. 학생들은 고뇌 속에서 인생이 더 풍요로워지고 위대해진다는 메시지를 내면화함으로써 앞으로 꿋꿋하게 사회생활을 이끌어갈 수 있을 것이다.(이강옥, '명저 백선' 소개 글) 베토벤은 두 동생 앞으로 이 유서를 썼지만 부치지는 않았고 유서는 그의 사후에 발견되었다. 베토벤은 이 유서를 쓴 이후 25년을 더 살았다.

떠나 고독한 생활을 하지 않으면 안 되었다. 어쩌다가 그러한 모든 고난을 박차 버릴 라치면, 오오, 얼마나 무참하게 내가 불구자라는 것을 새삼스럽게 깨닫는 슬픔에 부닥쳤던가! 그렇지만 사람들에게 - "좀 더 큰 목소리로 말해 주시오. 고함을 질러 주시오!" 하고 말할 수는 없는 노릇이었다. 아아! 다른 사람들에게 있어서보다도 나에게 있어서는 더 완벽해야 할 그 감각, 예전에는 내가 완전무결하게 가지고 있었던 그 감각, 확실히 예전에는 나와 같은 직업에 종사하는 사람들이라 해도 그렇게 완벽하기는 드물었을 만큼 완벽하게 내가 가지고 있었던 그 감각의 결함을 어떻게 사람들에게 드러낼 수가 있겠는가? - 오오, 그것은 나로서는 못할 일이다! - 그러므로 너희들의 동아리에 섞이고는 싶으면서도 외따로 떨어져 살고 있는 나를 용서해 다오. 그 때문에 나는 오해를 받아야 하는 까닭에 이 불행은 이중으로 나에게 괴로운 것이다. 사람들과 사귄다든가, 자상한 이야기를 속삭인다든가, 서로 심경을 토로한다든가, 그러한 것을 즐겨 본다는 것은 나에게는 허용되지 않는다. 나는 고독하다. 참으로 고독하다. 부득이한 경우라야만 나는 세상 사람들 사이로 나간다. 마치 쫓겨난 사람처럼 살아갈 수밖에 없는 것이다. 사람들이 모인 자리에 가까이 가면, 내 병세를 남들이 알아차리게 되지나 않을까 하는 무서운 불안에 사로잡혀 버린다.

지난 여섯 달 동안을 내가 시골에서 보낸 것도 그 때문이었다. 될 수 있는 대로 청각을 정양하라는 현명한 의사의 권고를 받았던 것인데, 그것은 내 스스로 원하던 바이기도 했다. 그러나 여러 번 나는 사람들과 사귀기 즐겨하는 내 성미에 못 이겨, 사람들의 모임에 발을 들여놓은 일이 있었다. 하지만 내 옆의 사람은 멀리서 들려오는 피리 소리를 듣고 있는데 나는 아무것도 들을 수 없다든가, 또 그 사람은 양 치는 목자의 노랫소리를 듣고 있는데 내게는 여전히 아무것도 들리지 않을 적에, 그 굴욕감은 어떠하였으리랴! 그러한 경험들로 말미암아 나는 거의 절망하기에 이르렀다. 하마터면 나는 스스로 내 목숨을 끊어 버릴 뻔하였다 - 그것을 제지하여 준 것은 오직 예술뿐이었다. 나에게 걸머지워졌다고 느껴지는 이 사명을 안수하기 전에는 이 세상을 비리지 못할 것이라고 생각되었던 것이다. 그리하여, 나는 이 비참한 생명을 부지하기로 하였다 — 참으로 비참한 생명이다. 하도 자극을 받기 쉬운 몸뚱이여서, 아주 조그만 변화일지라도 나를 최선의 상태에서부터 최악의 상태로 던져 버리는 것이다! 인종(忍從)! - 이렇게 사람들은 말한다. 이제 내가 길잡이로 택하여야 할 것은 바로 참고 견디는 것이라고. 나는 그렇게 하였다 — 바라건대, 참고 견디고자 하는 나의 결심이 영원히 계속되어 주었으면 한다. 준엄한 운명의 여신들이 나의 목숨을 가져가기를 원하게 될 때까지. 차차 좀 나아질지 어떨지는 모르겠으나, 하여튼 각오는 되어 있다 - 스물여덟 살에 벌써 도통한 사람의 행세를 해야 한다는 것은 쉬운 일이 아니다. 다른 사람들에게 있어서보다도 예술가에게 있어서는 그것은 더욱 가혹한 일이다.

신이여, 당신은 높은 곳에서 나의 마음속을 들여다보실 것이니 그것을 아실 겁니다. 사람들을 사랑하고 선을 행하고자 하는 마음이 나의 가슴속에 뿌리박혀 있음을 당신은 아실 겁니다. 오오, 너희들이 장차 이 글을 읽게 되거든 생각하여 보라, 너희들이 내게 얼마나 옳지 못했던가를. 그리고 불행한 사람들은 자기와 같은 한낱 불행한 사람이 자연의 갖은 장애에도 불구하고 우수한 사람들과 예술가들의 대열에 참여할 수 있고자 전력을 다하였다는 것을 알고 위로를 받으라.

너희들, 나의 동생 카를과 (요한)아, 내가 죽은 뒤 아직도 슈미트 박사가 살아 계시거든, 즉시로 내 병의 기록을 작성하도록 나의 이름으로 박사에게 청원하라. 그리하여 그 병태 기록서에 이 편지를 첨부하라. 그러면 내가 죽은 다음에 세상 사람들과 나 사이에는 적어도 가능한 한도의 화해가 성립될 수 있을 것이다 - 그리고 여기에 또 나는 너희들 두 사람을 나의 사소한 재산의 - 그것을 재산이라 부를 수가 있으면 - 상속자로 인정한다. 성실하게 둘이서 나누어라. 합의하여 서로 돕거라. 내게 대한 너희들의 나쁜 소행은, 너희들도 알다시피 벌써 오래 전에 이미 나는 용서하였다. 동생 카를아, 요사이 네가 나에게 보여 준 호의에 대해서는 특히 너에게 감사한다. 내가 바라는 것은 너희들이 나보다는 행복하고 고생이 덜한 생활을 할 수 있게 되는 것이다. 너희들의 아이들에게 도덕을 권하라. 도덕만이 사람을 행복하게 할 수 있는 것이다. 돈이 아니다. 내 경험에 비추어 보면, 내가 비참한 지경에 빠져 있었을 때, 나를 받들어 준 것은 도덕이었다. 내가 자살로 인생을 끝마쳐 버리지 않을 수 있었던 것은 내 예술의 덕택이기도 하지만, 또한 도덕의 덕택이기도 하다 - 잘들 있거라, 서로 사랑하여라! 나의 모든 친구들, 특히 리히노프스키 공작과 슈미트 박사에게 감사한다 - 리히노프스키 공작이 내게 준 악기는 너희들 중의 누구든지 한 사람이 보존하여 주었으면 한다. 그러나 그 때문에 너희들 사이에 조금이라도 불화가 생겨서는 안 될 것이다. 만약 좀 더 유익한 일에 쓰일 수 있다면 곧 팔도록 하여라. 무덤 속에서라도 너희들에게 도움이 될 수 있다면 나는 얼마나 행복하랴!

필경 그렇게 되어야 할 것이라면 나는 기꺼이 죽음을 맞으리라 - 나의 예술적 친분을 충분히 발휘할 기회를 가져 보기 전에 죽음이 닥쳐온다면, 나의 운명이 너무나 가혹해서 죽음이 그렇게 일찍 오는 것이라면 할 수 없는 일이고, 다만 좀 더 늦게 와 주었으면 하고 바랄 뿐이다 - 허나 그래도 나는 만족하리라. 죽음은 나를 끝없는 고뇌로부터 해방시켜 주는 것이 아니겠는가? - 오고 싶은 때에 언제든지 오라, 나는 너(죽음)을 용감히 맞으리라 - 그러면 잘들 있거라. 내가 죽은 뒤에도 나를 잊어버리지는 말아 다오. 살아 있는 동안에 나는 너희들을 항상 생각하고, 어떻게 해서든지 너희들을 행복하게 해주고자 노력했으니까. 너희들이 나를 생각해주는 게 마땅할 만도 하지 않으냐? 부디 행복하기 바란다!

루트비히 판 베토벤

하일리겐슈타트, 1802년 10월 6일 -

2. 자신이 역할 모델(role model)로 삼는 예술가는 누구인지, 그가 예술가로서의 삶을 살면서 겪은 고난과 그 극복 과정에 대해 조사해서 말해 보자.

3. 자신이 예술 공부를 해 오면서 경험한 좌절과 그 극복 과정에 대해 써 보자.(400자)

제2부

글쓰기의 기초

제4장

무엇에 대해 **쓸까**

1. 쓰기를 통한 발상

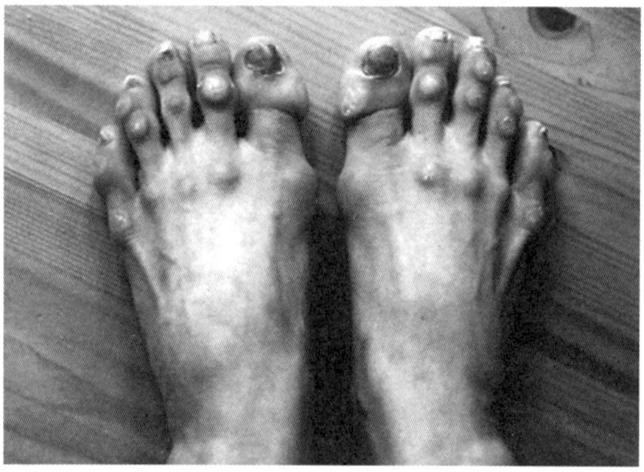

세기의 발레리나, 강수진의 발 사진이 화제이다. 강수진은 '브누아 드 라 당스(최고여성무용가상)'를 받고 명실상부한 세계 정상으로 부상하던 99년, 왼쪽 다리 정강이뼈에 치명적인 문제가 있다는 사실을 알게 된다. 걸을 수 없을 만큼 심한 통증으로 병원을 찾았을 때 의사는 "어떻게 이 지경이 될 때까지 다리를 방치했느냐. 차라리 부러졌다면 회복이 빨랐을 텐데 다리에 금이 간 채 너무 오래 사용했기 때문에 최악의 상태가 됐다. 뼈가 완전히 붙을 때까지 무조건 쉬어야 한다."는 최후통첩을 내렸다. 이미 5년 넘게 통증을 참으며 춤을 추었던 강수진으로서는 더 이상 욕심을 부릴 수 없었다. 그때부터 15개월 동안 그는 미래를 알 수 없는 기나긴 휴식에 들어가야 했다. 다시 춤을 출 수 있을지, 무대에 오를 수 있을지조차 불확실한 암흑의 시간을 넘어 그를 다시 일으켜 세운 것은 이제 웬만한 사람들은 모두 다 알고 있는 그의 발이다. 점점 피카소의 그림처럼 기기묘묘한 모양새로 변해가고 있는 그 발은 강수진이 연습에 쏟은 땀과 눈물을 고스란히 보여 주는 증거물이다.

창의적인 발상은 저절로 되는 것이 아니다. 누구나 노력 없이 저절로 창의적인 발상을 얻을 수 있다면 좋겠지만, 강수진이 춤 출 능력이 있었다고 해서 연습 없이 발레가 저절로 되는 것이 아니듯 발상 또한 무한 반복의 연습 과정이 있어야 창의적이 된다. 이 때 창의적인 발상에서 제일 중요한 것은 아이러니하게도 무한 반복 연습이다. 수증기가 물로 질적 변화를 이루려면 같은 공간의 수증기 양이 점점 많아져서 밀도가 높아지다 임계점에 이르러야 가능하듯이 글쓰기의 무한 반복 연습만이 창의적인 발상을 가능하게 한다. 일단 쓰기 시작하면 쓰는 습관 자체가 발상이 될 수 있음을 알 수 있다.

1) 글쓰기의 시작, 자유 글쓰기(free writing)

대한민국 사람이라면 누구나 초등학교 시절부터 거의 매일 국어 수업을 들었다. 그리고 국어 수업 시간은 좋은 글을 모아 놓은 교과서의 글들을 해석하는 시간이었다. 또 우리는 어릴 때부터 여러 경로를 통하여 글쓰기의 의미에 대한 거창한 담론들을 접해 왔다. 그 담론들 중에는 글쓰기를 자신의 삶이라, 목숨이라 칭하는 담론도 있다. 따라서 이런 담론들 속을 유영하다 보면 글쓰기는 나와는 전혀 관계없는 몇몇 위대한 작가들의 전유물일 뿐이고, 글을 쓴다는 건 교과서의 글들처럼 무언가 완성된 작품을 생산하는 일로만 다가온다. 그래서 학교 과제로 글쓰기 숙제를 받는 날이면 무얼 어떻게 써야 하는지 도저히 모르겠는 채로 꾸역꾸역 책상 앞에서 시간을 보내다가 별 수 없이 인터넷을 이용하여 검색과 짜깁기란 기술을 이용하여 숙제를 한다. 그리고 이런 글쓰기에 익숙해지다 보면 당연히 이런 글쓰기와 다른 글쓰기가 가능하다는 건 상상도 할 수 없는 일이 된다.

하지만 글쓰기는 영혼의 표현 같은 거창한 무엇이 아닌 하나의 기술이다. 말하기, 듣기, 읽기가 각각 잘 말하고 잘 듣고 잘 읽으려면 갖춰야 할 조건들이 있는 것처럼 쓰기 또한 어느 정도의 조건을 갖춘다면 당연히 누구나 잘 쓸 수 있다. 단지 어린아이가 말하기를 배울 때 처음부터 잘 말할 수 없는 것처럼 글쓰기 또한 처음부터 잘 쓸 수는 없는 법이다. 어린아이가 말을 배울 때를 생각해 보자. 어린아이들은 처음에는 단어로 자신의 뜻을 전하다가 연습을 통해 홑문장으로 말하기 시작하고 그러다가 문장에 익숙해질 대로 익숙해진 후에야 수식어를 사용하거나 겹문장을 이용하여 자신의 뜻을 표현하기 시작한다. 그리고 이런 과정을 적어도 십여 년에서 이십여 년 이상 공을 들이고 덧붙여 상황에 따른 말하기 연습을 반복적으로 한 후에야 유창하게 말하는 것이 가능해진다.

말하기나 글쓰기를 기술이라고 표현하면 거부감을 느끼는 사람도 있을 것이다. 하지만 거부감의 이유를 곰곰이 생각해 본다면 말하기나 글쓰기가 기술이라는 사실이 아니라, 말하기나 글쓰기를 기술이라고 할 때 말이나 글에 담긴 생각이 기술이 되어 버리는 듯한 느낌이 이런 표현에 대한 거부감의 원인이라는 사실을 깨달을 수 있다. 이렇듯 말하기나 글쓰기를 기술이라고 표현하고 싶지 않은 것은 흔히 말하기나 글쓰기를 생각과 한 쌍으로 범주화하여 생각하기 때문이다. 생각은 영혼의 표현이라고 할 수 있으나 어느 누구도 광고의 카피를 보면서 영혼을 떠올리지는 않듯이 글쓰기를 영혼의 표현이라고 하는 것은 비약임을 알 수 있다. 그러므로 누구나 연습을 통해 어느 정도의 조건을 충족한다면 유창하게 말할 수 있듯이 연습을 통해 어느 정도의 조건을 충족한다면 자신의 생각을 자유롭게 글로 표현할 수 있다. 따라서 관건은 필요한 조건을 알고 그 조건을 충족시키기 위해 끊임없이 연습하는 것이다.

그렇다면 글쓰기 연습을 어떻게 해야 할까? 무얼 어떻게 써야 글쓰기 연습이 되는 걸까? 글쓰기를 말하기와 같은 기술로 본다면 글쓰기를 잘 하기 위해서는 우선 많이 써봐야 한다. 수천 년 중국 역사에서 "시의 성인"이라 불리는 천하의 문장가 두보 같은 시성도 시 한 편을 다듬는 데 하룻밤 한 광주리가 넘는 파지를 버렸다고 하니 글쓰기의 왕도는 일단 많이 써 보는 것이라고 할 수 있다. 말도 하면 할수록 늘 듯이 글도 쓰면 쓸수록 는다. 따라서 잘 쓰고 싶다면 우선 글쓰기를 일상의 영역으로 끌어들일 필요가 있다. 밥 먹거나 자거나 말 하듯이 글쓰기 또한 습관화하라는 뜻이다. 그리고 이런 습관을 들이기에 가장 좋은 방법이 바로 흔히 말하는 프리 라이팅, 곧 자유 글쓰기이다.

자유 글쓰기를 위한 지침

① 적어도 10분은 무슨 일이 있어도 계속 펜을 들고 써라. 시계를 보기보다는 자명종이나 스톱워치를 활용해라.

② 멈추고 싶은 생각이 들더라도 멈추면 안 된다. 말하고 싶은 것이 생각날 때까지 쓰고, 똑같은 것을 반복하더라도 멈추지 말고 써라. 쓰는 도중 다른 표현이 생각이 나더라도 앞에 쓴 것에 줄을 긋거나 편집하지 마라.

③ 지금 쓰고 있는 글쓰기가 사적인 일이라는 생각을 분명히 해라. 무엇을 쓰든 편안한 마음을 가져야 한다.

④ 원할 경우 한 가지 주제로 시작할 수 있지만, 반드시 그럴 필요는 없다. 한 가지 주제로 시작했더라도, 언제든지 다른 주제로 바꿀 수도 있다. 다만 계속 써라. 내용의 순서, 어휘 선택, 문법의 정확성 등에 대해서는 걱정하지 마라. 아무도 지금 쓰고 있는 것을 보지 않는다.

⑤ 원하지 않는 부분에서 생각이 계속 맴돌 때는 방향을 바꿔라. 이 훈련의 주체는 너 자신이다.

⑥ 이 글에 대해 아무런 기대를 하지 마라. 원하는 결과가 나올 수도 있고 그렇지 않을 수도 있지만 아무 상관이 없다. '이번에는 어떤 아이디어 어떤 이미지가 떠오를지 궁금하다.'는 태도만 유지해라.

⑦ 머릿속에 떠오르는 말과 아이디어에만 귀를 기울이고 그것을 종이에 옮겨 써라. 마음 속에서 '이건 끔찍해! 어떤 생각이 들든 간에 그것을 쓸 수 있을 것 같아?', '와우, 대단한데! 곧 스티븐 킹 같은 작가가 될 거야.' 하는 목소리가 들리더라도 무조건 무시하라. 계속 펜만 움직여라.

⑧ 처음에는 자신이 쓴 것을 읽어보지 않는 게 가장 좋을 것이다. 설령 읽고 싶더라도 잠시 기다리는 것이 도움이 된다. 혹여 읽게 되더라도 너그러운 자세로 읽고, 편집하거나 비평하지 마라. 단지 종이 위에 무엇이 적혀 있는지, 내가 무엇을 좋아하는지에만 주목해라.

- Barbara Baig(2010), HOW TO BE A WRITER, Geulhangari Publishers.

자유 글쓰기의 예

<예>

바람이 분다. 가을이 왔다.
하늘은 싸잡아 푸르고 흰 구름은 실처럼 엉켜 있다.
바람이 그 사이를 지난다. 하늘을 돌며 구름을 헤집는다.
구름을 헤집는 게 하얀 물감으로 그림을 그리는 것 같다.
새집 모양, 가족 새들이 일렬로 나는 모양, 둥둥 뜬 우산 모양이 일그러져 나뭇잎 모양이 된다…….

자유 글쓰기의 가장 큰 장점은 글쓰기 연습 시간을 늘릴 수 있다는 것이다. 10분 쓰기가 익숙해지면 15분 쓰기, 20분 쓰기, 25분 쓰기, 30분 쓰기, ……. 이런 식으로 시간을 늘리는 사이에 글쓰기가 말하기처럼 자연스러운 일상이 된다면 어느 사이에 무슨 생각이 들든지 우선 기록하고 보는 자신을 발견하게 될 것이다. 둔필승총(鈍筆勝聰 : 둔필의 기록이 총명한 기억보다 낫다는 말)이라 했으니 기록이 있어야 절차탁마도, 퇴고도 가능한 법이다.

연습문제 1 10분간 자유 글쓰기를 해 보자.

자유 글쓰기를 주제별로 편집하기

앞서 글쓰기가 말하기처럼 자연스러운 일상이 된다면 어느 사이에 무슨 생각이 들든지 우선 기록하고 보는 자신을 발견하는 날이 오리라는 걸 예측했다. 이렇게 드는 생각을 바로 글로 기록하는 것이 자연스러워지면 그 글들을 주제별로 모아 둘 필요가 있다. 이렇게 주제별로 모아 둔 글들이 바로 글감의 재료가 된다. 다음은 “바람”이라는 주제로 자유 글쓰기를 편집한 예이다.

① 바람이 분다. 가을이 왔다. 하늘은 싸잡아 푸르고 흰 구름은 실처럼 엉켜 있다. 바람이 그 사이를 지난다. 하늘을 돌며 구름을 헤집는다. 구름을 헤집는 게 하얀 물감으로 그림을 그리는 것 같다. 새집 모양, 가족 새들이 일렬로 나는 모양, 둥둥 뜬 우산 모양이 일그러져 나뭇잎 모양이 된다.

② 바람이 나뭇잎 끝을 흔든다. 말랑말랑한 나뭇잎에 매달인 진액 덩이가 살랑살랑

흔들린다. 떨어질 듯 떨어지지 않고 끈질기게 매달려 있다.

③ 바람에 향기가 실렸다. 걸음걸음 모과 향, 국화 향, 귤 향이 코끝을 스친다. 기분이 좋다.

연습문제 2 자유 글쓰기를 한 후 쓴 내용을 주제별로 묶어 보자.

연습문제 3 주제별로 묶은 것에서 한 주제를 잡아서, 그 주제 안에서 생각을 확장하여 떠오르는 대로 써 보자.

2) 생각의 확장, 경험 글쓰기

쓰기를 위한 글 읽기가 필요할 때도 있다. 물론 자료로써 글 읽기도 쓰기를 위한 읽기라고 할 수 있으나, 여기서 말하고자 하는 쓰기를 위한 읽기란 평소의 읽기 자체가 쓰기의 재료가 될 수 있어야 한다는 의미이다. 따라서 쓰기를 위한 읽기를 할 때는 먼저 글의 요지를 찾고 가장 중요한 정보를 선별하여 기존 지식과 비교하여 본다. 또 자신이 내용을 얼마나 이해하고 있는지 끊임없이 자문하며 작가의 의도를 파악하고 작가의 의도 속에서 이해한 내용을 현실 세계에 적용시켜 보고 비판적으로 수용하여 자신의 경험 세계와 사고 세계를 넓힌다.

평소에 읽기를 통해 이런 노력을 기울인다면 이해력과 비판적 사고 능력, 창의성을 키울 수 있고 전문 지식을 융통성 있게 할 수 있을 뿐만 아니라 글쓰기의 내용을 풍부하게 하여 글쓰기 능력 향상에 도움이 된다. 물론 이런 읽기의 자세는 책 읽기에만 해당하는 것은 아니다. 경험 읽기, 세상 읽기뿐 아니라 모든 간접 경험을 읽기의 대상으로 삼을 수 있다.

이런 읽기가 바로 경험 글쓰기로 연결된다. 여기서 경험 글쓰기란 직접 경험을 한 것뿐만 아니라 공연, 영화 관람 후나 전시회에 다녀와서 또는 독서 후에 하는 쓰기 활동을 포괄한다. 이 때 경험 글쓰기가 생각의 확장을 불러오기 위해서 다음의 예에서 볼 수 있듯이 여러 가지 시도를 해 볼 수 있다.

경험 글쓰기를 위한 지침

① 왜 했나?/ 왜 봤나? :

경험을 하게 된 동기나 이유를 쓴다. 의도하지 않았던 경험이라면 그 경험에 주목하게 된 이유를 쓴다.

② 무얼 했나?/ 무얼 봤나? :

경험 속에서 주목한 부분을 쓴다. 예를 들어 여러 사람이 같은 영화를 보더라도 사람마다 주목하는 부분이 다 다르기 마련이다. 이때 자신이 주목하여 생각의 변화나 감정의 움직임을 느낀 부분을 중심으로 기록한다.

③ ②번의 경험 속에서 어떤 생각을 했고 무얼 느꼈나? :

단순히 ②번의 경험을 통해 얻은 생각이나 느낌을 쓸 수도 있다. 하지만 되도록 그 전의 경험 세계나 사고 세계와 연결시켜서 이번 경험을 해석해 본다.

④ 이 경험을 통해 얻은 것과 앞으로의 계획은 무엇인가? :

③에서 생각과 느낌뿐 아니라 이 경험을 통하여 전의 경험 세계나 사고 세계가 확장됐다면 그로 인해 자신이 무엇을 얻었는지 생각해 본다. 또 그 생각을 발전시키기 위한 앞으로의 계획을 세워 표현해 본다.

경험 후 글쓰기 예

예>

① 왜 했나?/ 왜 봤나? :

벚꽃이 피어 친구와 영남대 벚꽃 길을 걸었다.

② 무얼 했나?/ 무얼 봤나? :

사람 속에 파묻혀 벚꽃을 봤다. 벚꽃을 보고 있는 건지 사람 구경을 하고 있는 건지 모를 정도로 사람이 많았다. 사람들은 저마다 사진기를 들고 사진을 찍고 있었다. 벚꽃을 구경하는 사람들이 벚꽃에 빠져 있다면 사람이 너무 많아 답답하다는 느낌을 가질 새도 없이 사람들과 함께 벚꽃에 빠져 황홀해 할 수 있을 것 같았다. 하지만 쉴 새 없이 울리는 사진기 소리에 내가 벚꽃 구경을 온 건지 사진 찍는 사람들 구경을 온 건지 알 수 없어졌다.

③ ②번의 경험 속에서 어떤 생각을 했고 무얼 느꼈나? :

경험한다는 것이 무엇인지에 대해 생각하게 되었다. 벌과 나비의 눈높이로 꽃을 들여다 보면 벚꽃 한 송이 한 송이의 향내와 빛깔이 날 압도한다. 이 길을 홀로 걷는다면 도화원으로 가는 듯한 느낌에 빠질지도 모른다. 친구의 감동과 나의 감동이 겹치고 나뉘고를 반복하며 공감을 이루는 모습이 보고 싶기도 했다. 경험이 경험이 되지 못하고 사진 속의 기록으로 채록되기 바쁜 모습들 속에서, 나와 친구도 같은 모습으로 사진을 찍으면서, 시간을 비껴 가서 내 경험화될 수 없는 경험의 얄팍함과 마주치면서 바쁘게 산다는 건 어쩌면 제대로 살지 못하는 것일지도 모른다는 생각이 들었다.

④ 이 경험을 통해 얻은 것과 앞으로의 계획은 무엇인가? :

습관은 체화되지 않는 경험이기에 삶의 모든 시간이 습관이 된다면 정말 슬플 것 같다. 기억은 기록물이 하는 것이 아니라 체화된 경험이 감정과 함께 내게 남은 것일 것이다. 바쁘다는 핑계로 습관적으로 삶을 흘리고 사진으로 기억을 만들며 살고 싶지 않다. 매 순간이 체화되는 삶일 수는 없겠으나 단지 습관으로 숨을 쉬며 살아 있다고 말하는 삶을 살고 싶지는 않다는 생각을 했다.

경험 글쓰기를 주제별로 편집하기

경험 글쓰기 또한 자유 글쓰기와 마찬가지로 주제별로 모아 둔다. 자신이 쓴 글들을 주제별로 모아 놓으면 주제가 주어지는 글쓰기를 해야 할 때도 쓰기의 재료를 손쉽게 구할 수 있다. 예컨대, 다큐멘터리 "아고라 : 민주주의에서 시장으로"를 본 후에 기록한 경험 글쓰기와 브로델의 "물질문명과 자본주의 정신 읽기"라는 책을 읽은 후 기록한 경험 글쓰기는 같은 맥락에서 편집 후 묶어 둘 수 있을 것이다.

연습문제 아래 경험 글쓰기 순서에 따라 자신이 경험한 것을 글로 써 보자.

① 왜 했나?/ 왜 봤나?

② 무얼 했나?/ 무얼 봤나?

③ 앞의 경험 속에서 어떤 생각을 했고 무얼 느꼈나?

④ 이 경험을 통해 얻은 것과 앞으로의 계획은 무엇인가?

3) 창조의 시작, 옮겨쓰기

왜 옮겨쓰기인가?

트와일라 타프의 <천재들의 창조적 습관>을 보면 모차르트가 친구에게 보낸 편지가 소개되어 있다.

"사람들은 내가 쉽게 작곡한다고 생각하지만 이건 실수라네. 단언컨대 친구여, 나만큼 작곡에 많은 시간과 생각을 바치는 사람은 없을 걸세. 유명한 작곡가의 음악 치고 내가 수십 번에 걸쳐 꼼꼼하게 연구하지 않은 작품은 하나도 없으니 말이야."

음악의 신동이라고 불리는 모차르트는 어느 누구보다도 열심히 노력했다. 스물여덟 살이 되었을 때는 그동안 너무 오랜 시간 연습하고, 연주하고, 늘 펜을 쥐고 작곡하느라 손이 기형이 되어 버릴 정도였다. 또한 모차르트는 어린 시절 옮겨쓰기의 명수였다고 한다. 위의 편지에서도 모차르트가 누구보다 열심히 기존의 음악을 연구하는 사람이었음을 알 수 있다. 흔히 말하는 "모방은 창조의 어머니"라는 말은 괜히 있는 것이 아니다. 모방하라. 그리고 반복하라. 창조성은 저절로 이루어지는 무엇이 아니라 모방과 무한 반복 연습 후에 오는 열매이다. 그래서 천재란 1%의 영감과 99%의 노력의 산물이라는 말이 나온 것이다.

무얼 어떻게 옮겨 쓸 것인가?

<무진기행>을 쓴 김승옥은 국어 대사전을 한 장씩 외우고는 씹어 먹었다고 한다. 사람들이 말하는 감수성의 혁명, 회화적인 선명성, 심미적 기미(機微) 등을 이룬 김승옥 소설의 가장 커다란 매력인 빼어난 문체는 바로 국어 대사전을 한 장 씩 외운 김승옥의 노력이 만든 산물이었다. 책을 읽다가 좋은 문장, 좋은 표현, 좋은 구절을 발견하면 주제별로 모아라. 물론 이렇게 모은 글들엔 출처가 붙어야 한다. 옮겨쓰기가 곧장 자기 글이 되지 않도록 주의를 기울이지 않으면 자신의 글을 문체란 게 없는 글로 만들 뿐이다. 그리고 문체가 없는 글은 향기가 없는 꽃과 같아서 보기엔 좋을지 모르나 나비를 부르지 못하는 법이다. 다음은 "바람"을 주제로 한 주제별 옮겨쓰기의 예이다.

① 바람이란 모든 것에 영향을 주는 세상 일을 가리킨다. - **장자**

② 아무리 좋은 수염도 눈망울도 다 변하고 없어지는 것이고, 하늘의 구름도 늘 그 모양이 변하고 없어지기 일쑤지만, 그 모양이 보이지도 않는 바람만은 모양이 없는 대로 아주 없어지거나 변모하는 일이 없이 매양 우리 마음과 육신에 작용하고 있다.

- **서정주** <바람의 해석>

③ 불어라 불어라
차디찬 겨울 바람아
너는 은혜 모르는 사람보다
무정하지는 않다

- **W. 셰익스피어**

④ 높은 곳에서 나무를 봐야 했을 것이다 / 그 꼭대기 가지 사이에 노는 바람 / 보통은 물먹어 부풀고 아주 천천히 / 다른 모서리에 잇닿는 남쪽 바람을

- **P.T. 팡** <빨래하는 여인들>

⑤ 문을 열려고 하다가 갑자기 바람에 사로잡혔다. 손잡이에 매달린 채 그는 입구로 끌려 나왔다. 그 순간, 이번에는 닫으려고 하는 문을 도로 밀어붙여 바람에 맞섰다. 문이 닫혀지려는 순간에 살짝 스며든 바람의 혓바닥이 램프의 불꽃을 핥아 버렸다.

- **J. 콘래드** <태풍>

⑥ 春風如遠客(춘풍여원객) 봄바람이 먼 데 사는 손님과 같아
一歲一相逢(일세일상봉) 한 해에 한 차례 서로 만나네
澹蕩原無定(담탕원무정) 맑고 넓어 원래가 청향이 없지만
悠揚似有蹤(유양사유종) 유양하여 종적이 있는 듯하이
暗添花艶嫩(암첨화염눈) 가만히 꽃의 고움 더 보태 주고
輕拂柳絲重(경불유사중) 가볍게 버들가지 스쳐가누나
獨惜吟詩客(독석음시객) 홀로 애달파요 시 읊는 나그네
還非昔日容(환비석일용) 지금은 옛날 모습 아니기 때문.

- **정도전** <삼봉집>

⑦ 그게 꽃바람이야. 꽃이 피려고 할 때도 비바람이 치는 법이지만 꽃이 지려고 할 때는 으레 바람이 부는 법이지

- **장덕조** <누가 죄인이냐>

연습문제 자유 글쓰기와 경험 글쓰기를 통해 얻은 주제를 염두에 두고 옮겨쓰기를 해 보자. 옮겨쓰기를 할 때에는 다양한 장르의 글을 참고로 하여 다양한 표현을 모으려고 노력한다. 예전과 달리 검색이라는 훌륭한 도구가 여러분 앞에 있다.

2. 발상의 집약, 개요 쓰기

고등학교 작문 시간에 배운 글쓰기 과정은 다음과 같다.

① 주제 설정 → ② 제재 마련 → ③ 구상 및 개요 작성 → ④ 집필 → ⑤ 퇴고

아니면 아래와 같은 과정으로 배웠을 것이다.

① 계획하기 → ② 생성하기 → ③ 조직하기→ ④ 표현하기 → ⑤ 고쳐쓰기

물론 이러한 글쓰기 과정은 단선적이지는 않다. 이 과정들을 행할 때 어느 과정에서든지 앞의 과정으로 되돌아갈 필요가 있을 때마다 되돌아 갈 수 있으므로 글쓰기의 과정은 회귀적 과정이라고 가르친다.

물론 각각의 과정에서 여러 문제에 부딪힐 때 어떻게 해결해야 하는지도 가르치고 있다. 예를 들어 계획하기 단계에서 어떻게 시작해야 할지 모를 때, 쓰기 전에 쓰고자 하는 내용을 다른 사람에게 말하게 함으로써 주제가 분명해지고, 말하면서 쓸 내용이 풍부해지거나 필요한 내용을 알게 되고, 글쓰기의 목적이 드러나며, 예상 독자를 고려하게 되는 효과를 얻을 수 있는 해결책을 제시한다. 또는 내용이 빈약할 때는 브레인스토밍이나 체계를 세워 주제 탐색하기를 통해 창의적 사고 활동을 전개하도록 유도하고 있다. 그리고 집필 전에는 꼭 개요를 작성할 것을 권유한다.

1) 주제가 주어진 글쓰기의 개요 쓰기

학교생활을 하다 보면 자주 글쓰기 과제와 마주한다. 이런 과제들은 대부분의 경우 주제가 정해져 있다. 따라서 이럴 경우 글쓰기는 주제 설정 이후 과정을 밟기 마련이다. 예를 들어 "교육을 바라보는 세 가지 관점(전통주의, 진보주의, 변혁적 관점)에서 영화보기"라는 과제가 주어졌다고 생각해 보자. 이 과제를 수행하기 위해 무엇을 제일 먼저 해야 할까? 제일 먼저 해야 할 일은 주어진 주제에 대한 해석이다.

우선 이 주제에 접근하기 위해서는 교육을 바라보는 세 가지 관점에 대해 알아야 한다. 이를 위해서는 교육학 개론서를 찾아보거나 학교 도서관에 가서 관련 도서를 찾아보거나 할 수 있다. 그리고 좀 더 깊은 내용이 궁금하다면 관련 논문을 찾아볼 수도 있을 것이다. 논문은 학교 도서관 사이트에 들어가 "eContents" 항목 아래 "학술논문통

합검색" 항목에서 찾을 수 있다.

이런 과정을 통해 교육을 바라보는 세 가지 관점에 대한 정보를 수집했다면, 다음으로 할 일은 이 세 가지 관점 모두에서 해석하기 좋은 관련 영화를 찾는 일일 것이다. 교육에 관한 영화를 주변 사람들에게서 추천을 받든지, 담당 과목 교수에게 묻든지, 인터넷 사이트에서 정보를 수집하든지 해서 영화를 선정했다면, 이제 열심히 영화를 감상한다. 물론 이때는 기본적으로 줄거리를 요약하면서 본다. 또 각 관점을 반영한 부분을 찾아 기록하며 본다.

교육을 바라보는 세 가지 관점에 대한 정보를 수집하고 세 가지 관점에 주의하면서 영화를 보고 기록하는 과정까지가 제재 마련이라면, 이제 개요 작성을 위한 최소한의 준비가 된 셈이다. 이 과제를 수행하기 위해 가장 쉬운 개요의 형태는 다음과 같을 것이다.

<기본 형태>

교육을 바라보는 세 가지 관점에서 "죽은 시인의 사회" 보기

1. 머리말
2. 본문
   2.1. 전통주의 관점에서 "죽은 시인의 사회" 보기

2.2. 진보주의 관점에서 "죽은 시인의 사회" 보기

2.3. 변혁적 관점에서 "죽은 시인의 사회" 보기

3. 결론

만약 교육을 바라보는 세 가지 관점에 대해 알아보거나 영화를 보면서 주어진 과제를 어떻게 해결할지에 대한 아이디어를 얻었다면, 먼저 머리말에 들어갈 내용은 무엇이 되어야 하고 본문은 어떻게 구성해서 어떤 결론을 제시할지가 머릿속을 주르륵 흐를 것이다. 그렇다면 이 기본 형태를 변형하든 아니면 머릿속에 있는 개요를 종이에 표현하든지 해서 개요를 완성하고 본격적인 집필에 들어갈 수도 있을 것이다. 하지만 만약 제재 준비의 과정에서 주어진 과제 해결에 대한 아이디어를 확보하지 못했다면 다음과 같은 시도를 해 볼 수 있다.

㉮ 전통주의의 관점에서 죽은 시인의 사회를 해석해 본다.

① 전통주의 관점에 서 있는 인물을 찾는다.

→ 교장 선생님

② 이 인물의 입장에서 일련의 사건을 해석, 비판한다.

→ 키팅 선생의 무모한 행동이 한 학생의 자살로 이어졌다.

㉯ 진보주의 관점과 변혁적 관점에서도 위의 과정을 수행 기록한다.

㉰ 자신의 관점을 정립한다.

㉱ 자신의 관점에서 다른 관점들의 문제점을 제시하고 자신의 관점이 왜 설득력이 있는지를 제시한다.

㉲ 이 과정을 통해 다음과 같은 개요를 얻는다.

교육을 바라보는 세 가지 관점에서 "죽은 시인의 사회" 보기

1. 머리말 - 교육을 바라보는 세 가지 관점을 간단히 제시

2. 본문 - 각각의 관점에서 영화 해석 후 각각의 관점의 문제점 제시

2.1. 전통주의 관점에서 "죽은 시인의 사회" 보기

2.2. 진보주의 관점에서 "죽은 시인의 사회" 보기

2.3. 변혁적 관점에서 “죽은 시인의 사회” 보기

3. 결론 - 자신의 관점을 제시하고 세 가지 관점에 대한 문제점을 모아 자신의 관점의 타당성 입증

위의 예에서 알 수 있듯이 주어진 과제를 수행하기 위한 글쓰기의 개요 작성에서 제일 중요한 것은 필요한 자료를 수집하는 일이다. 자료 수집을 한 후에는 주제를 초점으로 하여 스스로에게 적절한 질문을 던지고 질문에 답할 수 없을 때에는 더 필요한 자료를 찾는 과정을 반복하여 개요를 얻는다.

연습문제 현재 자신이 수행해야 하는 과제에 대한 개요를 작성해 본다.

2) 개인적인 글쓰기의 개요 쓰기

주어진 과제와 개인적인 글쓰기의 차이점은 개인적 글쓰기는 주제와 제재 선택에 있어서 자유롭다는 데 있다. 하지만 주제와 제재를 개인이 찾는 것은 생각보다 쉽지 않다. 그래서 개인적 글쓰기는 일기나 편지 쓰기, 좀 더 나아가서 감상문 쓰기가 아니면 잘 이루어지지 않는 것이 사실이다. 그래서 개인적 글쓰기를 하기 위해서는 앞서 갖추어져야 하는 것들이 생각보다 많다. 그런 준비 작업의 일환으로 앞서 제시하였던 것이 자유 글쓰기, 경험 글쓰기, 옮겨쓰기이다. 평소 자유 글쓰기, 경험 글쓰기, 옮겨쓰기를 통해 글쓰기 경험을 쌓고 그런 글쓰기를 주제나 제재별로 분류하여 두었다면 그런 자료를 읽어 보다가 쓰고 싶은 주제를 발견할 수 있다.

예를 들어 분류해 둔 자료를 읽다가 다음과 같이 버스라는 공통 장소의 경험을 발견했다.

<예 1>

① 왜 했나?/ 왜 봤나? :

학교에서 집에 가기 위해 버스를 탔다.

② 무얼 했나?/ 무얼 봤나? :

짧은 머리를 한 군인들이 군대 내 의문사 사건들에 대해 이야기 하는 걸 들었다. 그들의 짧은 머리가 서러워 보였다.

③ ②번의 경험 속에서 어떤 생각을 했고 무얼 느꼈나? :

동기들이나 선배들이 군에 갈 때 하는 고민에 군대에서 살아남는 방법에 대한 고민도 있겠구나 하는 생각이 들었다.

④ 이 경험을 통해 얻은 것과 앞으로의 계획은 무엇인가? :

군대 가는 동기나 선배들에게 잘 해 줘야겠다는 생각을 했다.

<예 2>

① 왜 했나?/ 왜 봤나? :

학교에서 집에 가기 위해 버스를 탔다.

② 무얼 했나?/ 무얼 봤나? :

어색하게 머리를 짧게 쳐낸 스물쯤 되어 보이는 여자가 창 밖을 응시하는 걸 봤다. 굉장히 지쳐 보였고 울었는지 눈가가 붉게 부어 있었다.

③ ②번의 경험 속에서 어떤 생각을 했고 무얼 느꼈나? :

왜 울었을까 상상해 봤다. 실연이라도 당했을까? 여름 햇살 아래 눈부신 짧은 귀밑머리가 추워 보였다.

④ 이 경험을 통해 얻은 것과 앞으로의 계획은 무엇인가? :

버스 안 여러 사람들을 관찰해 보니 그 사람들에게서 묻어나는 여러 얘기들이 있는 것 같았다. 삶의 여러 방식이 그들의 여러 표정에 묻어나는 걸 알았다. 좀 더 주변 사람들도 관찰해 봐야지 싶다.

당시의 경험이 떠오르고 당시의 느낌도 떠오를 것이다. 위의 두 예를 보면 버스라는 공통 장소에서의 경험이고 짧은 머리에 대해 다른 느낌을 받았다는 걸 알 수 있다. 그리고 이를 기반으로 버스를 떠올리면서 브레인스토밍을 하면서 버스에서 연상되는 것들을 모은다. 브레인스토밍이 막연하다면 인터넷에 들어가 다른 사람들의 글을 보며 정보를 수집하거나 이 과정에서 연상되는 것들을 써 둔다.

이때에는 버스의 밖과 안, 밖에서도 다른 버스에 서 있을 때, 앉아 있을 때, 길가에서 버스를 기다릴 때, 그냥 버스를 무심히 지나칠 때, 혹은 버스 안이라면 서 있을 때, 앉아 있을 때, 버스 앞 쪽일 때, 뒤쪽일 때, 한가한 버스에 타고 있을 때, 복잡한 버스에 타고 있을 때 타고 있는 버스가 우등 고속버스인가 보통 고속버스인가 시내버스인가 시외버스인가 등등 자신의 입장을 다양하게 바꿔 보면서 버스에 대해 떠올릴 수 있는 모든 것을 기록한다.

그리고 날씨나 전후 맥락을 바꿔 보는 것도 좋다. 예를 들어 맑은 날, 흐린 날, 비가 오는 날, 눈이 오는 날 같은 단순한 일기예보식 날씨를 떠올리는 것에서 시작해서 자신이 경험한 모든 날씨를 떠올려 볼 수 있을 것이다. 그 중 실연한 여자에게 어울리는 날(예를 들어 흐린 날, 우중충한 날, 천둥 번개를 동반한 소나기가 쏟아지는 날 등등)을 떠올려 보고, 반대로 실연한 여자를 더욱 선명하게 비추는 날(예를 들어 아주 화창한 늦봄에서 초여름 어디쯤의 어느 날 녹음이 시작되고 사람들의 옷차림도 가벼워지고 사람들의 표정도 덩달아 가벼워지는 날)을 떠올려 보면서 각각의 날에 여자의 기분과 사람들에게 비칠 여자의 모습을 기록한다. 예를 들어 비 오는 날이라면 여자는 날씨의 영향으로 더욱 우울할 것이나 사람들은 여자의 눈물 자국을 빗물과 구별하지 못하고 무심히 지나칠 것이고, 맑은 날이라면 여자는 세상은 밝은데 자기 혼자 힘들다고 느낄 수도 있고, 사람들 또한 맑은 날에 어울리지 않는 여자를 쉽게 눈치 챌 거라고 상상할 수 있다.

아니면 여자를 움직여 볼 수도 있다. 여자가 고개를 푹 숙이고 버스에 타는 순간, 망설이듯이 올라와 재빨리 한 구석으로 숨어드는 모습, 서늘한 발걸음, 창밖만 열심히 응시하는 모습, 울음을 참는 표정, 꼭 쥐어 피가 배일 듯한 손가락 등등을 상상해 볼 수 있다. 여자의 나이를 바꿔 상상해 보거나 아니면 여자가 아닌 남자의 경우에 느껴지는 느낌의 차이를 상상해 볼 수도 있다. 이제 이 여자의 앞에 위의 군인들을 세워 본다. 제삼자의 입장에서 느낀 두 짧은 머리에 대한 느낌을 접어 두고 여자나 군인들의 입장에서 상대방에 대해 느꼈을 느낌을 기록한다. 여자는 누가 앞에 서 있는지 모를 것이고 군인들의 경우에는 사람 목숨이 왔다 갔다 하는 판에 실연으로 울고 있는 여자가 한심해 보일 수도 있을 것이다. 그리고 이 모든 걸 기록한다.

이 정도의 장면과 인상을 모으면 시를 만들 수도 있고 가사를 만들 수도 있다. 아니면 그림의 장면을 구상할 수도 있다. 아니면 전후 이야기를 이어 붙여서 짧은 이야기를 만들 수도 있다. 그러려면 우선 이 장면에서 하고 싶은 이야기를 찾아야 한다. 누구의 입장에서 무슨 이야기를 하고 싶은지를 정하고 나면 즉, 주제를 정하고 나면, 그 주제에 맞게 상황을 변주해 본다. 배경을 바꿔 보거나, 장소를 바꿔 보거나, 날씨나 인물을 바꿔 보고 가장 적절한 걸 찾는다. 그리고 이런 것들이 결정되고 나면 개요 작성에 들어간다.

<기본 형태>

화자 - 맨 뒷좌석에 앉아 있음.

배경 - 서늘하게 비가 오는 날 한적한 시외버스 안

등장인물 - 여자, 군인 둘

사건 -

눈이 부은 여자가 망설이다가 버스를 타고 한쪽에 가서 앉아 창밖만 본다. 창에 비친 여자의 눈동자에 초점이 맞춰지지 않는다. 방금 머리를 잘랐는지 쇼트커트 친 머리 아래 어깨 부분에 잘린 머리카락들이 붙어 있다. 여자의 귀밑머리가 추워 보인다. 잠시 후 군복을 입은 남자 둘이 버스에 올라 여자 앞에 선다. 군대 내 의문사에 대해 열을 올리며 얘기한다. 군인들의 짧은 머리가 서러워 보인다. 여자나 남자들이나 서로에게 관심이 없다.

소품 - 꽉 쥐어 창백한 여자의 손가락, 군인들 구둣발의 진흙

주제 - 익명성

이런 형태의 글쓰기를 위한 개요 쓰기의 경우 중요한 건 춥거나 서늘하거나 서럽다는 감정선이다. 그리고 장소나 배경, 소품 등은 이 감정선을 표현하는 데 적절한 것이어야 한다. 이 작업이 끝나면 이 글에 어울리는 글의 형태(시, 가사, 이야기, 그림 자료 등등)를 정하고 글의 형태에 맞게 개요 쓰기를 변형한다.

연습문제 1 마음에 드는 글을 하나 골라 그 글의 개요 쓰기의 <기본 형태>를 작성해 보고 이를 바탕으로 화자, 배경, 등장인물, 사건, 소품 등을 바꿔 주제를 변주해 보자. 변주한 주제에 맞게 다시 글쓰기의 개요를 작성해 보자.

연습문제 2 경험 속에서 자료를 찾아 개인적 글쓰기의 개요를 작성해 보자.

제5장

어떻게 쓸까 : **문장 쓰기와 문단 쓰기**

'제4장 무엇에 대해 쓸까?'가 쓸 글의 제재와 주제 찾기 과정, 즉 내용 생성 과정이라면 '제5장 어떻게 쓸까?'는 생성된 내용을 표현하는 과정이다. 직접 글을 써 보면 단어가 모여 문장이 되고, 문장이 모여 문단이 되고, 문단이 모여 한 편의 글이 됨을 쉽게 알 수 있다. 하지만 처음 무엇을 쓸지 고민할 때, 우선 제재와 주제를 찾고 개요를 짰듯이 '어떻게 쓸까?'의 문제 또한 단어를 연결하여 문장을 만들고, 다시 문장을 연결하여 문단을 만드는 방식으로는 진행할 수 없다. 오히려 표현 과정은 개요의 각 부분 구성하기, 이후 문단 쓰기 순서로 진행된다.

1. 개요의 상세화

제3장의 "2. 발상의 집약, 개요 쓰기"를 통해 개요를 구성하는 과정을 제시하며 그 예로 다음과 같은 개요를 제시했다.

<교육을 바라보는 세 가지 관점에서 "죽은 시인의 사회" 보기>

1. 머리말 - 교육을 바라보는 세 가지 관점을 간단히 제시
2. 본문 - 각각의 관점에서 영화 해석 후 각각의 관점의 문제점 제시

2.1. 전통주의 관점에서 “죽은 시인의 사회” 보기
2.2. 진보주의 관점에서 “죽은 시인의 사회” 보기
2.3. 변혁적 관점에서 “죽은 시인의 사회” 보기
3. 결론 - 자신의 관점을 제시하고 세 가지 관점에 대한 문제점을 모아 자신의 관점의 타당성 입증

하지만 이런 개요를 가지고 있더라도 막상 글을 쓰려고 하면 막막하기만 할 뿐이다. 어떻게 시작해야 하지?, 머리말에 들어갈 ‘교육을 바라보는 세 가지 관점’은 어떤 내용이어야 하지?, ‘전통주의 관점에서 “죽은 시인의 사회” 보기’는 어떻게 구성하지? 등등. 개요를 작성하고 개요에 따라 글을 풀어 쓰면 된다고는 하지만 이 간단한 말을 실행하는 것은 생각만큼 쉽지 않은 법이다. 그래서 개요 쓰기 후 필요한 작업이 바로 생각을 정밀화하여 개요의 각 부분을 구성하는 작업이다. 이렇게 개요의 각 부분을 문단 단위까지 구성하고 나면 비로소 문단 쓰기의 준비를 갖춘 셈이다.

예를 들어 위의 머리말 부분은 다음과 같이 상세화할 수 있다.

가) 머리말 - 교육을 바라보는 세 가지 관점을 간단히 제시
① 교육을 바라보는 세 가지 관점에서 “죽은 시인의 사회”라는 영화를 해석해 보고자 한다.
② 전통주의 관점이란 교육을 전통의 전수로 보는 관점이다.
③ 진보주의 관점이란 교육을 학습자가 재구성하는 유의미한 경험으로 보는 관점이다.
④ 변혁적 관점은 교육을 불평등한 사회 구조를 해체하고 인간적이며 정의롭고 평등한 사회 건설에 기여하는 것으로 보는 관점이다.

이렇게 개요를 문단 단위로 상세화하면 글쓰기가 훨씬 쉬워진다. 이 때 유의할 점은, 상세화한 개요는 첫째, 문단 쓰기의 중심 문장이 될 수 있는 문장이어야 하고, 둘째, 상세화한 개요의 내용 전체가 내용적으로나 형식적으로 긴밀하게 연결되어 있어야 한다는 것이다. 예를 들어 본론 중에서 ‘2.3. 변혁적 관점에서 “죽은 시인의 사회” 보기’ 부

분을 다음과 같이 상세화하고 이 상세화한 개요를 가지고 문단 쓰기를 시작하려 하면 문단 쓰기가 쉽지 않음을 알 수 있다.

나) - 1

2.3. 변혁적 관점에서 "죽은 시인의 사회" 보기

① 영화의 주된 시각 해석

② 영화 속 전통주의적인 면 제시 후 전통주의 관점 비판

③ 영화 속 진보주의적인 면 제시 후 진보주의 관점 비판

④ 변혁적 관점 주장 + 영화를 근거로 예시

⑤ 근거 제시

⑥ 주장 강조

이는 위에서 제시하는 개요 상세화가 첫째, 중심 문장으로 표현되지도 않았고, 둘째, 내용적으로나 형식적으로 긴밀하게 연결되어 있지 않기 때문이다. 따라서 우선 이 개요의 상세화를 중심 문장으로 표현할 필요가 있다.

나) - 2

2.3. 변혁적 관점에서 "죽은 시인의 사회" 보기

① 이 영화는 교육에 있어서 전통주의적 관점을 비판하고 진보주의적 관점에서서 진보주의적 교육의 정당성을 주장하고 있다.

② 이 영화에서 전통주의적 관점은 아이비리그에 진학하는 것으로 결국 전통주의적 관점에서 교육이란 부와 지위의 재생산인 것이다.

③ 학교 당국의 전통주의적 관점의 교육관에 대항하여 키팅 선생과 아이들은 변화를 추구하나 닐은 자살하고 키팅 선생은 쫓겨난다.

④ 이런 부와 지위의 재생산을 추구하는 웰튼 고등학교는 없어져야 하고 재화는 필요한 사람에게 분배되어야 한다.

⑤ 키팅 선생님 같은 사람이 학교에서 쫓겨나는 것은 부당하다.

⑥ 계급 간의 위화감만 조성하는 웰튼 고등학교는 없어져야 한다.

'나) - 1'과 '나) - 2'를 비교해 보면 들어갈 내용을 막연하게 표현할 때보다 중심 문장을 중심으로 개요를 상세화했을 때 문단 쓰기가 훨씬 쉬움을 알 수 있다. 따라서 개요를 상세화할 때는 각 문단에서 중심 문장으로 쓰일 수 있는 문장을 생성한다는 기분으로 내용을 생성할 필요가 있다.

다음으로 개요를 상세화할 때는 상세화한 개요의 내용 전체가 내용적으로나 형식적으로 긴밀하게 연결되도록 해야 한다. 내용적 긴밀성이란 각 문단의 내용이 주제를 향해 밀접하게 연관되어 있는 것을 의미한다. 상세화한 개요의 내용은 글 전체 주제에 부합하는 내용이어야 한다. 만약 상세화한 개요의 부분이 전체 주제인 '교육을 바라보는 세 가지 관점에서 "죽은 시인의 사회" 보기'에 어울리지 않는다면 과감하게 삭제할 필요가 있다. 마찬가지로 만약 상세화한 개요가 전체 주제와 맞지 않아 과감히 삭제하였더니 내용이 빈약해졌다면 더 들어갈 수 있는 내용을 찾을 필요가 있다. 그러나 만약 더 들어갈 내용을 찾을 수 없다면 남은 내용을 상세화하여 두세 개의 문단으로 나눌 수도 있을 것이다. 또 상세화한 개요의 어느 부분의 위치에 문제가 있다면 개요를 재구성할 필요가 있다.

다음은 '나) - 2'에서 상세화한 개요를 전체 개요 속으로 옮겨 놓은 것이다.

<교육을 바라보는 세 가지 관점에서 "죽은 시인의 사회" 보기>

1. 머리말 - 교육을 바라보는 세 가지 관점을 간단히 제시
2. 본문 - 각각의 관점에서 영화 해석 후 각각의 관점의 문제점 제시
   2.1. 전통주의 관점에서 "죽은 시인의 사회" 보기
   2.2. 진보주의 관점에서 "죽은 시인의 사회" 보기
   2.3. 변혁적 관점에서 "죽은 시인의 사회" 보기
      ① 이 영화는 교육에 있어서 전통주의적 관점을 비판하고 진보주의적 관점에서서 진보주의적 교육의 정당성을 주장하고 있다.
      ② 이 영화에서 전통주의적 관점은 아이비리그에 진학하는 것으로 결국 전통주의적 관점에서 교육이란 부와 지위의 재생산인 것이다.
      ③ 학교 당국의 전통주의적 관점의 교육관에 대항하여 키팅 선생과 아이들은 변화를 추구하나 닐은 자살하고 키팅 선생은 쫓겨난다.
      ④ 이런 부와 지위의 재생산을 추구하는 웰튼 고등학교는 없어져야 하고 재화

는 필요한 사람에게 분배되어야 한다.

⑤ 키팅 선생님 같은 사람이 학교에서 쫓겨나는 것은 부당하다.

⑥ 계급 간의 위화감만 조성하는 웰튼 고등학교는 없어져야 한다.

3. 결론 - 자신의 관점을 제시하고 세 가지 관점에 대한 문제점을 모아 자신의 관점의 타당성 입증

우선 '2.3.⑤ 키팅 선생님 같은 사람이 학교에서 쫓겨나는 것은 부당하다.'는 '2.3. 변혁적 관점에서 "죽은 시인의 사회" 보기'의 주제에 부합하는 내용이 아니므로 삭제할 필요가 있다. 이렇게 '2.3.⑤'를 삭제하고 나면 '2.3.④ 이런 부와 지위의 재생산을 추구하는 웰튼 고등학교는 없어져야 한다.'는 주장에 대한 근거가 빈약하므로 첨가할 내용의 생산이 필요하다. 따라서 '2.3.⑤ 인간 본성에 대한 불신들이 존재하나 인간은 변할 수 있는 가능성의 존재이다.' 부분을 첨가한다. 또 '2.3.① 이 영화는 교육에 있어서 전통주의적 관점을 비판하고 진보주의적 관점에 서서 진보주의적 교육의 정당성을 주장하고 있다.' 부분은 전체 내용으로 보아 '2.3. 변혁적 관점에서 "죽은 시인의 사회" 보기' 부분보다 '1. 머리말 - 교육을 바라보는 세 가지 관점을 간단히 제시' 부분에 들어가는 것이 주제에 부합하므로 '2.3.① 이 영화는 교육에 있어서 전통주의적 관점을 비판하고 진보주의적 관점에 서서 진보주의적 교육의 정당성을 주장하고 있다.' 부분의 위치를 조정하여 상세화한 개요를 재구성할 필요가 있다.

이 세 가지 점을 수정하여 '(나) - 2'의 '2.3. 변혁적 관점에서 "죽은 시인의 사회" 보기' 부분을 다시 쓰면 다음과 같다.

2.3. 변혁적 관점에서 "죽은 시인의 사회" 보기

① 이 영화에서 전통주의적 관점은 아이비리그에 진학하는 것으로 결국 전통주의적 관점에서 교육이란 부와 지위의 재생산인 것이다.

② 학교 당국의 전통주의적 관점의 교육관에 대항하여 키팅 선생과 아이들은 변화를 추구하나 닐은 자살하고 키팅 선생은 쫓겨난다.

③ 이런 부와 지위의 재생산을 추구하는 웰튼 고등학교는 없어져야 하고 재화는 필요한 사람에게 분배되어야 한다.

④ 인간 본성에 대한 불신들이 존재하나 인간은 변할 수 있는 가능성의 존재이다.

⑤ 계급 간의 위화감만 조성하는 웰튼 고등학교는 없어져야 한다.

반면 형식적 긴밀성이란 각 부분이 표면적으로 긴밀하게 연결되어 있는 것을 의미한다. 형식적 긴밀성을 확보할 때는 '이, 그, 저, 이것, 저것, 그것, 이러한(이렇다), 그러한(그렇다), 저러한(저렇다)' 등의 사물의 상태를 직접 가리키거나 되풀이되는 말을 대신하는 지시 표현이나, 앞뒤 문장의 의미 관계를 연결하는 '그리고, 그러나, 그래서, 그런데' 등의 접속 표현을 사용한다. 이렇게 개요를 상세화하는 과정에서 오히려 작문의 전체 주제를 수정하거나 개요의 구성 자체를 수정할 필요를 느낄 수도 있다. 마찬가지로 글을 쓰는 동안에도 생각이 변할 수 있어서 개요 수정이 필요해질 수도 있다. 따라서 개요의 수정은 요구될 때라면 언제든지 이루어져야 한다.

상세화한 개요의 내용을 수정할 때는 '2.3.⑤ 키팅 선생님 같은 사람이 학교에서 쫓겨나는 것은 부당하다.' 같은 부분처럼 내용적 긴밀성에 부합하지 않아 삭제를 할 필요가 있을 때도 있다. 또 삭제를 하고 나서 내용이 부족하다면 '2.3.⑤ 인간 본성에 대한 불신들이 존재하나 인간은 변할 수 있는 가능성의 존재이다.'처럼 내용을 첨가할 필요가 있을 때도 있다. 이는 내용을 대치한 것으로 볼 수도 있다. 이처럼 내용의 대치도 개요 상세화의 한 방법이다.

내용의 삭제, 첨가, 재구성, 대치 외에도 개요를 상세화할 때 고려해 볼 수 있는 방법으로는 나누거나 묶는 방법이 있다. '2.3.③ 이런 부와 지위의 재생산을 추구하는 웰튼 고등학교는 없어져야 하고 재화는 필요한 사람에게 분배되어야 한다.'의 경우 '이런 부와 지위의 재생산을 추구하는 웰튼 고등학교는 없어져야 한다.'와 '그 이유는 첫째, 재화는 필요한 사람에게 분배되어야 하기 때문이다.'로 나눌 수도 있다. 혹은 '2.3.③ 이런 부와 지위의 재생산을 추구하는 웰튼 고등학교는 없어져야 하고 재화는 필요한 사람에게 분배되어야 한다.', '2.3.④ 인간 본성에 대한 불신들이 존재하나 인간은 변할 수 있는 가능성의 존재이다.', '2.3.⑤ 계급 간의 위화감만 조성하는 웰튼 고등학교는 없어져야 한다.'를 묶어서 '2.3. 변혁적 관점에서 "죽은 시인의 사회" 보기' 밑으로 '① 이 영화에서 전통주의적 관점은 아이비리그에 진학하는 것으로 결국 전통주의적 관점에서 교육이란 부와 지위의 재생산인 것이다. ② 학교 당국의 전통주의적 관점의 교육관에 대항하여 키팅 선생과 아이들은 변화를 추구하나 닐은 자살하고 키팅 선생은 쫓겨난다. ③계급 간의 위화감만 조성하는 웰튼 고등학교는 없어져야 한다.'로 표현할 수도 있을 것이다.

연습문제 <독후감> 빅토르 위고의 "장발장"을 읽고

처음 : "윤리적 사고와 딜레마", "왜 도덕적 인간은 나쁜 사회를 만드는가"를 읽으면서 윤리적 잣대에 대해 고민하게 되어 "장발장"을 읽었다.

중간 : ① 빵 한 조각을 훔친 죄로 19년을 감옥에 갇혀 있다 나온 장발장은 신부를 만나 감화 받아 자아 성찰을 통해 성자가 되려고 노력한다.

② 장발장이 빵을 훔치게 되는 것은 목적과 수단이 불일치하는 사회에 살고 있기 때문으로 아노미 이론의 범죄 상황에서 일어나는 범죄는 개인에게 책임을 물을 수 없다.

③ 오히려 빵 한 조각을 훔치는 선택을 하게 한 사회가 문제이고 죄에 대가를 치렀음에도 전과자로 낙인찍히는 상황이 문제이다.

④ 반면 이런 사회를 바꾸기 위해 부잣집 아들들이 주도한 혁명군은 혁명을 일으키지만 정부군에 의해 완벽히 진압되고 전멸한다.

⑤ 사회의 변화란 모두가 한 걸음을 같이 나아갈 때 가능한 것이다.

끝 : 미미한 힘이지만 사회 변화에 대한 믿음으로 사회를 변화시키는 사람이 되고 싶다.

위의 개요를 다음의 방법으로 상세화하시오.

1. 머리말, 본문, 결론에 첨가할 내용은?

2. 머리말, 본문, 결론에서 삭제할 내용은?

3. 머리말, 본문, 결론을 더 좋게 바꿀 수 있는 내용은?

4. 결론의 '끝 - 미미한 힘이지만 사회 변화에 대한 믿음으로 사회를 변화시키는 사람이 되고 싶다.'를 상세화할 내용은?

5. 바꾼 머리말, 본문, 결론의 내용 중 통합이 필요한 부분은?

6. 바꾼 머리말, 본문, 결론의 내용 중 순서 바꾸기나 위치 바꾸기가 필요한 부분은?
☞ 수정할 내용이 없다면 5번과 6번은 안 해도 좋다.

2. 줄글로 만들기, 문단 쓰기

쉽게 첫 문장 쓰기

본격적으로 글쓰기에 들어갈 때 많은 학생들이 가장 힘들어 하는 부분은 '첫 문장을 어떻게 쓰느냐?'이다. 학생들이 첫 문장 쓰기를 어려워하는 것은 12년간의 국어 교육의 힘이라고 할 수 있다. 12년간 학생들은 국어 교과서의 이미 완성된 모범적인 글을 교재로 하여 글에 대해 배웠다. 따라서 무의식중에 처음부터 완성된 글을 써야 한다는 압박감에 시달리고 그 압박은 첫 문장 쓰기에 대한 부담감으로 다가온다.

하지만 이런 완성된 글은 몇 번의 퇴고 과정을 통해 완성도를 높인 글이라는 점을 명심해야 한다. 처음부터 완성된 글이란 건 존재할 수 없다. "적벽부"라는 유명한 작품을 남긴 소동파에게 하루는 친구가 "적벽부"를 며칠 만에 지었냐고 물었다. 그러자 소동파는 "며칠은 무슨 며칠, 지금 단번에 지었지."라고 의기양양하게 대답하였다고 한다. 소동파가 잠시 밖으로 나간 사이 친구가 자리 밑을 보니 적벽부 초고가 한 삼태기가 쌓여 있었다고 한다. 이는 소동파 같은 명문장가도 글을 단번에 쓰는 것이 아니었음을 말해 주는 한 예이다. 이렇듯 세기의 시인도 처음부터 완벽한 글을 쓸 수 있는 건 아니다.

따라서 우리 같은 범인들이 처음 글을 쓸 때에는 당연히 좋은 글일 수 없다. 그러므로 첫 문장을 어떻게 시작할까를 고민하는 것은 무의미하다. 범인이라면 "어차피 초고에 쓰인 문장은 퇴고 과정에서 한 문장도 남아있지 않을 거야."라는 편한 기분으로 초고를 작성하면 된다. 마찬가지로 첫 문장 또한 주제 제시나 제재 제시 혹은 글을 쓴 목적을 밝히면 된다는 기분으로 가볍게 접근할 필요가 있다. '교육을 바라보는 세 가지 관점에서 "죽은 시인의 사회" 보기'를 예로 들자면, 첫 문장은 '교육을 바라보는 대표적인 관점에는 전통적인 관점, 진보적인 관점, 변혁적인 관점 등 세 가지가 있다.' 정도로 시작할 수 있을 것이다. 일단 이렇게 시작하고 나면 반복적인 퇴고의 과정에서 더 좋은 첫 문장이 떠오르는 순간이 올 것이다.

개요 풀어 문단 쓰기

개요를 문단 단위까지 상세화하고 나면 상세화된 개요를 줄글로 옮기는 작업은 생각보다 쉽다. 개요의 상세화 과정에서 각 부분의 중심 내용을 만들어 두었다면 이제 그 내용을 풀어쓰기만 하면 되기 때문이다. 예를 들어 개요의 상세화에서 상세화한 '2.3.

변혁적 관점에서 "죽은 시인의 사회" 보기'의 경우 이를 문단별로 다음과 같이 풀어 쓸 수 있다.

영화 처음의 교장 선생님의 말씀을 들어보면 학교에 가는 이유는 아이비리그에 진학하기 위해서이고, 아이비리그에 진학하는 학생이 많은 것이, 그 학교가 미국 최고의 예비 학교인 이유이다. 또 이를 위해 학생들은 강력히 통제되어야 할 존재들이 되는 것이다. 이는 이 학교의 교육 목표가 무엇으로 포장되어 있든, 부와 지위를 획득한 사람을 키워 내는 것이라는 걸 보여 준다. 영화에서 학부모들은 이 사실을 잘 인지하고 있으며, 그렇기에 자식들을 이 학교에 보낸다. 그리고 이런 생각을 가진 학교 교육은 부와 지위를 재생산하게 된다.

학생들은 이에 대해 '익살, 공포, 타락, 배설'이라는 말로 대항하고자 하나, 대항 헤게모니는 쉽게 생성되지 않는다. 키팅 선생님 또한 이런 사회 제반의 환경을 무시한 채 자신으로부터 변할 수 있다는 순진한 생각에 빠져 있다. 하지만 키팅 선생의 행위는 죄 없는 한 학생을 자살로 몰고 갔을 뿐이며, 키팅 선생 본인은 학교에서 쫓겨난다. 결국 키팅 선생이 쫓겨난 이 학교는 더욱 더 보수적으로 변할 것이며, 후에 어느 교사가 다시 이런 시도를 시작하려 할 때, 키팅 선생은 본의 아니게 반면교사의 역할을 떠맡게 될 것이다.

사실 부와 지위를 재생산할 목적으로 세워진 이런 고급 사립학교는 지구상에서 사라져야 한다. 우리는 가족과 음식을 나누어 먹을 때 필요한 사람이 많이 먹는다. 아이는 배가 고프고 아버지는 배가 부른데, 아버지가 돈을 벌었으니까 많이 먹고 아이는 별 도움이 안 되었으므로 조금만 먹어야 한다고는 누구도 생각하지 않는다. 혹은 어머니의 권위로 음식을 쌓아 놓고, 배고픈 아이를 굶긴다는 것은 상상할 수조차 없다. 물론 타인이 가족과 같을 수는 없을 것이다. 타인과 가족 간에 문제가 발생하면, 우리는 쉽게 가족의 입장에 서서 사고하곤 한다. 하지만 타인이 가족과 완전히 다르다는 생각, 혹은 인간 본성에 대한 불신 또한 우리가 믿고 있는 것에 불과할는지도 모른다.

역사적으로 볼 때 지배 계급은 항상 분열 정책을 취해 왔다. 또 인간의 본성에 대해 지위에 따른 다른 규정들을 내려 왔다.(그리스 자유 시민의 합리성과 여성, 노예의 무지몽매함, 중세의 기사도 정신과 노예의 비굴함, 자유주의자들의 시민의 품격과 빈민의 게으름 등) 우리는 이런 인간 본성에 대한 불신과, 인간의 인간을 향한 순수한 애정을 부정하는 신념들에 대하여 다시 한 번 비판적으로 성찰해 볼 필요가 있다.

인간은 가능성의 존재이다. 석가모니나 테레사 수녀, 예수 같은 사람은 분명 현실 속의 인물들이다. 인간은 유영철 같은 살인마가 될 수도, 테레사 수녀와 같은 성녀가 될 수도 있는 존재인 것이다. 따라서 배고픈 아이가 권위 있는 어머니나 일한 아버지보다 더 많이 먹는 것이 당연한 사회는, 우리가 지향해야 할 사회의 모습을 시사해 준다.

학교 또한 이와 같아서 웰튼 고등학교와 같이 좋은 시설을 갖춘 학교는 가난 때문에 교육 받을 수 없는 아이들에게 무상으로 먼저 제공되어야 한다. 그렇지 않다면 웰튼 고등학교와 같은 학교가 우리 사회에서 필요할 이유가 없다. 이 영화는 교묘히 진보주의의 관점 속에서, 사람들로 하여금 미국의 사립학교를 인정하고 부러워하도록 만들고 있다. 웰튼 고등학교의 웅장하고 역사 깊은, 그러면서도 넓고 편리한 시설, 요트 타기 등은 계급간의 위화감만 조성할 뿐이다. 웰튼 고등학교가 가난한 아이들에게 무상으로 제공될 수 없다면, 우리는 위화감만을 조성하는 이런 학교를 없애야 한다.

이런 내용 전개의 방식에는 정의, 비교, 대조, 분류, 구분, 분석, 비유, 유추, 주장, 근거, 예시, 인과, 묘사, 서사, 설명, 열거 등이 있다. 그 중 대표적인 몇 가지 방법을 살펴보겠다.

정의

어휘의 뜻을 명확히 하여 개념의 내용을 한정하는 설명의 방식을 뜻한다. 정의는 정의하고자 하는 개념을 'a는 b이다'의 형식으로 한정을 하고 있으며, 여기서 b의 부분을 정의항이라고 한다. 정의항은 종차와 유개념으로 나눌 수 있는데, 유개념은 정의하고자 하는 바의 바로 상위 개념이고, 종차는 정의하고자 하는 바의 고유의 속성을 반영하고 있어야 한다. 이때 구체적인 어휘를 사용해야 하며 불분명한 어휘나 비유를 사용해서는 안 된다.

예) 인간은 / 이성적 동물이다.
종개념 종차 유개념
피정의항 정의항

분석

어떤 개념이나 대상을 나누고 쪼개어 그것의 특징을 밝히는 설명의 방식을 말한다. 따라서 큰 개념이나 대상을 작은 것으로 나누어 좀 더 자세하게 설명하는 방식이다. 설명하는 대상의 성질에 따라 물리적 분석, 개념적 분석, 과정적 분석, 기능적 분석, 인과적 분석으로 나누기도 하는데, 이는 분석의 방법을 효율적으로 이용하고자 하는 분류일 뿐이다. “국가는 국민, 국토, 주권으로 이루어져 있다.”라든지 “행복의 조건은 첫째는 건강이고, 둘째는 경제적인 여유이며, 셋째는 어려움을 극복할 수 있는 힘이고, 넷째는 인내심이다.”와 같은 문장이 분석의 예가 된다.

예) 식물은 뿌리, 줄기, 잎, 꽃으로 이루어져 있다. 이 중 첫째, 식물의 뿌리는 식물을 지탱하고 물을 흡수하고 양분을 저장하는 역할을 한다. 둘째, 식물의 줄기는 잎, 꽃, 열매를 붙이고 몸을 지탱해 주고 물과 그 물에 녹은 무기 양분, 잎에서 생산한 영양분 등의 통로 기능을 한다. 또 생산한 양분을 줄기의 일부에 저장한다. 셋째, 식물의 잎은 흡수된 물을 잎 밖으로 증산시키고 햇빛을 받아 녹말을 만든다. 넷째, 식물의 꽃은 열매나 씨를 만들어 대를 잇고 꿀을 만들어 곤충의 먹이로 제공한다.

분류

대상이나 개념을 공통적인 특성에 근거하여 구분 짓는 것으로 큰 범주를 일정한 기준에 맞추어 작은 범주로 나누는 설명 방식을 말한다. “시조에는 평시조와 사설시조가 있다.”거나 “인간은 백인종, 황인종, 흑인종으로 나눌 수 있다.”는 식의 설명이 바로 분류에 의한 설명이다. 분류는 무질서하게 산개되어 있는 개념에 질서를 부여하고 조직화하여 묶는 방법이기 때문에 그 분류의 기준이 명확해야 하며, 설명이 체계적이어야만 한다.

비교와 대조

비교는 둘 이상의 사물이나 개념을 그 사이의 공통점을 중심으로 설명하는 방식이고, 대조는 둘 사이의 차이점을 중심으로 설명하는 방식이다. 산토끼와 집토끼를 토끼라는 공통점을 중심으로 서술하면 비교이고, 산토끼와 집토끼의 차이점을 중심으로 설명하면 대조이다. 보통 비교와 대조는 '산토끼와 집토끼의 공통점과 차이점'처럼 동시에 쓰이는 경우가 많다.

예) 다음으로 야구와 축구의 공통점과 차이점을 살펴보자. 야구와 축구는 모두 여럿이 한 팀이 되어 공을 가지고 하는 경기이다. 하지만 경기 종료에 있어서 야구는 횟수로, 축구는 시간으로 정하고 있다. 또 야구를 할 때에는 야구 장갑, 야구 방망이, 야구공, 마스크, 모자 등 필요한 장비가 많아 어느 정도 생활에 여유가 있어야 야구를 즐길 수 있는 반면, 축구는 축구공 외에 필요한 장비가 없어서 더 많은 사람들이 즐길 수 있다.

유추

매우 생소한 개념이나 현상을 설명하려고 할 때 낯선 개념을 익숙한 대상에 비유하여 설명하는 방식이다. 비교나 대조가 같은 범주에 있는 사물들 간에 이루어지는 유사성과 차이점에 대한 설명이라면, 유추는 독자들에게 명확하게 설명하기 위해서 범주가 전혀 다른 대상과 비교할 때 사용된다. "시계는 구조가 복잡하지만 사람들은 시계를 이용하는 법을 안다. 이처럼 세상도 복잡하지만 사람들은 그 속에서 잘 살아갈 수 있다." 에서처럼 시계와 세상은 비교할 수 없는 범주이지만 동일한 특성을 잡아 내어 그것을 짝 지어 대비시켜 설명하는 것이 바로 유추에 의한 설명 방식이다.

인과

어떤 결과를 가져오게 한 원인을 분석하거나 어떤 원인에 의해 결과적으로 초래된 현상을 분석하는 것이다. 원인을 분석하거나 결과를 분석하는 사고 작용은 모두 시간의 변화에 따른 어떤 현상의 변화를 중시한다는 점에서 서사 및 과정과 밀접한 연관을 맺는다. 원인과 결과는 시간의 변화에 따른 상태의 변화와 밀접하게 연관되기 때문에 어느 시점을 기준으로 하느냐에 따라 원인이 결과가 될 수도 있고, 결과가 원인이 될 수도 있다. 인과의 방법으로 글의 내용을 전개할 때에는 원인을 먼저 제시한 다음에 결과를 제시할 수도 있고, 결과를 먼저 제시한 다음에 원인을 제시할 수도 있다.

예) 그럼 왜 러시아 사람들은, 당시의 서양인들은 『어머니』에 열광했느냐고요? 누군가 그러더군요. 안톤 체호프의 위대성은 개인의 발견에 있다고. 이런 식으로 표현하자면 고리키의 위대성은 노동자의 발견에 있다고나 할까요? 물론 고리키 이전에도 노동자는 소설 속 인물로 등장합니다. 하지만 고리키에 와서야 노동자는 주체적인 한 인간으로 세계에 관여하며, 불의에 맞서 싸울 수 있는 개인이자 적극적 유형의 인간 계급으로 묘사됩니다. 문학에 있어서의 사회주의 리얼리즘의 탄생이지요. 하지만 대다수의 노동자들에게 이 소설은 자신의 발견이었을 겁니다. 내가 주인공일 수 있는 소설이 바로 열광의 출발점이었던 셈입니다.

묘사

묘사는 필자의 의도를 가리키기도 하고, 작품을 쓰는 방법을 뜻하기도 한다. '묘사하다'라는 단어는 본래 '그림을 그린다.'는 뜻이었는데, 현재는 '모습을 말로 나타낸다.'는 의미를 갖는다. 그러나 모습을 그림으로 나타낼 수는 있지만 말로 나타낼 수는 없다. '모습을 말로 나타낸다.'는 것은 필자의 마음에 떠오른 모습과 같은 모습이 독자의 마음에 떠오르도록 말로 표현하는 것을 뜻한다. 필자나 독자의 마음에 모습이 떠오르려면, 그것과 같거나 비슷한 모습을 전에 현실 세계에서 본 적이 있어야 한다. 현실 세계에서 모습을 보는 것을 '관찰하거나 감각하거나 지각한다.'라고 말한다. 묘사는 감각적 경험을 상상하도록 표현하는 방법이다. 묘사가 잘된 작품은 생동감을 준다. 생동감이란 상상되는 것이 현실 세계에서 실제로 감각하는 것처럼 여겨지는 것이다. 묘사문을 읽을 때 상상되는 감각은 독자의 마음에 감각적인 느낌이나 정서를 일으킨다.

비유

표현하려는 대상을 다른 대상에 빗대어 나타내는 표현으로, 표현하고자 하는 대상에 대해 특별한 의미나 효과를 얻기 위해 일상적·표준적이라고 생각하는 의미와 일반적인 수준의 연상에서부터 벗어나는 것을 말한다. 일상 언어와 문학 작품에서 두루 사용되지만 주로 순수한 시와 산문에서 비유는 더욱 의식적·예술적이며 훨씬 더 미묘하게 사용되어 강한 지적·정서적 효과를 낸다.

비유의 문맥에서 이미지로 표현하고자 하는 말은 대개 숨어 있으므로, 비유의 초점과 상호 작용하고 있는 이미지를 표현하는 말을 적절히 해석해 내어야 한다. 현대시는 유사성에 근거한 비유를 상호 작용에 근거한 비유로 확대함으로써 비유의 영역을 무한히 개방하였다. 예이츠의 시 「조용한 처녀」에 나오는 "별들을 깨운 바람은 / 내 피 속으로 불고 있네(The winds that awakened the stars / Are blowing through my blood)" 같은 시구가 상호 작용의 비유이다.

예)
벼는 서로 어우러져
기대고 산다.
햇살 따가워질수록
깊이 익어 스스로를 아끼고
이웃들에게 저를 맡긴다.

- **이성부**, 「벼」 중에서

연습문제 1 다음의 추상적인 서술을 정의, 비교, 대조, 분류, 구분, 분석, 비유, 유추, 주장, 근거, 예시, 인과, 묘사, 서사, 설명, 열거 등의 내용 전개 방식을 써서 각각 네 개 이상의 구체적인 서술로 바꾸어 보자.

(1) 모든 예술의 궁극적인 목적은 인생은 살 만한 가치가 있다는 것을 일깨우는 것이다.

(2) 세상을 바꾸는 것은 사람이고, 사람을 바꾸는 것은 교육이다.

연습문제 2 다음의 소주제문을 문두에 놓고 지시된 방법에 따라 하나의 문단을 완성하시오.

1) 예술은 전쟁이다. 몸을 아끼면 전쟁에 이길 수 없다. (→ 예시)

2) 교육이란 하나의 편견을 습득하는 과정에 불과하다.(→ 인과)

고칠수록 나아진다 : **퇴고**

'퇴고(推敲)'라는 말의 어원은 당나라 때의 유명한 시승(詩僧) 가도(賈島)의 고사에서 나왔다고 한다. 가도가 시를 짓던 중 '새들은 연못가 나무에서 잠들고, 스님은 달빛 아래 문을 두드리네[鳥宿池邊樹 僧敲月下門].'란 시구를 두고, '고(敲) - 두드린다'로 할까 아니면 '퇴(推) - 민다'로 할까 고심하며 길을 가다가 당시 고관인 한유의 수레와 부딪쳤다. 가도의 모습을 괴이하게 여긴 한유가 가도를 불러 그 까닭을 물었다. 그러자 가도가 대답하기를 시구 하나를 어떻게 정할까를 두고 고민했노라고 하며 그 내용을 설명하였다. 이에 한유는 무릎을 치며 "내가 보기에 '퇴(推)'자 보다는 '고(敲)'자가 훨씬 더 고요한 분위기를 고조시킬 것 같군."이라고 충고했다고 한다.

퇴고란 이렇게 시문을 지을 때 자구를 여러 번 생각하여 고치는 일을 의미한다. 시성(詩聖)이라 불리는 두보도 좋은 단어가 생각나지 않으면 백 번이고 천 번이고 시를 계속 다듬고 고치기를 반복했다고 하니 글을 쓰고 나면 당연히 수정 작업이 필요하다. 하지만 퇴고에서 중요한 것은 기계적인 비문 수정, 혹은 맞춤법 맞추기가 아니다. 물론 비문이나 틀린 맞춤법은 내용 이해를 방해한다. 하지만 글의 내용과 흐름에 오류가 있는 글은 무엇을 말하고자 하는지조차 이해하기 어렵다. 따라서 퇴고를 할 때에는 주제, 내용, 구성 등 내용 수정을 먼저 해야 한다. 즉 처음 주제와 제재를 잡는 것부터 초고 쓰기까지의 과정을 반복하여 검토할 필요가 있다는 뜻이다.

1. 고쳐쓰기의 일반 원칙

고쳐쓰기의 일반 원칙으로는 삭제, 첨가, 재구성이 있다. 삭제는 글에서 필요 없는 부분은 없애서 글을 간결하고 명료하게 만드는 것이다. 글 전체적인 내용에서 별 관련이 없는 부분, 내용이 중복된 부분, 의미가 모호한 부분, 과도한 수식 등은 삭제한다. 첨가는 지나치게 생략된 부분이 있을 때 이런 부분들을 찾아 보완하여 글을 풍부하고 명확하게 만드는 것이다. 내용이 모자랄 때, 중심 문장이나 뒷받침 문장이 없을 때, 하고자 하는 말이 잘 드러나지 않는 부분이 있을 때, 자료가 부족할 때 적절한 내용을 첨가해 준다. 재구성은 논리적 비약이 심한 부분, 문단과 문단 간 또는 문장과 문장 간 연결이 부자연스러운 부분, 논리적 전개 순서가 바뀐 부분을 찾아 구성을 변경하는 것이다. 이를 통해 내용적·형식적 긴밀성을 확보할 수 있다. 이런 고쳐쓰기의 일반 원칙을 고려하여 다음 예를 고쳐 보자.

예)

각종 교내 행사가 많은 2학기에 과 대표를 맡게 되면서, 저는 완벽하게 일을 진행해야 한다는 생각에 마음이 급해졌고, 학기 초 동안은 친구들의 상태나 기분을 고려하지 않고 단순히 '-하자'라고 말하며 친구들에게 참여할 것을 설득했습니다. 그러나 점점 내가 먼저 친구들 각각을 가까이서 이해하고 격려하여야만 참여적인 분위기가 형성된다는 것을 알게 되었습니다.

→ 문단 길이가 적절하지 못하다. 문장을 첨가하거나 긴 문장을 나눈다.

→ 나누면서 '이에', '이런 과정을 통하여' 같은 지시어나 '그래서' 같은 접속어를 첨가하여 형식적 긴밀성을 높인다.

→ '학기 초 동안은'처럼 어색한 부분을 '학기 초에는'으로 바꾼다.

→ 앞뒤의 내용을 고려하여 문맥에 맞는 위치를 찾기 위해 '친구들의 상태나 기분을 고려하지 않'의 위치를 조정한다.

→ 내용 설명을 좀 더 명확하게 하기 위하여 '그러나 이런 재촉으로는 친구들의 참여를 이끌어 낼 수 없었습니다. 그래서 친구들이 왜 나의 제안을 무시하는지에 대해 고민하게 되었고 마침내 내가 친구들의 상태나 기분

을 고려하지 않았다는 원인을 발견할 수 있었습니다.' 부분을 첨가한다.

→ '가까이서' 같은 불필요한 단어는 삭제한다.

고쳐 쓴 예)

각종 교내 행사가 많은 2학기에 과 대표를 맡게 되었습니다. 이에 저는 완벽하게 일을 진행해야 한다는 생각에 마음이 급해졌습니다. 그래서 학기 초에는 단순히 '-하자'라며 친구들을 재촉하기만 하였습니다. 그러나 이런 재촉으로는 친구들의 참여를 이끌어 낼 수 없었습니다. 그래서 친구들이 왜 나의 제안을 무시하는지에 대해 고민하였고 마침내 내가 친구들의 상태나 기분을 고려하지 않았다는 원인을 발견할 수 있었습니다. 이런 과정을 통하여 내가 먼저 친구들 각각을 이해하고 격려하여야만 참여적인 분위기가 형성된다는 사실을 알게 되었습니다.

연습문제 다음 글을 고쳐쓰기의 일반 원칙에 맞게 고쳐라.

함무라비 법전에 나타난 초기 윤리가 결국 현대 윤리까지 발전했다는 것이다. 이 때 중요했던 요소는 자신의 내집단에 대한 윤리였다. 그러나 이 집단의 범위가 현대사회에서 넓어짐으로써 자신의 내집단의 크기가 커졌고, 같은 집단이라고 생각하는 범위가 넓어졌다. 그 과정에서 가장 큰 집단이라고 할 수 있는 지구촌의 범위에서 각 개체와 자신과의 심리적 거리가 차등적으로 분배되었다.

그래서 나타나는 문제가 인종차별이다. 이 인종차별에 대해서는 과거에 문제가 되지 않은 행위가 현대 문제가 되는 것으로, 내집단의 범위가 넓어지고, 흑인과 백인의 지리학적 거리가 가까워짐에 따라 심리적 거리가 줄어들었고, 그래서 더 높은 수준의 윤리 의식이 요구되어서 인종의 비차별이 윤리에 포함되는 것이다. 나는 이 내집단의 범위가 넓어지는 것의 가장 직접적 요인은 내집단에서의 생활 수준의 안정으로 생각하는데, 집단 내부가 어느 정도 안정될 때 그 집단은 범위를 확장하려고 하는 경향이 있기 때문이다.

2. 내용 다시 쓰기

1) 글 전체 수준

완성된 초고를 검토하다 보면 초고와 원래 쓰려던 주제 사이에 차이를 발견할 수도 있다. 이때에는 우선 초고의 내용을 고칠 것인지, 주제를 수정할 것인지 결정할 필요가 있다. 확정된 주제가 숙제로 주어진 경우가 아니라면, 즉 주제 수정이 가능한 경우라면 자신이 정말 이 글을 통해 말하고 싶은 것에 대해 진지하게 다시 한 번 돌아볼 필요가 있다. 주제에 대해서만이 아니다. 글의 전체 수준에서 초고를 쓰며 달라진 자신의 입장을 점검해 보고, 그 입장에 맞는 독자를 고려하였는지 점검할 필요가 있다.

혹 보고서 작성같이 주어진 주제를 수정할 수 없는 경우라면 초고의 내용을 수정할 필요가 있다. 이렇게 초고의 내용을 수정해야 하는 경우에는 우선 주제와 제재가 개요로 잘 표현되었는지 살펴본 후, 개요를 점검하고 초고를 문단 단위로 내용적 긴밀성과 형식적 긴밀성에 유의하여 살펴볼 필요가 있다. 다음은 초고를 검토하기 전 점검이 필요한 사항들이다.

초고 검토 전 체크 사항

① 왜 쓰는가?

예) 설득하기 위해

② 무얼 쓰고 싶은가?

예) 교육은 변화에 대한 갈망과 확신이 있는 곳에서 시작된다, 모든 예술의 궁극적인 목적은 인생은 살 만한 가치가 있다는 것을 일깨우는 것이다.

③ 누가 읽기를 원하는가?

예) 교사가 되고자 하는 사람들, 예술가 지망생들

④ 이 글을 읽은 독자가 무엇을 얻기를 바라는가?

예) 교사로서 지녀야 할 태도, 예술가가 지녀야 할 태도

⑤ 이 글을 쓰면서 내가 얻고자 하는 목적은 무엇인가?

예) 좋은 교사의 양성, 바람직한 예술가의 양성

이상의 체크 사항을 체크하고 나면 이제 자신이 쓴 초고를 읽는다. 물론 읽으면서 위

점검표를 다시 한 번 채운다. 이런 과정을 통해 자신이 쓴 글과 자신이 쓰고자 했던 글이 얼마나 달라졌는지 확인한다. 확인한 후에는 이제 정말 쓰고자 하는 글의 내용을 확정하여 위의 점검표를 다시 한 번 작성하고, 이렇게 작성한 점검표를 바탕으로 글쓰기의 의도에 맞게 내용을 생성하고 있는지에 유의하며 글의 전체 수준에서 다음의 내용을 확인하고 조정한다.

글 전체 수준에서의 체크 사항

① 주제와 별 관련이 없는 문단은 없는가?
해결책 → 관련 없는 문단은 내용적 긴밀성을 높이기 위해 삭제한다.

② 문단과 문단의 연결이 자연스러운가?
해결책 → 문단 간 연결이 자연스럽지 않을 때에는 적당한 지시어나 접속어를 삽입한다.

③ 내용이 충분한가?
해결책 → 내용이 충분하지 못할 때는 자료를 보충하여 첨가할 내용을 생성한다.

④ 조직이 적절한가?
해결책 → 전하고자 하는 내용을 수용할 독자의 수준에 맞추어 조직한다.

⑤ 잉여적인 부분은?
해결책 → 내용적, 형식적 긴밀성을 높이기 위해 삭제한다.

⑥ 제목, 소제목이 더 필요한 부분은?
해결책 → 제목이나 소제목을 첨가해 준다.

⑦ 중요 아이디어가 필요한 곳에 있는가?
해결책 → 중요 아이디어들의 위치를 이동하여 조정한다.

2) 지엽적 수준

전체 글의 수준에서 필요한 문단과 버릴 문단을 정하고 문단들 간의 위치도 조정이 끝났다면 이제 문단 수준에서 고쳐쓰기가 필요하다. 문단 이하 수준에서 다시 쓰기를 수행할 때는 다음 사항들을 점검한다.

문단 수준에서의 체크 사항

① 중심 문장이 문단 전체의 내용을 포괄하고 있는가?
 해결책 → 문단 전체의 내용을 포괄하는 중심 문장을 만든다.

② 중심 문장과 관련이 적은 뒷받침 문장은 없는가?
 해결책 → 내용적 긴밀성을 높이기 위해 삭제한다.

③ 뒷받침 문장 없이 중심 문장만으로 문단을 작성하지는 않았는가?
 해결책 → 적절한 뒷받침 문장들을 생성한다.

④ 문장의 순서가 적절한가?
 해결책 → 문장의 순서를 바꾸어 보고 가장 적절한 순서를 찾는다.

⑤ 한 문단의 길이가 적절한가?
 해결책 → 긴 문단은 나누고 너무 짧은 문단은 문장을 나눠 적절한 길이로 만든다.

⑥ 아이디어의 배열 순서가 적절한가?
 해결책 → 아이디어의 배열을 바꾸어 적절한 순서를 찾는다.

⑦ 도표는 필요한 곳에 들어가 있는가?
 해결책 → 내용과 어울리는 위치를 정한다.

⑧ 주제문이나 연결어가 더 필요한가?
 해결책 → 필요한 주제문이나 연결어를 첨가한다.

문장 이하 수준에서의 체크 사항

① 앞·뒤 문장이 모순 없이 논리적으로 연결되어 있는가?
 해결책 → 문장의 순서를 바꾸거나 필요한 지시어, 접속어 등을 넣어 준다.

② 표현 기법이 적절한 효과를 거두고 있는가?
 해결책 → 효과적인 표현 기법으로 대체한다.

③ 적절한 표현을 찾기 위해 주제별로 편집해 놓은 글모음을 참고한다.

④ 상투어·무의미어는 삭제한다.

⑤ 반복된, 같은 단어는 유의어로 바꾼다.

연습문제 다음 글을 앞에서 배운 체크 사항을 고려하여 고쳐 보시오.

하퍼 리의 "앵무새 죽이기"를 읽고

어른이 되고 싶은 청소년들에게

어른이 된다는 건 무엇일까? 물론 나이가 든다고 어른이 되지는 않는다. 그러나 살아온 시간이 길어지면 다양한 경험을 하면서 생각하는 방식이 변하게 되는데 우리는 이것을 철이 든다고 표현한다. 그렇다면 철이 드는 것은 무엇일까? 이 책에서는 철이 드는 과정을 두 가지 제시한다. 다른 사람의 입장에서 생각하는 것과 세상과 타협하는 것이다. 책 속의 주인공 진 루이즈 핀치(스카웃)와 그녀의 오빠 제러미 애티커스 핀치는 다양한 사건을 겪으면서 이 두 가지를 배우고 성장하게 된다. 책 전체의 갈등 구조는 한 사건에 초점이 맞춰져 있지만 책에 나오는 모든 사건이 거미줄처럼 얽혀 남매의 성장을 돕고 있다.

이 소설에는 남매의 유년기 시절이 담겨 있는데, 특이한 점은 주인공의 말투가 굉장히 성숙하다는 것이다. 주인공은 어린 소녀로 설정되어 있지만 그녀의 말은 굉장히 어른스럽게 다가올 때가 있다. 그 이유는 이 책의 전문이 주인공 스카웃이 어른이 된 후에 자신의 유년기를 회상하며 말하고 있는 것이기 때문이다. 그렇기 때문에 이 소설의 모든 문장이 스카웃이 독자에게 말하고 있는 내용이 된다. 스카웃은 그녀의 6~9살 시기의 일들을 다루고 있는데 그 당시의 시대적 배경은 남북전쟁 이후 1930년대 세계 대공황이 닥친 후 루즈벨트 대통령이 뉴딜 정책을 시행할 당시이다. 모든 사람들의 일상이 흐트러지던 이 시기에서 이 소설은 사회에서의 모순에 집중해 사회를 비판하고 있다. 글도 어린아이의 시선에서 전개되면서 어린아이가 잘 알지 못하는 경제적 문제보다는 사회적 모순에 집중된 경향이 있다. 가장 중요하게 다루는 것은 인종 차별 문제이고 다양한 개성 있는 사람들의 문제점들을 여러 부류로 분류하여 직접적으로 드러낸다.

이 책에서 어른의 덕목으로 이야기하고 있는 것은 결국 위의 사회적 모순을 극복하는 힘이다. 가장 중요하게 다루고 있는 문제는 역시 인종 차별에 관한 문제이다. 그러나 이 글은 흑인을 차별하는 행위에 차별이란 단어를 국한시키지 않는다. 본문에서 오빠가 말하는 내용 중 "이 세상에는 네 부류의 인간이 있어. 우리나 이웃 사람같이 평범한 사람들이 있고, 숲 속에 사는 커닝햄 집안 사람 같은 사람들이 있고, 쓰레기장에 사는 유얼 집안 사람 같은 사람들이 있고, 흑인들이 있어."에 대해서 스카웃은 "내 생각으로는 오직 한 종류의 인간이 있을 뿐이야. 그냥 사람들 말이지."라고 하며 크게 반대한다. 그러면서 책에서는 인간에 대한 분류 자체를 꺼려 한다. 모든 사람은 각자 다른 사람이자 모두 같은 사람이고, 어떤 공통된 특성(피부색)이 있다고 해서 다른 것(성격)도 일정할 것(나쁘다)이라는 편견을 가지는 것 자체가 문제가 있는 행동이라는 것이다.

책에서 성실한 흑인인 톰 로빈슨은 유얼 집안의 집안 문제에 휩쓸려 범죄자로 오해받는다. 그러나 그는 흑인이라는 이유만으로 성범죄자로 사람들에게 각인되고, 사람들과 배심원단은 그가 범죄자가 아닌 것을 앎에도 불구하고 백인의 편을 든다. 이렇게 편견을 가지고 옳지 않은(양심에 어긋난) 행동을 하는 것을 이 책에서는 '앵무새 죽이기'라고 우회적으로 표현하며 죄악이라고 말한다. 사냥꾼들은 사람에게 해를 입히는 어치새를 사냥하면서 외양이 비슷하단 이유만으로 앵무새도 같이 사냥하는데 앵무새는 사람에게 기쁨을 주고 해를 끼치지 않기 때문에 앵무새를 죽이는 것은 죄악이고, 따라서 앵무새처럼 톰 로빈슨도 성실한 노동자였으므로 '질이 나쁜 흑인'으로 치부하는 것 또한 죄악이라는 것이다. 톰 로빈슨이 나쁜 사람으로 몰리는 이유는 흑인들이 사회에 부정적인 행동을 많이 하기 때문이다. 일부 흑인들의 부적절한 행동을 바탕으로 생긴 흑인들에 대한 선입견과 편견이 그를 죽인 것이다

3. 비문 교정

1) 비문 교정이 필요한 이유

내용 퇴고와 맞춤법 및 비문 퇴고는 선후의 문제는 아니다. 내용 퇴고를 하는 과정에서 맞춤법에 맞지 않는 표기나 비문이 보이면 그 자리에서 교정을 할 수 있고, 또 맞춤법에 맞지 않은 표기나 비문을 교정하다가도 내용을 수정할 수도 있다. 물론 이 단계에서 큰 폭의 내용 수정은 곤란하다. 문장의 위치 이동이나 보다 적절한 어휘로 대체하는 등의 교정은 가능하다. 그래서 내용 퇴고와 맞춤법 교정 및 비문 수정은 아래와 같이 순환 반복되는 과정이라고 할 수 있다.

내용 퇴고 ⇄ 맞춤법 교정 및 비문 수정

내가 쓴 글에 비문이 있다는 것은 분명 문제가 있다. 우선 글에 비문이 있으면, 글의 신뢰도가 떨어지게 된다. 특히 논리적인 글이나 설명적인 글일 때 비문으로 인한 글 전체의 신뢰도 하락은 치명적일 수 있다. 몇 개의 비문으로 인해 열심히 쓴 글의 내용에 생채기가 나서 글의 질을 떨어뜨린다면 그것은 너무나 안타까운 일일 수밖에 없다. 미꾸라지 몇 마리가 물을 흐리는 꼴이 되고 만다. 글의 신뢰도가 떨어진다는 것은 곧 글쓴이 자체에 대한 신뢰도 역시 떨어진다는 것을 의미한다. 비문으로 인해 나의 글과 나 자신에 대한 독자의 신뢰가 떨어지게 된다면 그것은 억울한 일이다.

아직 다수의 독자를 대상으로 한 인쇄물에 글을 실어 본 경험이 있는 사람이 많지 않은 시기이다. 그래서 맞춤법에 맞지 않은 표기 몇 개, 비문 몇 개 정도야 하고 대수롭지 않게 여길 수도 있다. 그런데 내가 읽은 글에서 맞춤법에 틀린 표기가 듬성듬성 눈에 띄고, 문장도 비문이어서 잘 읽히지 않았던 경험은 적어도 한 번쯤은 있을 것이다. 아마 그때 어떤 생각이 들었는지를 떠올려 보라. 그러면 왜 맞춤법에 맞게, 그리고 올바른 문장으로 써야 하는지가 쉽게 이해될 수 있을 것이다.

글에 비문이 있을 때 정말 문제가 되는 것은 비문으로 인해 자칫 글의 내용이 제대로 전달이 되지 않거나, 경우에 따라서는 글의 내용이 왜곡될 수도 있다는 점이다. 당연히 처음부터 비문이 생성되지 않게 글을 쓰는 것이 가장 좋다. 하지만 초고 단계에서는 비문과 같은 형식적인 측면보다 내용 생성이 주가 되므로 전문적으로 글을 쓰는 사람이 아닌 다음에야 처음부터 비문을 생성하지 않기는 어렵다. 그래서 비문을 교정하는 일은 일단은 전체적인 글의 내용 생성이 어느 정도 완료된 후부터 대개 시작된다. 그리고 이때부터는 글을 마무리하는 그 순간까지 비문의 교정 작업은 반복적으로 계속되어야 한다.

비문을 교정하는 작업이 단순히 문법적으로 잘못된 문장만 교정하는 일이라고 생각하는 것은 곤란하다. 비문은 아니지만 좀 더 나은 문장으로 수정하는 것 역시 비문의 교정에 포함된다. 같은 문장이라도 문장의 형식에 따라 내용을 훨씬 더 깔끔하게 표현할 수도 있고, 간결하면서도 분명하게 전달할 수도 있다. 그렇기에 비문이 아니더라도 문장을 다듬는 작업도 비문의 교정 작업 안에 포함되어야 한다.

2) 비문을 만들지 않으려면 어떻게 하면 될까?

비문을 만들지 않는 방법이 특별히 있는 것은 아니지만, 비문의 생성을 예방할 수 있는 기본적인 몇 가지 수칙은 있다.

첫째, 가능하면 지나치게 긴 문장으로 쓰지 마라. 의미 생성에 집중하다 보면 의미 단위를 계속해서 늘여서 쓰는 경우가 생긴다. 하지만 그렇게 쓰다 보면 문장들이 늘어져서 비문이 되기도 쉬울 뿐만 아니라, 전달하고자 의미가 무엇인지도 불분명해질 수 있다. 전달하고자 하는 의미 단위별로 문장을 만들어라. 비문을 예방할 수 있는 가장 원론적이고 기본적인 수칙이다.

많이 사귄다고 무조건 좋은 친구가 아니라, 한둘이라도 좋으니 자기의 생각을 아무런 부담 없이 털어놓을 수 있는 친구가 진정한 친구지, 양적으로는 많아도 자기의 생각을 털어 놓고 얘기할 수 없는 사람은 정말 외롭고 불쌍한 사람이다.

→ 친구를 많이 사귄다고 무조건 좋은 것은 아니다. 한둘이라도 자기의 생각을 아무런 부담 없이 털어놓을 수 있는 친구가 있어야 한다. 양적으로 많아도 자기의 생각을 털어 놓고 얘기할 수 있는 친구가 없다면, 그는 외롭고 불쌍한 사람이다.

위 문장은 비문이라고 할 수는 없다. 하지만 이렇게 문장이 길어지다 보면 전달하고자 하는 의미가 명료해지지 않기도 하지만, 비문이 만들어질 가능성이 높아진다. 간결하게 수정한 문장과 비교해 보라. 수정했을 때 간결하면서도 의미가 명료해진다는 것을 확인할 수 있다. 가능하면 명료하게 의미를 전달하는 것이 좋고, 그러기 위해서는 의미 단위로 문장을 종결시키는 것이 더 낫다. 물론 문학적인 글쓰기에서는 반드시 그렇다고 할 수는 없다. 문학적인 글쓰기에서는 그 글의 특성에 따라 만연체의 긴 문장을 의도적으로 생성하기도 한다.

둘째, 주어와 서술어의 호응을 확인하라. 비문의 유형 중에 많은 부분이 주어와 서술어의 호응이 잘못된 경우이거나, 서술어의 주어가 없는 경우이다. 문장은 기본적으로 '주어+서술어' 또는 '주어 + 목적어 + 서술어' 구조로 되어 있다. 이러한 기본 구조에 관형어나 부사어와 같은 수식어가 들어가서 문장이 길어지게 되는데, 수식어가 들어가 문장이 길어지다 보면 가장 기본적인 주어와 서술어의 호응에 문제를 일으키게 되는 것이다.

무엇보다도 중요한 점은 누구보다도 인생을 열심히 살아야 한다.
무엇보다 중요한 점은 …… 살아야 한다(?)

무엇보다 중요한 점은 …… ~는 것이다.

→ 무엇보다도 중요한 점은 누구보다도 인생을 열심히 살아야 한다는 것이다.

위 문장은 주어와 서술어의 호응에 문제가 있는 경우이다. 문장을 쓰고 난 뒤 주어와 서술어만 한 번 확인해도 쉽게 교정이 될 수 있지만, 이 과정을 무시해 버리게 되면 누구나 쉽게 범하게 되는 오류이기도 하다.

한글과 세계의 다른 문자들을 비교해 볼 때, 매우 과학적이고 독창적인 문자라고 알려져 있다.

→ 한글과 세계의 다른 문자들을 비교해 볼 때, 한글이 매우 과학적이고 독창적인 문자라는 사실은 널리 알려져 있다.

위 문장은 서술어 '알려져 있다'의 주어 즉, '무엇이'에 해당하는 성분이 없는 문장이다. 물론 맥락에서 주어가 '한글'이라는 것을 추론할 수는 있지만, 그러나 주어가 '한글'이라는 것은 문장 구조를 통해서는 확인할 수 없다. 즉 문장 구조상 이 문장은 명확히 비문이다.

셋째, 접속 구조인 경우 접속되는 두 요소가 접속이 가능한지 확인하라. 접속이 가능하려면 우선 접속되는 두 요소의 문법적 지위가 같아야 하고, 의미적으로도 비슷하여 연결에 무리가 없어야 한다. 그런데 실제 글에서는 접속 구조가 잘못된 비문들이 매우 높은 빈도로 나타난다.

㉠ 우리의 만남을 축복과 격려해 주어서 고맙다.

→ 우리의 만남을 축복하고 격려해 주어서 고맙다.

㉡ 정성을 다한 시공과 최대한 공사 기간을 단축하여 이번 달까지 완공하겠습니다.

→ 시공에 정성을 다하면서 최대한 공사 기간을 단축하여 이번 달까지 완공하겠습니다.

㉢ 공공 기관에서 발주한 공연장, 전시장 <u>시설을 설계 또는 감리 실적이 있는</u> 업체를 찾습니다.

→ 시설을 설계하거나 또는 감리한 실적이 있는
→ 시설을 설계한 실적이 있거나 또는 감리한 실적이 있는
→ 시설의 설계 (실적) 또는 감리 실적이 있는

비문을 교정하는 방법은 한 가지만 있는 것이 아니라 여러 가지가 있을 수 있다. 위에서 교정한 문장은 그런 교정 문장 중의 하나이다. 제일 중요한 것은 전달하고자 하는 의미가 가장 명확하게 드러날 수 있게 교정하는 것이다. 그렇기 때문에 문장 교정은 누구보다도 자신이 가장 잘 할 수 있고, 또 자신이 하는 것이 가장 바람직하다. 맞춤법에 틀린 것은 자신보다 제3자가 볼 때 더 쉽게 발견되기도 하는데, 이런 점에서 맞춤법 교정과 비문 교정은 약간의 차이가 있다.

하나의 문장은 하나의 단락 안에 있는 부분이고, 하나의 단락은 하나의 글 속에 있는 부분이다. 문장을 교정할 때는 해당 문장이 포함된 단락 안에서 의미를 전달하는 데 문제가 없다면 지나치게 엄격한 문법적인 잣대로 하나의 문장을 해부학적으로 분석해서 교정해야 할 필요는 없다. 즉 단락 안의 한 문장을 맥락을 제거한 채 떼 내어서 한 문장 한 문장씩 엄격한 문법적 잣대로 완벽한 문장으로 교정하려고 할 필요까지는 없다는 말이다. 문법적으로 명백한 비문이 아니라면, 그리고 맥락상 의미 전달에 혼란을 주는 정도가 아니라면 필자의 선호에 의해 허용될 수 있다.

오히려 너무 엄격한 문법적 잣대로 문장을 진단하는 것은 독이 될 수도 있다. 비문의 진단과 교정이 지나치게 문법적 형식에 얽매이는 것도 바람직하다고 할 수는 없다. 대표적인 경우가 아래의 경우이다.

제품에 고장이 발생하면 교환과 수리를 요청할 수 있다. 단 교환은 구입한 지 한 달 이내에 해야 하고, 수리는 1년 동안 무상으로 요청 가능하다.

문법이라는 형식적 틀에 엄격할 경우 위의 밑줄 친 문장은 중의적인 의미로 해석될 여지가 있다.

㉠ 제품에 고장이 발생하면 [교환과 수리]를 요청할 수 있다.
㉡ 제품에 고장이 발생하면 교환을 하거나 수리를 요청할 수 있다.

이때 ㉠의 구조로 해석될 경우에 '교환을 요청하면 수리를 요청할 필요가 없으므로 '교환과 수리'를 요청하는 것은 올바르지 않은 표현이다.'고 할 수도 있다. 그러나 뒤에 이어진 문장 '단 교환은 구입한 지 한 달 이내에 해야 하고, 수리는 1년 동안 무상으로 요청 가능하다.'를 보면, 밑줄 친 문장은 ㉡의 의미로 소통되는 데 아무런 문제가 없다. 그럼에도 밑줄 친 문장이 중의적으로 해석될 수 있다는 이유로 바람직하지 않고, 그래서 교정을 해야 한다고 하는 것은 글 전체가 아니라 글 속에서 한 문장만 떼어 내어 보는 격이다. 즉 숲속에 있는 나무인데도 불구하고, 숲을 제거한 상태로 나무만 보는 격이다. 문장의 교정도 맥락을 고려하고, 맥락 안에서 할 필요가 있다.

많은 작문 교재들에서 맥락을 제거한 하나의 단문만을 대상으로 중의성이 있는 문장을 비문으로 제시하고 이러한 문장을 교정할 것을 요구하고 있다. 사실 맥락을 제거한 상태에서 한 문장만 따로 떼어 내어 놓고 문법적으로 따지게 되면 중의성을 띠는 경우가 많이 있다. 그러나 많은 경우 맥락 안에서는 중의적이지 않다.

아빠는 나보다 만화를 더 좋아하시는 듯하다.

이 문장은 흔히 비교 구문의 중의성으로 제시되는 예이다. 즉 위 문장에서 비교 대상은 '나 : 만화'일 수도 있고, '내가 만화를 좋아하는 것 : 아빠가 만화를 좋아하는 것'일 수도 있다. 그래서 중의성을 띤다. 하지만 글에서 이 문장이 홀로 존재하지는 않을 것이고, 맥락 안에 존재한다.

아빠는 만화를 무척 좋아하신다. 아마도 아빠는 나보다 만화를 더 좋아하시는 듯하다. 그래서 만화 보느라고 나와 놀아 주지 않을 때는 아빠가 밉다.

위에서처럼 맥락 안에 들어가게 되면 비교의 대상은 명확히 '나 : 만화'가 되어 중의적이지 않다. 그러나 중의성과 달리 명백한 비문은 반드시 교정되어야만 한다. 초고 단계에서는 아무래도 상대적으로 형식보다는 내용 생성이 우선이기 때문에 내용에 치중하다 보면 비문이 만들어질 수도 있다. 하지만 이후 단계부터는 비문을 철저히 잡아내어 올바른 문장으로 교정해 주어야 한다

4. 맞춤법 교정

1) 맞춤법 교정의 실제와 방법

문장 단위 교정과 맞춤법 교정이 순서화된 것은 아니다. 문장 단위 교정을 하면서 맞춤법 교정을 할 수도 있고, 맞춤법 교정을 하면서 문장 단위 교정을 할 수도 있다. 그렇기에 문장 단위 교정과 맞춤법 교정은 순환적이고 반복적인 과정이라고 할 수 있다.

맞춤법 교정이라 함은 내가 쓴 글이 <한글맞춤법>에 맞게 표기되었는지 아닌지를 검토하는 작업을 말한다. 그러면 맞춤법 교정은 어떻게 하는 것이 가장 적절한가? 맞춤법을 교정하는 방법에 정도는 없다. 맞춤법에 맞는지 틀리는지를 확인하는 기본적인 방법 몇 가지를 찾아보자.

첫째, 사전을 찾아본다.
둘째, <한글맞춤법> 규정 조항을 찾아본다.
셋째, 국립국어원 '가나다전화(1599-9979)'에 물어 본다.
넷째, 잘 알 것 같은 주변 친구에게 물어 본다.

우선 생각해 볼 수 있는 전형적이고 원론적인 방법이다. 그런데 이런 방법들은 일단 시간이 걸리고 품도 많이 드는 작업이다. 그렇기 때문에 실제 이렇게 맞춤법 교정을 하는 사람은 아주 드물다.

그러면 우리는 일상에서 보통 어떻게 맞춤법 교정을 하는가? 이렇게 물으면 아마도 한글과 컴퓨터사의 hwp(한글 프로그램)나 마이크로소프트사의 word(MS word)에 장착된 맞춤법 검색기가 알아서 잘 해 준다고 대답하는 사람이 있을지 모르겠다. 맞춤법 검색기를 활성화시켜 놓은 상태에서 문서를 작성하면, 프로그램이 맞춤법에 틀리게 입력을 할 때마다 실시간으로 알아서 틀렸다는 표시로 빨간색 밑줄을 그어 준다. 즉 지금 입력한 내용이 틀렸으니 수정하라는 신호를 준다. 이들 프로그램에 장착된 맞춤법 검색기를 활용하는 것이 아니라, 맞춤법 검색기가 시키는 대로 한다고 하는 것이 사실에 가까울지 모르겠다.

오늘날 대부분의 한국 사람들은 hwp 아니면 word로 글쓰기나 문서 작성을 한다. 특별한 경우가 아니라면 이제 손으로 글쓰기를 하는 경우는 드물다. 그렇기에 hwp나

word에 장착된 맞춤법 검색기 기능은 맞춤법 교정을 하는 데 아주 간편하면서도 비교적 정확도가 높은, 효율적인 방법이다. 이런 손쉬운 방법이 있는데 굳이 일일이 딱딱한 <한글맞춤법> 규정을 찾아서, 사전을 뒤져서, 누군가에게 물어 보아서 교정을 할 필요를 느끼지 못하는 것이 사실이다.

hwp	word
장마비	장마비
이번에는 잘 쓸거야.	이번에는 잘 쓸거야.
잘 알게되었다.	잘 알게되었다.

위에서 보듯이 hwp나 word 둘 다 맞춤법에 틀리게 입력을 하면 빨간색 밑줄로 틀렸다는 것을 표시해 준다. 물론 hwp와 word의 맞춤법 기능이 같지는 않다. 약간의 차이는 있다.

hwp	word
우리 나라	우리 나라
잊어 버리다.	잊어 버리다.
아낌 없이 주는 나무	아낌 없이 주는 나무
마음이 착한 지 모르겠어	마음이 착한 지 모르겠어.

위 예는 hwp에서는 틀렸다고 표시를 해 주는데 반해 word에서는 틀렸는지 맞았는지에 대한 정보를 제공하지 않는 경우이다. 그렇다고 해서 hwp가 word보다 더 똑똑하다고 할 수 있느냐? 답을 미리 얘기하자면 둘 다 똑똑하지 않다. 그 이유는 조금 더 있다가 설명하기로 하겠다.

아무튼 빨간색 밑줄이 그어지게 되면 일단 입력된 상태가 맞춤법에 맞지 않다는 것은 알지만, 맞춤법에 맞는 표기가 무엇인지를 알 수는 없다. 이미 맞춤법에 대한 지식이 상당한 사람이라면 바로 교정하면 되겠지만, 그렇지 않은 경우에는 맞는 표기를 바로 알 수 없다. 그러나 이때에도 프로그램의 도움을 한 번만 더 받으면 쉽게 해결할 수 있다. 즉 hwp의 '맞춤법 검사/교정', word의 '맞춤법 및 문법 검사'를 돌리면 프로그램이 알아서 친절하게 맞는 표현을 찾아 제시해 준다.

'장마비/장맛비'의 경우를 보자.

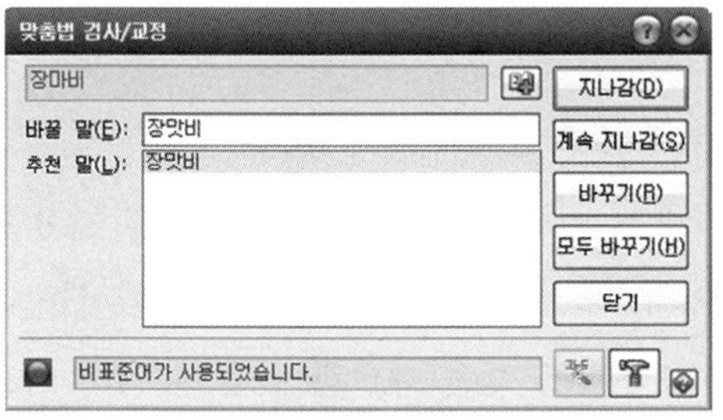

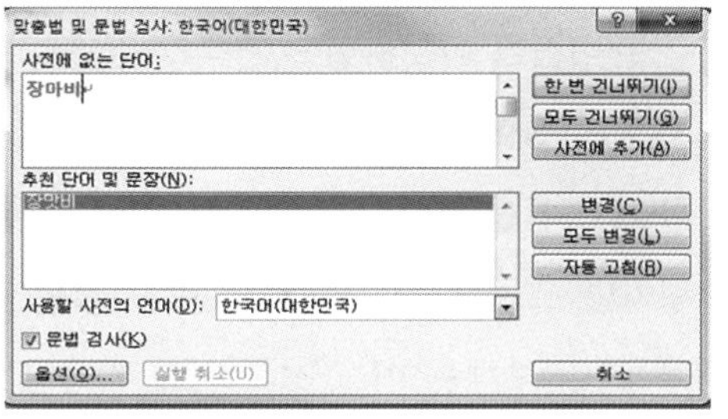

굳이 <한글맞춤법> 규정을 뒤지지 않아도, 사전을 찾는 번거로운 과정을 거치지 않아도 이처럼 프로그램이 알아서 해결해 주는 부분이 있다. 따라서 일차적으로 hwp나 word의 맞춤법 검색 기능을 적절하게 잘 활용하는 것은 맞춤법을 교정하는 좋은 방법 중의 하나이다. 다만 한 가지 명확하게 인지해야 할 것은 이것으로 맞춤법 교정을 마무리해 버리면 절대로 안 된다는 것이다.

일부의 경우이긴 하겠지만, hwp나 word의 맞춤법 검색 기능을 지나치게 신뢰하는 사람도 없지 않다. 하지만 안타깝게도 현재 hwp나 word의 맞춤법 검사 기능은 초등학교 고학년 내지 중학교 1학년 정도의 수준을 넘지 못한다. 이 사실을 아는 순간, 내가 쓴 글의 맞춤법 교정을 hwp나 word의 맞춤법 검색기에 전적으로 의지해서는 안 된다는 생각이 들 것이다. 영남대학교에 들어온 나의 맞춤법 수준이 아무리 그래도 초등학교 고학년보다 못할 수야 없지 않겠는가?

그러면 이제 hwp나 word의 맞춤법 검사 기능의 수준이 초등학교 고학년 수준을 벗어나지 못한다는 것을 확인해 보자.

구상을 한지가 1시간이 지났다.
글을 쓰는 데 자꾸 딴 생각이 난다.
다음에 잘 할 게.

위에 예들은 hwp나 word에서 아무런 표시도 해 주지 않는다. 즉 친절하게 어디가 틀렸으니까 고치라는 신호를 주지 않는다. 그러면 hwp의 '맞춤법 검사/교정'이나 word의 '맞춤법 및 문법 검사'를 돌리면 어떨까? 결과는 역시 마찬가지이다. 이들 검사 기능 역시 위의 예들에 대해서는 아무런 반응을 하지 않는다. 이 지점에서 hwp나 word의 검색 기능에 의지해서 맞춤법 교정을 하고서, 맞춤법 교정이 끝났다고 할 수 없음을 명확히 인식하였을 것이다. 그러면 어떻게 할 것인가?

사전을 검색하면 <한글맞춤법>에 대한 대부분의 지식을 얻을 수 있다.

앞서도 언급했듯이 hwp나 word의 맞춤법 검색 기능을 통해 초벌 교정은 가능하다. 그렇지만 그것은 말 그대로 초벌 교정일 뿐이다. 그것만으로 교정을 마무리해서는 안 되고, 그런 후에는 어느 정도 품을 파는 작업을 통한 교정을 해야만 한다. 여기서 어느 정도 품을 파는 작업이라고 하는 것은 사전을 찾는 작업을 이른다. 그렇다고 7천 페이지가 넘는 종이 사전인 『표준국어대사전』 같은 사전을 찾으라는 말은 아니다. 이렇게 두꺼운 사전을 옆에 끼고 있기도 어렵거니와, 이렇게 큰 사전에서 필요한 정보를 찾으려면 시간이 많이 걸릴 수밖에 없다. 지금은 모든 포털 사이트에서 국어사전 검색 서비스를 하고 있고, 국립국어원 홈페이지에서도 『표준국어대사전』 검색 서비스를 제공한다.

『표준국어대사전』의 모든 표기는 <한글맞춤법>에 맞게 표기가 되어 있다. <한글맞춤법>에 맞게 표기되어 있다고 할 때는 띄어쓰기도 포함된다. 띄어쓰기 역시 <한글맞춤법>의 한 장을 구성하는 부분이므로 사전의 띄어쓰기는 모두 <한글맞춤법> 띄어쓰기 규정에 따라서 표기되어 있다. 그렇기에 사전을 찾을 때는 꼭 찾고자 하는 정확한 표제어가 아니더라도, 내가 필요한 정보를 찾을 수도 있다. 앞서 살펴본 예를 대상으로 무엇이 맞는지를 어떻게 알 수 있는지 함께 찾아보도록 하자.

구상을 한지 1시간이 지났다.

여기서 문제가 되는 부분은 '한지'와 '한 지' 중 어느 것이 맞느냐이다. 가장 원론적인 방법은 <한글맞춤법> 규정을 찾는 것이다. 즉 <한글맞춤법> 제42항 '의존 명사는 띄어 쓴다'가 해당 규정이다. 하지만 현실적으로 관련 <한글맞춤법> 규정을 찾는 것부터 쉽지 않고, 설령 관련 규정을 찾는다 하더라도 문법적인 지식이 부족한 상태에서는 규정 조항의 내용을 이해하기가 쉽지 않기도 하다.

따라서 사전을 찾아서 해결하는 방법을 권장한다. 그러면 여기서 다시 '한지'가 맞는지 '한 지'가 맞는지를 확인하기 위해 사전의 어떤 표제어를 찾아야 하느냐가 문제가 된다. '한지'에서 용언이 '하다'라는 것 정도는 전혀 문제가 되지 않을 테니, 결국 핵심은 '한지'의 구성이 '하+ㄴ지'이냐 '한(하+ㄴ)+지'이냐이다. 따라서 사전에서 'ㄴ지'나 '지'를 찾아본다. 먼저 'ㄴ지'를 검색해 보자. 여기서 제시하는 화면은 국립국어원의 표준국어대사전 웹 검색창이다.

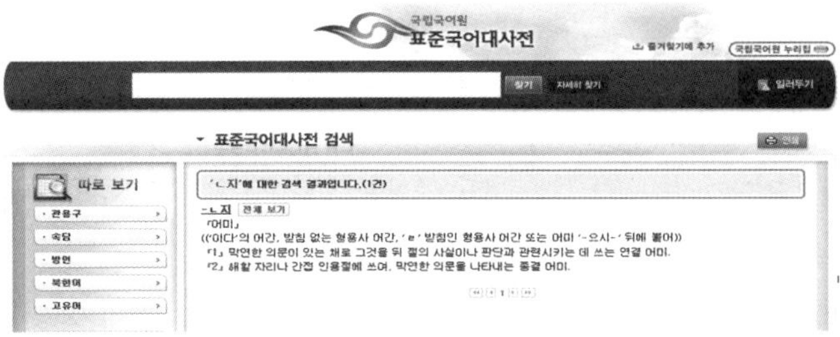

이 상태에서 표제어 '-ㄴ지'를 한 번 더 클릭하면 아래와 같이 용례가 포함된 검색창이 나온다.

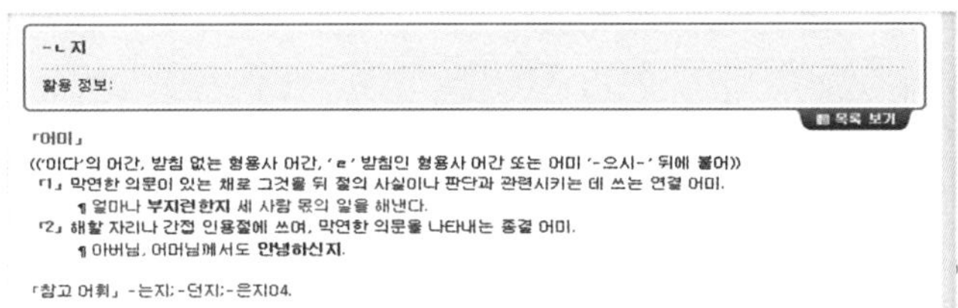

위 용례를 확인해 보면 '구상을 한지'의 'ㄴ지'와는 의미가 다르다는 것을 확인할 수 있다. 그러면 다음 가능성인 '지'를 찾아보기로 하자.

‘지’를 검색하면, 위에서 보듯이 동음이의어들이 모두 나온다. 이 중에서 ‘한지’가 ‘한(하+ㄴ)+지’라면 의존명사일 가능성이 높으므로 ‘지02’를 클릭해서 들어가 보자.

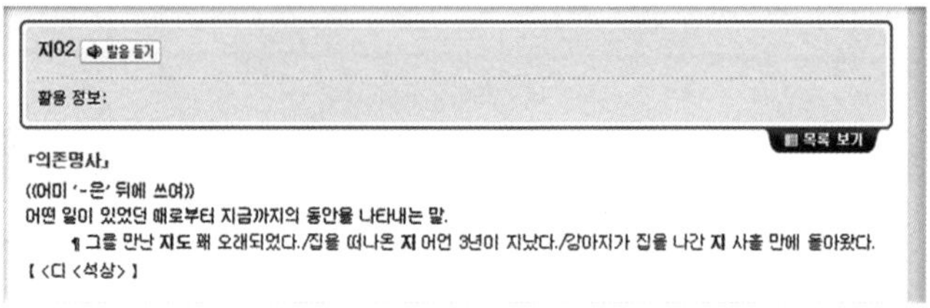

위에서 용례를 확인해 보면, ‘만난 지도’, ‘떠나온 지’에서 우리가 찾으려고 하는 ‘구상을 한지’의 예와 평행하다는 것을 확인할 수 있다. 따라서 ‘한지’는 ‘한 지’와 같이 띄어 쓴다는 것을 최종적으로 확인할 수 있다.

하나만 더 찾아보기로 하자.

다음에 잘 할 게.

여기서 문제가 되는 부분은 ‘할 게’처럼 띄어 쓰느냐, ‘할게’처럼 붙여 쓰느냐이다. 먼저 ‘하+ㄹ게’일 가능성이 높다고 판단할 수 있으므로 ‘ㄹ게’를 찾아보자.

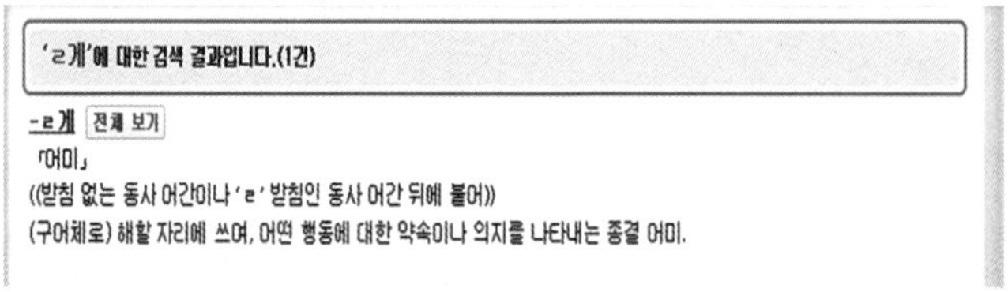

‘-ㄹ게’를 한 번 더 클릭하면 아래처럼 용례가 포함된 검색창이 나타난다.

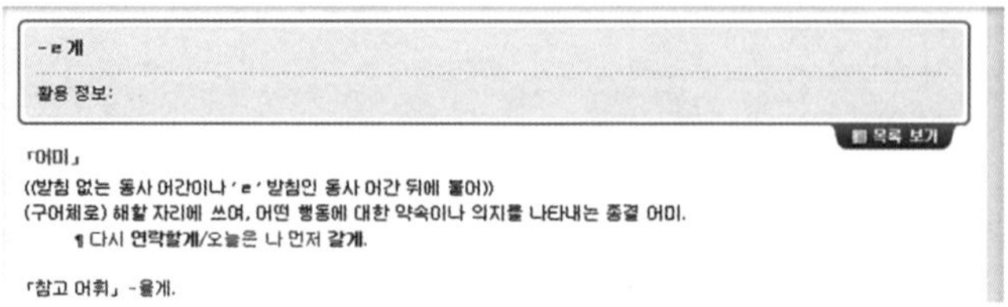

용례를 확인하는 순간 '할 게'가 아니라 '할게'라는 것을 금방 알 수 있을 것이다.

<한글맞춤법> 규정을 굳이 찾아보지 않더라도 사전을 통해서 맞춤법에 대한 정보를 거의 대부분 해결할 수 있다. 특히 단어 단위에서의 맞춤법은 사전에서 표제어 검색 한 번만으로도 바로 알 수 있다. 예컨대 학생들이 자주 혼동하는 것 중에 '지게/지개', '찌개/찌게', '떡볶이/떡뽂이' 같은 단어는 사전 검색을 한 번 해 보는 것으로 해결된다. '떡볶이/떡뽂이'를 한 번 검색해 보자.

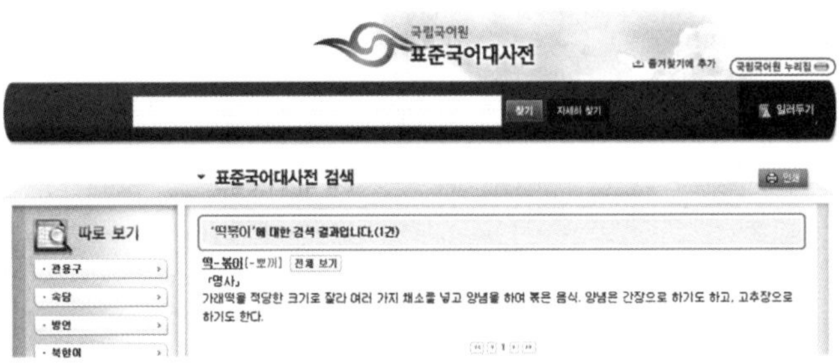

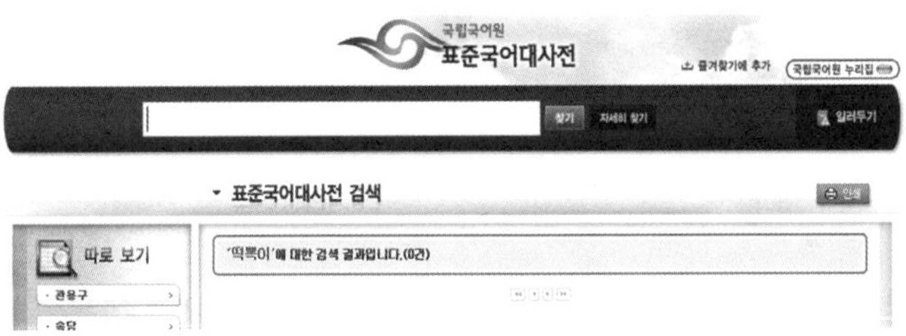

위에서 보듯이 '떡볶이'처럼 검색해서 나오면 맞춤법에 맞는 표기이고, '떡뽂이'처럼 검색해서 나오지 않으면 맞춤법에 맞지 않는 표기라는 것을 확인할 수 있다.

2) 사전을 통해 맞춤법 교정을 할 때 알아 두면 유용한 지식

① 하나의 단어인지 단어보다 큰 구성인지 헷갈려서 띄어 써야 할지 붙여 써야 할지 판단하기 어려운 경우, 사전을 검색해서 표제어로 나오면 붙여 쓰고, 나오지 않으면 띄어 쓰면 된다.

사전의 표제어는 기본적으로 단어이고, 표준어이다. 물론 필요한 경우 단어보다 큰 단위가 예외적으로 표제어로 올라 있기도 하고, 비표준어이지만 사람들이 자주 틀리는 단어의 경우에도 이 단어가 표준어가 아니라는 정보를 주기 위해 표제어로 삼은 경우도 있다. 그리고 방언도 방언이라는 정보를 제시하면서 표제어로 올라 있는 것들이 있다. 아무튼 이들 예외적인 경우가 아니라면 사전은 기본적으로 단어를 표제어로 삼는다.

이 사실을 안다면, 띄어쓰기와 관련하여 중요한 정보를 얻을 수 있다. 예컨대 '학교생활', '방학생활'을 붙여 써야 할지, 아니면 '학교 생활', '방학 생활'처럼 띄어 써야 할지 잘 모를 경우, 사전 검색창에 입력을 해 보면 바로 알 수 있다. '학교생활', '방학생활'을 검색해서 나오면 단어라는 의미이므로 붙여 쓰면 되고, 검색해서 나오지 않으면 단어보다 큰 단위이므로 띄어 쓰면 된다. 실제 사전을 검색해 보면 '학교생활'은 검색이 되지만, '방학생활'은 검색이 되지 않는다. 따라서 '학교생활'은 붙여 쓰고, '방학 생활'은 띄어 쓰면 된다. 즉 '학교생활'은 하나의 단어이고, '방학 생활'은 두 개의 단어이다.

② 단어라는 것은 알겠는데 표준어인지 비표준어인지 모를 경우, 사전을 검색해서 나오지 않으면 비표준어로 보아도 무방하다.

사전을 검색해서 나오지 않는다면 단어보다 큰 구성이거나 비표준어이다. 따라서 단어라는 것을 확신할 경우, 사전을 검색했는데 나오지 않는다면 표준어가 아니라고 보면 된다. 앞서 언급했듯이 사전에 올라 있는 표제어가 모두 표준어는 아니기 때문에 검색해서 나온다고 해서 꼭 표준어인 것은 아니다. 하지만 표준어가 아닐 때는 표준어가 아니라는 정보를 제시하고 있기 때문에 전혀 문제가 되지 않는다.

③ 띄어쓰기 원칙 규정과 허용 규정

학생들이 <한글맞춤법> 규정 중에서 제일 어려워 하는 것 중의 하나가 띄어쓰기이다. 앞서 얘기했듯이 단어인지 단어보다 큰 단위인지 몰라 띄어 써야 할지 붙여 써야 할지 헷갈리는 경우에는 사전 검색을 해서 곧바로 판단할 수 있다. 그것이 단어라면 검색이 될 테고, 단어보다 큰 단위이면 검색이 되지 않을 것이다. 전자는 붙여 쓰면 되고 후자는 띄어 쓰면 된다.

그런데 띄어쓰기 규정에는 원칙 규정도 있고, 허용 규정도 있다. 허용 규정은 말 그대로 허용한다는 의미이니까 허용 규정을 적용해도 <한글맞춤법>에 맞는 표기이다. 원칙 규정과 허용 규정이 모두 적용되는 경우, 원칙 규정은 사전을 통해 확인할 수 있지만 허용 규정은 사전을 통해 확인할 수 없는 문제가 있다.

자는 척하다 / 자는척하다
할 듯하다 / 할듯하다
읽어 보았다 / 읽어보았다
먹어 버렸다 / 먹어버렸다

위의 예들은 왼쪽처럼 띄어 쓰는 게 원칙이지만, 오른쪽처럼 붙여 써도 맞는 표기이다. 위 예들은 <한글맞춤법> 제47항의 '경우에 따라'에 해당하는 예들이다.

<한글맞춤법>
제47항 보조 용언은 띄어 씀을 원칙으로 하되, 경우에 따라 붙여 씀도 허용한다.

그런데 문제는 hwp나 word에 '자는 척하다'를 입력하든, '자는척하다'를 입력하든 아무런 반응이 없다. 이는 맞춤법 검색기를 돌려도 마찬가지이다. 띄어 쓴 '자는 척하다'가 맞는지 붙여 쓴 '자는척하다'가 맞는지 헷갈릴 경우 어떻게 해야 할까? 이 문제는 사전을 검색하는 것으로도 답을 얻을 수 없다. 한 가지 방법으로 '척하다'를 우선 검색해 볼 수 있다.

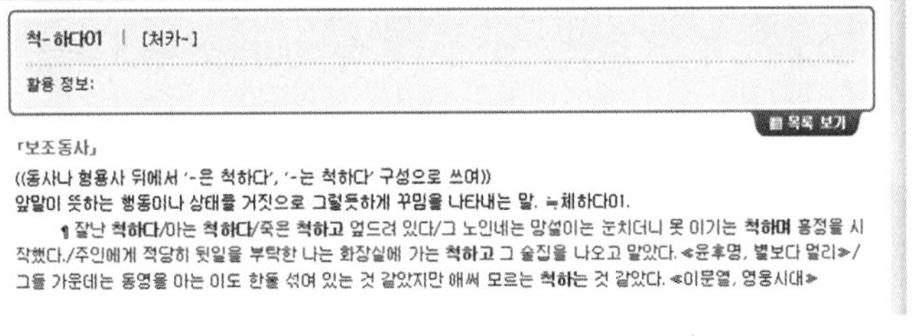

척-하다01 | [처카-]

활용 정보:

목록 보기

「보조동사」
((동사나 형용사 뒤에서 '-은 척하다', '-는 척하다' 구성으로 쓰여))
앞말이 뜻하는 행동이나 상태를 거짓으로 그럴듯하게 꾸밈을 나타내는 말. ≒체하다01.
¶ 잘난 **척하다**/아는 **척하다**/죽은 **척하고** 엎드려 있다/그 노인네는 망설이는 눈치더니 못 이기는 **척하며** 흥정을 시작했다./주인에게 적당히 뒷일을 부탁한 나는 화장실에 가는 **척하고** 그 술집을 나오고 말았다. ≪윤후명, 별보다 멀리≫/그들 가운데는 동영을 아는 이도 한둘 섞여 있는 것 같았지만 애써 모르는 **척하는** 것 같았다. ≪이문열, 영웅시대≫

이를 통해 '자는 척하다'를 띄어 써야 한다는 것은 확인할 수 있다. 그렇지만 '자는척하다'처럼 붙여 써도 된다는 정보를 확인할 방법은 여전히 없다. 결국 이 정보는 <한글맞춤법> 규정에 대한 지식을 요구한다. 이처럼 극히 일부분이기는 하지만 사전을 통해서 확인할 수 없는 맞춤법 지식이 있기는 하다. 하지만 사전을 검색함으로써 거의 대부분의 맞춤법 지식을 얻을 수 있다는 사실은 여전히 유효하다.

제3부

전공 글쓰기

제7장

교직의 길, 예술의 길 : **요약**

여태까지가 글쓰기를 위한 예비적 단계에 가까운 것이었다면, 이제부터는 좀 더 실제적인 글쓰기를 하기 위한 부분으로 들어간다. 처음으로 하고자 하는 것은 다른 글을 읽고 정리하면서 자신의 글쓰기를 병행해 가는 과정이다. 즉 다른 사람의 글을 읽고 이를 요약하는 비교적 짧은 분량의 글을 실제로 써 보는 것이다.

1. 글읽기와 글쓰기

글쓰기 강의에 '글읽기'가 끼어든 것은 무엇 때문인가? 그것은 '글쓰기'는 단순한 문장 늘어놓기가 아니라 한 시대의 표현 문화와 연결된 작업이고 그렇기 때문에 글읽기라는 것과 결부되어야 풍요롭게 될 수 있는 것이기 때문이다. 우리는 가끔 어떤 주제에 대해 글을 쓰려 할 때 머릿속이 텅 비어 있는 듯한 느낌을 받을 때가 있다. 이는 그 주제에 대해 평소에 깊이 생각해 본 적이 없기 때문이기도 하겠지만, 그 주제와 관련된 배경지식이 적기 때문이기도 하다. 좋은 글이란 수많은 경험과 글읽기를 통해 안으로 축적되고 발효된 것이 밖으로 표출되는 것이다. 글을 못 쓰겠다는 것은 그러므로 그 주제와 관련된 경험 및 글읽기가 부족하다는 것을 드러낸다.

동양의 전근대 사회에서는 인문적 소양이라는 것을 주로 글읽기에서 얻었는바, 그것은 정전(正典/canon)으로 인정받은 고전을 거의 외울 정도로 반복해서 읽는 것이었다. 예를 들어 『맹자(孟子)』라는 책을 3000번 읽으면 '문리' 터지는 소리가 '톡탁'하고 난다고도 했는데, 이 '문리'라는 것은 좁게 말하면 한문책을 막히지 않고 읽는 힘을 얻었다는 것이지만 넓게 말하면 좋은 글을 자연스럽게 쓰는 바탕이기도 했던 것이다.

조선시대 양반들이 사서삼경과 같은 고전 공부와 시문 창작을 병행했던 것도, 물론 이 둘이 다 '과거 시험'에 필요한 것이기도 했지만, 그들에게 있어 고전 읽기와 글쓰기는 사실상 밀접한 관계에 있었기 때문이기도 했다. 그런데 오늘날 '작문'이 단순한 글짓기로 간주되면서 이 선행 텍스트를 읽는 일이 글쓰기와 긴밀한 관련을 갖는다는 것이 무시되어 온 듯하다.

그러나 글쓰기란 그 자체로서 고립된 것은 아니다. '쓰기'란 '읽기'와 긴밀한 연관을 맺고 있는 지적 활동의 일부인 것이다. 예를 들어 '읽는다'는 것은 그 자체로서 독립적인 행위인 것 같지만 엄밀하게 보면 그렇지 않다. '읽기'란 그 결과를 남과의 의사 소통 - 그것은 단순히 말로 하는 것일 수도 있고 글의 형태까지 갖출 수도 있다. - 에 써먹으려는 의도를 갖고 읽는 것이다. 또 내가 글을 쓸 때도 스스로가 독자가 되어 읽으면서 쓰게 되고, 스스로 읽어 보아 만족했을 때 쓰기는 완성되는 것이다.

좋은 내용을 담은 텍스트는 우리가 세계와 현실을 읽는 중요한 매개물이다. 우리는 세계를 완전히 우리 자신의 눈으로만 보고 우리 자신의 생각으로만 읽어 낼 수가 없다. 우리는 세계 그 자체에 직면해서 그것을 이해하기보다는 세계에 대한 기존의 이해를 통하여 자기 나름으로 조금씩 재해석하면서 세계를 이해한다. 그런데 그 기존의 이해가 가장 체계적으로 집적된 것이 바로 글인 것이다.

선행 텍스트는 우리에게 그 속에 담긴 내용만으로 도움이 되는 것은 아니다. 그것은 글의 구성이나 논리 전개 방식 그리고 문체와 표현에서 드러나는 개성의 측면에서도 우리에게 많은 것을 가르쳐 준다. 소설뿐만 아니라 유명한 고전적 저술도 요약본이 아닌 원전을 직접 읽을 필요가 있는 것은 이 때문이다. 우리 중등 교육 중 가장 취약한 것이 바로 이 원전(혹은 번역된 것일지라도)을 읽을 기회가 아주 드물다는 것이다. 흔히 '상식' 운운하며 여기저기서 조금씩 모아 편집한 책을 보는 경우도 있는데, 이런 책의 용도가 아주 없는 것은 아니지만 그 한계는 분명하다. 이런 책에서는 체계적으로 구조화된 지식 등에 대해서는 결코 배울 수가 없다는 것이다. 체계 속에서 벗어난 조각난 '상식'은 헤겔(Hegel)이 말했듯 '반쪽 진리'밖에 안 된다.

그러므로 대학에 들어선 학생이라면 제일 먼저 도서관으로 가서 도서관에 있는 방대한 책들 앞에서 한번쯤 세계를 향한 야심을 키워 볼 필요가 있다. 그 책들은 인류의 지혜가 총집결된 것으로 여러분으로 하여금 그 동안의 획일화된 교육에서 벗어나 새롭게 태어나라고 외치고 있을 것이다. 아울러 그 책들 또한 여러분을 매개로 해서 새롭게 태어나고자 아우성치고 있을 것이다. 그 책들의 아우성에 답하는 것이 여러분의 글읽기/쓰기인 것이다. 따라서 중요 텍스트를 읽고 비판적으로 글을 쓰는 것은, 학습과 글쓰기를 결합시키는 복합적인 것이면서 아울러 글쓰기의 한 유형일 수 있는 것이다.

연습문제 1 다음을 읽고 '독서백편의자현(讀書百遍義自見)'의 경험이 있는지, 있다면 구체적으로 어떤 것인지 말해 보자.

후한 말기에 동우(董遇)라는 사람이 있었다. 그는 가난하지만 몸소 일을 하고 유달리 학문을 좋아하여 늘 옆구리에 책을 끼고 다니며 독서에 힘을 쏟았다. 학문에 대한 동우의 명성이 높아지자 그에게 배우겠다는 사람들이 각지에서 몰려들었다. 하지만 그는 그들을 선뜻 제자로 받아들이려 하지 않았다.

어떤 사람이 배움을 청하자 그는 "마땅히 먼저 백 번을 읽어야 한다. 책을 백 번 읽으면 그 뜻이 저절로 드러난다(必當先讀百遍, 讀書百遍其義自見)."며 사양했다. 그 사람이 "책 읽을 겨를이 없다(苦渴無日)."며 다시 가르침을 청하자, 동우(董遇)는 "세 가지 여가만 있으면 책을 충분히 읽을 수 있다(當以三餘)."고 답했다. 옆에서 듣던 사람이 삼여(三餘), 곧 세 가지 여가(餘暇)가 무엇인가를 묻자, 그는 "겨울은 한 해의 여가이고, 밤은 하루의 여가이고, 오랫동안 계속해 내리는 비는 한 때의 여가(冬者歲之餘 , 夜者日之餘 , 陰雨者時之餘也)"라고 대답했다. 여유가 없다는 제자가 있으면 "삼여(三餘)를 갖고 하라."고 충고했다.

2. 요약의 개념과 필요성

대학 생활에서 가장 많이 쓰게 되는 글의 종류는 보고서이다. 이때 보고서 작성을 위해서는 다른 사람의 글들을 찾아 읽고 요약하는 과정이 필요하다. 많은 교양 서적 및 전공 서적과 논문들을 찾아 읽으면서 지식을 습득하는 과정에서 그 내용을 요약 정리하는 과정이 요구되는 것이다. 대학 생활을 마친 이후 직장 생활을 할 때에도 자기 업무와 관련된 자료를 요약 정리하여 보고해야 할 경우가 많다. 그러므로 요약은 모든 글쓰기의 가장 기본이 된다고 할 수 있다.

요약(summary)은 자신이 읽은 글이나 자료를 정리하고 중요한 것을 추려 내는 쓰기 방식이다. 요약하기는 독해와 밀접하게 관련된 것으로 중심 내용에 대한 판단, 글의 구조에 대한 파악 등을 필요로 한다. 따라서 요약하기는 텍스트에 대한 독해 능력을 판가름할 수 있는 중요한 평가 방법이 되기도 한다.

자신이 조사한 여러 가지 문헌들과 자료들을 정리하여 핵심적인 내용을 추려 낸다는 점에서, 요약은 경제적인 소통 방법이라고 할 수 있다. 대입 논술에서 요약 능력을 평가하기도 하는 것은, 요약이 글을 정확하게 제대로 읽어 내었는지를 효과적으로 잘 보여 주기 때문이다. 프랑스의 대입 자격시험인 '바칼로레아'에도 '글 요약'이 포함되어 있는 것은 요약 능력이 대학에서의 수학 능력을 가늠할 수 있는 중요한 잣대가 될 수 있음을 보여준다. 그러므로 요약 능력이 뛰어난 것은 글을 읽는 능력이 뛰어난 것과도 상통한다.

리디아 시고니는 젊은 독자들에게 읽은 책의 내용을 요약하라고 충고한다.

> 매주 마지막 날이면 가장 가치 있다고 여겨지는 주제를 요약해서 글로 쓰세요……. 저자의 언어가 아닌 자신의 언어로, 글쓰기용으로 마련한 노트에 깔끔하게 정리하세요……. 그 노트를 농축된 지식과 생각의 순금 저장소로 만드세요……. 기억을 강화하기 위한 최고의 길은 (우리 대부분은 아마 그렇게 하겠지만!) 읽은 책의 내용을 글자 그대로 옮기지 않고, 저자가 주장하는 취지를 자신의 언어로 정확하고 명료하게 서술하는 것입니다. [5]

5. 수잔 와이즈 바우어, 이옥진 역, 『독서의 즐거움』, 민음사, 2010, p.48.

요약을 잘 한다는 것은 주어진 텍스트를 정확하게 잘 파악한다는 의미이기도 하며, 따라서 전공 혹은 학문에 대한 학습 능력과도 연결된다. 각 전공에서의 학습은 텍스트에서 중심 내용(정보나 지식)을 파악하여 이해하는 것인데, 이러한 중심 내용에 대한 정확한 이해가 바탕이 될 때 전공 지식 습득과 축적이 용이하기 때문이다. 리디아 시고니는 특히 공부한 내용을 자신의 언어로 요약하는 것이 중요하다고 강조하고 있다. 이는 요약하기 원리의 핵심 중 하나이기도 하다.

3. 요약하기의 원리

요약문을 작성하기 위해서는 텍스트의 구조와 중심 내용을 파악하여야 한다. 중심 내용인지 아닌지는 텍스트 전체 구조 속에서 파악할 수 있으며, 중심 내용이 아닌 것은 요약할 때 과감히 삭제하여야 한다. 일반적인 요약하기의 원리는 다음과 같다.

첫째, '정확한 내용의 파악'이 필요하다.
둘째, 그것을 '자기의 글'로 옮겨 놓아야 한다.
셋째, 한 편의 글로서의 구성을 갖추어야 한다.

이 중 첫째부터 보자. 내용 요약의 핵심은 역시 그 내용 파악이 얼마나 정확한가일 것이다. 그러기 위해서는 우선 글을 여러 번 읽어 나가면서, 그 글의 전체적 구성과 논리 전개를 먼저 파악해야 한다. 즉 전체적인 면을 우선 보면서 개관을 하는 것이다. 다음, 각 문단 혹은 구성의 주요 단위별로 내용을 파악한다. 앞에서 본 전체 구도 속에서 부분을 읽는 것이다. 이렇게 해서 전체 내용과 그 구성을 파악하면, 그 다음에는 텍스트의 독특한 표현 방식과 수사가 있는지도 곁들여 볼 필요가 있다. 이들은 내용과 무관한 듯하면서도 은밀하게 내용과 연관되어 있는 경우가 많기 때문이다.

이상에서 본 첫째와 관련된 것은 이른바 '독해' 문제로서 여러분이 수없이 해 온 것이지만, 둘째와 관련된 것은 흔히 중요시하지 않는 경향이 있다. 이와 관련하여 먼저 강조하고자 하는 것은 흔히 보는 '축자 요약'은 제대로 된 요약이 아니라는 것이다. 즉 문장, 문단을 통째로 옮겨 짜깁기를 하는 것은 제대로 된 요약이라 보기 어렵다. 이런 방법을 비아냥거리는 표현이 이른바 '풀과 가위질(scissors and paste)'이라는 것인데, 이 방법은 인터넷에서 자료를 다운 받아 쓰는 경향이 있는 요즘 더욱 성행하고 있는 듯하다. 그러나 요약이란 중요한 어구는 그대로 써도 일반적인 내용 전달을 위한 표현은 자기식의 표현으로 바꾸어야 하는 것이다. 그리하여 요약은 때로는 독자적 개성을 갖기도 한다. 유시민의 『거꾸로 읽는 세계사』가 100퍼센트 요약임에도 불구하고 독자들에게 꾸준히 읽히는 까닭도 여기에 있다.

이러한 자기 나름의 재구성을 위해서는 일단 텍스트를 읽은 뒤 그 내용을 다른 사람에게 이야기해 보는 것도 좋은 방법이다. 이야기한다는 것은 그대로 외워 말하는 것이 아니기에 어쩔 수 없이 자기식의 표현으로 바꾸지 않으면 안 되기 때문이다. 이렇게 이야기를 해 보는 사이에 자기 스스로도 부족한 부분이 느껴지게 되고 그 부분을 메우기 위해서는 반복해서 읽지 않을 수 없을 것이다. 이렇게 하여 충분히 그 내용이 파악된 뒤에 글로 옮기는 작업을 한다면, 그야말로 자기식의 표현에 따른 요약으로 가기가 그만큼 쉬워지는 것이다.

끝으로 요약도 한 편의 글이라는 것을 명심해야 한다. 즉 아무리 작은 생명체도 갖출 것은 다 갖추듯, 아무리 적은 분량의 글이라도 한 편의 글로서의 온전한 요소를 갖추어야 하는 것이다. 그러므로 최소한의 '개요'를 생각하면서 전체적인 논지의 흐름을 각 문단에 어떤 식으로 배치할 것인지, 문단은 몇 개 정도로 할 것인지, 처음과 끝은 어떻게 쓸 것인지 등에 대해서도 신경을 써야 하는 것이다.

요컨대 요약이란 글 전체를 장악하여 내용을 정확하게 파악한 뒤 자기식 표현으로 바꾸어야 하는 것이기에, 손쉽고 단순한 글쓰기를 넘는 나름대로의 지적인 노력과 수준이 필요한 작업인 것이다.

다음 짧은 글을 바탕으로 어떻게 내용을 요약해야 하는지 그 방법을 알아 보자.

[1] 사랑에는 '책임'이 포함되어 있다. 오늘날은 책임이 흔히 의무, 곧 외부로부터 부과된 것을 의미한다고 이해되고 있다. 그러나 책임은 그 참된 의미에서는 전적으로 자발적인 행동이다. 책임은 다른 인간 존재의 요구 - 표현되었든 표현되지 않았든 - 에 대한 나의 반응이다. '책임을 진다'는 것은 '응답할' 수 있고, '응답할' 준비가 갖추어져 있다는 뜻이다.

[2] 그런데 사랑에 '존경'이 없다면, 책임은 쉽게 지배와 소유로 타락할 것이다. 존경은 두려움이나 외경은 아니다. 존경은 이 말의 어원(respicere=바라보다)에 따르면 어떤 사람을 있는 그대로 보고 그의 독특한 개성을 아는 능력이다. 존경은 다른 사람이 그 나름대로 성장하고 발달하기를 바라는 관심이다. 이와 같이 존경은 착취가 없다는 의미를 내포하고 있다.

[3] 나는 사랑하는 사람이 나에게 이바지하기 위해서가 아니라 자기 자신을 위해서 자기 나름대로의 방식으로 성장하고 발달하기를 바란다. 만일 내가 다른 사람을 사랑한다면, 나는 그(또는 그녀)와 일체감을 느끼지만 이는 '있는 그대로의 그'와 일체가 되는 것이지, 내가 이용할 대상으로서 나에게 필요한 그와 일체가 되는 것은 아니다.

- **에리히 프롬**, 『사랑의 기술』 중[6]

먼저 위의 글을 읽고 중요한 문장이라고 생각되는 부분에 밑줄을 그어 보자. 어떤 자료나 글을 요약할 때 유의할 점은 글의 핵심적인 내용을 최소의 단어로 정확하게 서술해야 한다는 점이다. 그러므로 상세하게 풀어쓰고 있는 문장이나 예시 문장 등은 과감히 삭제하는 것이 필요하다. 요약하는 사람의 입장에서 필요한 내용을 포함시키고 그렇지 않은 것은 삭제하되, 경우에 따라서는 자신의 표현으로 재진술하는 것이 효과적이기도 하다. 이때 재진술은 중요하다고 밑줄 친 문장들을 긴밀하게 연결하여 새로운 문장으로 만드는 과정이기도 하다.

[1] <u>사랑에는 '책임'이 포함되어 있다.</u> 오늘날은 책임이 흔히 의무, 곧 외부로부터 부과된 것을 의미한다고 이해되고 있다. 그러나 책임은 그 참된 의미에서는 <u>전적으로 자발적인 행동</u>이다. 책임은 <u>다른 인간 존재의 요구 - 표현되었든 표현되지 않았든 - 에 대한 나의 반응</u>이다. '책임을 진다'는 것은 '응답할' 수 있고, '응답할' 준비가 갖추어져 있다는 뜻이다.

6. 에리히 프롬, 『사랑의 기술』, 문예출판사.

[2] 그런데 사랑에 '존경'이 없다면, 책임은 쉽게 지배와 소유로 타락할 것이다. 존경은 두려움이나 외경은 아니다. 존경은 이 말의 어원(respicere=바라보다)에 따르면 어떤 사람을 있는 그대로 보고 그의 독특한 개성을 아는 능력이다. 존경은 다른 사람이 그 나름대로 성장하고 발달하기를 바라는 관심이다. 이와 같이 존경은 착취가 없다는 의미를 내포하고 있다.

[3] 나는 사랑하는 사람이 나에게 이바지하기 위해서가 아니라 자기 자신을 위해서 자기 나름대로의 방식으로 성장하고 발달하기를 바란다. 만일 내가 다른 사람을 사랑한다면, 나는 그(또는 그녀)와 일체감을 느끼지만 이는 '있는 그대로의 그'와 일체가 되는 것이지, 내가 이용할 대상으로서 나에게 필요한 그와 일체가 되는 것은 아니다.

- **에리히 프롬**, 『사랑의 기술』 중

앞의 인용문을 보면 세 개의 문단의 구조를 먼저 파악하는 것이 요약에 도움이 된다. [1]과 [2]는 병렬적인 문단이지만, [3]은 [2]를 보충하는 문단이다. 그러므로 요약의 과정에서 [3]은 삭제가 가능하다. [1]과 [2]에서 중요하다고 생각하는 내용에 밑줄을 그어 본 후, 문장과 문장 간의 연결이 자연스럽게 이어지도록 신경 쓰면서 요약문을 쓰면 된다. 예시로 요약문을 제시하면 다음과 같다.

> 사랑에는 책임이 포함되어 있으며, 이때 책임은 사랑하는 대상의 요구에 자발적으로 응답하거나 응답할 준비가 되어 있음을 의미한다. 또한 사랑은 사랑하는 대상을 있는 그대로 바라보는 존경의 의미도 지니고 있다.

경우에 따라서 더 간단하게 다음과 같이 핵심 내용만 요약할 수도 있다.

> 사랑에는 책임과 존경의 의미가 포함되어 있다.

요약하는 목적에 맞게 적절하게 요약하는 방식을 활용하면, 지식의 습득뿐만 아니라 글쓰기에도 큰 도움이 될 것이다. <연습문제>를 통해 교육 및 예술에 관한 지문을 읽고 직접 요약해 보도록 하자.

연습문제 1 다음은 루소의 『에밀』의 본문 일부이다. 이 글을 읽고 아래 물음에 답해 보자.

아무리 훌륭한 내용도 아이가 이해하지 못하면 의미가 없다. 이해한다 할지라도 그 내용에 관심이 없거나 자신에게 적합한 것이 아니라면 그는 아무 노력도 기울이지 않을 것이다. 그러므로 교육의 핵심은 학생을 납득시켜야 한다는 데 있다. 우리를 움직이게 하는 것은 열정인데, 알지도 못하고 관심도 없는 것에 대해 어떻게 열정을 가질 수 있겠는가?

아이가 이해할 수 없는 것은 보여 주지도 말고 가르치지도 말라. 아이는 아직 인간에 대해 모른다. 그를 어른의 상태로 끌어올리려 하지 말고 어른을 아이의 상태로 끌어내려라. 어떻게 하는 것이 장차 유익할 것인지에 대해 생각해야겠지만, 우선 아이가 알아볼 수 있는 유용함이 있다면 그것부터 가르쳐라.

아이가 이치를 따지기 시작했다면 다른 아이들과 비교하지 말라. 가령 달리기 시합을 할 때조차도 경쟁자와 비교해 말하지 말라. 질투심이나 허영심에 의해서만 배우려 하는 아이라면 차라리 배우지 않는 편이 훨씬 낫다.

나는 에밀의 발전에 대해서만 기록하여 어제 이룬 것과 오늘 이룬 것을 비교할 것이다. 어제 달린 거리와 오늘 달린 거리를 비교할 것이고, 어제 건너뛴 도랑과 오늘 건너뛴 도랑을 비교할 것이다. 그렇게 질투심을 불러일으키지 않으면서 격려할 것이다. 아이는 이제 자신을 경쟁 상대로 삼아 노력할 텐데, 반드시 그렇게 돼야 한다.

잘 알지도 못하면서 그것에 대해 떠벌릴 수 있게 하는 얄팍한 지식이 담겨 있는 책이 아닌, 수많은 책 속의 교훈들을 집대성해 아이의 흥미를 잃지 않게 하면서도 나날이 자극을 주는 그런 책은 없을까? 사람들에게 해를 끼치지 않으면서도 그 어떤 것보다 진실하고 간결하게 묘사된 책이? 있다. 자연 교육에 관한 훌륭한 개론서, 에밀이 읽게 될 최초의 책, 오래도록 그의 서가를 차지하면서 특별한 대접을 받게 될 책, 그리하여 자연과학에 관한 우리 모두의 대화가 그 책의 주석으로 남게 될 책이 있다. 다니엘 디포의 『로빈슨 크루소』이다.

외딴 섬에서 누구의 도움도 받지 않고 변변한 도구 하나 없이 생존의 가시밭길을 헤쳐 나가는 로빈슨 크루소, 그의 얘기야말로 전 연령층의 사람에게 흥미와 귀감을 주기에 딱 알맞은 책이다. 무인도에 갇힌 상황이 보편적 인간의 상태가 아님을 안다. 에밀의 상황도 아니다. 하지만 그처럼 고립된 상황에 자신을 놓아 보는 일은 필요하다. 그때 우리는 편견을 극복할 수 있으며 사물의 진정한 관계에 대해 판단할 수 있게 된다. 나는 에밀이 이 책의 주인공처럼 생각해 보고 공상해 보길 원한다. 책이 아닌 사물을 통해 느끼고 배웠으면 한다.

- **루소, 이환** 편역, 『에밀』, 돋을새김 중-

1) 각 문단별로 요약에 포함할 중요한 내용을 찾아 밑줄 치고, 그 부분들이 요약에 포함되어야 하는 이유를 설명해 보자.

2) 앞에서 밑줄 친 중요 내용을 바탕으로 300자 내외의 요약문을 작성해 보자.

연습문제 2 다음은 교육 내용에 관한 한 교육학자의 글이다. 이 글을 읽고 아래 물음에 답해 보자.

나는 사람들이 교육의 핵심적인 내용, 즉 교육 내용을 어떻게 표현하고 숙련하고 사용하며 다른 사람에게 어떻게 전달해야 하는가에 대한 중점을 두기를 바란다. 특히 나는 교육에 활력을 불어 넣을 세 가지 중요한 요소가 있다고 믿는데, 여기에는 아주 예전부터 이어져 내려온 명성과 역사가 깃들어 있다. 그 세 가지는 바로 진실, 아름다움, 선함이다. 진실의 영역은 무엇이 틀린 것이고 무엇이 불확실한 것인지 알려 준다. 아름다움의 영역은 추악하고 저속한 경험이나 대상이 무엇인지 알게 해 준다. 그리고 선함의 영역은 선한 것이 무엇이고 악한 것이 무엇인지 깨닫게 해 준다. 각 영역에 포함되는 것들을 분명하게 하기 위해 앞으로 제시할 세 가지 예의 의미를 독자들이 온전하게 이해하기를 바란다.

우선 '진실'의 문제와 관련해서는 '진화론'을 예로 다룰 것이다. 진화론은 찰스 다윈이 처음 발표한 후 지난 150년에 걸쳐 여러 과학자들에 의해 발전되었다. 진화론은 과학에서 중요한 이론이며 특히 발달심리학에 있어서 더욱 그렇다. 만일 어떤 사람이 종, 변이, 자연 선택, 적응이라는 진화론의 핵심 개념과 그 발견 과정을 이해하지 못한다면, 또 특정한 생태학적 지위에 있는 개체 혹은 집단이 끊임없이 벌여 온 생존 경쟁을 이해하지 못한다면, 그 사람은 우리가 속해 있는, 살아 숨 쉬는 세계를 이해할 수 없다.

무수히 많은 신진 과학자들에게 그랬던 것처럼, 진화의 과정은 그 자체로 대단히 매력적이다. 과학자들뿐만 아니라 일반인들도 현대 사회에 의미 있게 참여하기 위해서는 이 부분에 대한 이해가 필요하다. 진화에 대해 이해하지 못한다면, 오늘날 인간에게 영향을 미치는 다양한 주제들을 체계적으로 생각할 수 없다. 즉 복제의 이점과 위험, 유전 질환 상담과 유전자 치료 및 여러 우생학적 유형의 타당성, 생명체 같은 개체들이 컴퓨터 작업으로 창조되고 이 물체가 유기체처럼 가장 잘 설명될 것이라는 주장 등에 대해 체계적으로 사고할 수 없게 된다.

'아름다움'에 대해서는 모차르트의 음악, 특히 오페라 <피가로의 결혼>을 예로 들 것이다. 이 오페라를 선택한 이유는 그저 나의 개인적인 선호 때문이다. 나는 고전 음악 중에서도 특히 모차르트의 음악을 사랑한다. 적어도 나에게는 그것이 인간이 만들어낼 수 있는 아름다움의 최고 경지다. 나는 모든 사람들이 <피가로의 결혼> 같은 훌륭한 감정을 가진 현실적인 인물에 대한 묘사, 한 시대를 환기시키는 탁월한 표현을 이해해야 한다고 생각한다.

이러한 '이해'는 그 자체로 보상을 가져다 준다. 즉 전 세계 수백만 명의 사람들은 모차르트의 음악을 듣거나 다양한 문화의 다른 예술 걸작에 몰두함으로써 풍부한 교양을 쌓았다. 여기서 더 나아가 모차르트의 업적을 정교하게 이해하게 되면, 생소한 예술에 익숙해지고 아름다운 것을 새롭게 창조할 영감을 얻을 수도 있을 것이다. 또한 이와 같은 '이해'는 우리가 시민으로서 내리는 결정과 관련이 있다. 어떤 예술, 어떤 예술가 혹은 어떤 창조적인 작업을 하는 사람을 지원할 것인가, 어떻게 그들을 지원할 것인가, 그들이 새로운 일을 하도록 용기를 북돋워 줄 최선의 방법은 무엇인가, 누군가가 예술적 창조를 하는 것을 검열하거나 규제할 수 있는가, 만약 그렇다면 누가 그럴 수 있을 것인가, 그리고 학교에서 혹은 방과후에 예술을 가르쳐야 하는가 아니면 가르쳐서는 안 되는가 등에 대한 결정 말이다.

마지막으로 '선함'의 영역에 대한 예로 제2차 세계 대전과 홀로코스트(유대인 대학살)라고 알려진 일련의 사건들을 이해하기 바란다. 나치가 유대인 등에게 저지른 이 조직적인 살해는 나에게 개인적으로 특히 중요하다. 우리 집안이 독일에서 이민을 왔고 가족 중 몇 사람은 그 홀로코스트의 희생자가 되었기 때문이다. 인간이란 존재가 때로는 은밀하게, 때로는 심지어 긍지를 가지고 이런 일을 저지를 수 있다는 것을 사람들이 이해할 필요가 있다. 홀로코스트는 전례 없는 인간의 잔인함을 보여 주는 것으로 통상 알려져 있지만, 그 비극적 상황에서도 선하고 영웅적인 행동이 곳곳에서 일어나기도 했다.

과학과 예술을 공부하는 것과 마찬가지로 역사적인 사건을 공부하는 것도 본질적으로 매력적일 수 있다. 그러나 역사적 이야기에는 좀 더 폭넓은 의미가 담겨 있다. 나는 우리가 역사적으로나 동시대적으로 혹은 예술 작품 속에서 사람들이 여러 가지 압박과 딜레마를 어떻게 다루는지 이해해야만 삶의 여정을 제대로 계획할 수 있으며 중요한 결정을 내릴 수 있다고 생각한다. 이런 이해가 있어야 비소로 충분한 지식을 가지고 제2차 세계 대전 중에 벌어진 개인이나 국가의 과실에 대한 당대의 토론과 결정에 참여할 수 있다. 또 이러한 이해를 통해서만 르완다와 옛 유고슬라비아에서 발생한 대량 학살에 맞서고 학살자들을 처벌하기 위해 인류가 져야 할 책임에 대해 숙고할 수 있게 된다.

진실, 아름다움, 선함과 관련해 내가 제시한 인상적인 사례들을 깊이 이해하는 것은 인간 고유의 권리라고 할 만큼 의미 있는 일이다. 그러나 동시에 이러한 이해는 생산적인 시민의식을 위해서도 필요하다. 수 세기에 걸쳐 발전된 생각의 방식과 그에 대한 훈련은 어떤 주제에 대해서든지 우리가 그것을 대할 때 가장 좋은 도구가 된다. 이러한 이해 없이는 우리가 살아가고 있는 이 세상에 완전하게 참여할 수 없다.

- **하워드 가드너, 류숙희** 역, 『인간은 어떻게 배우는가』, 사회평론, 2015, 16~20쪽.

1) 이 글의 구성이 두괄식인지 미괄식인지 판단해 보고 이유를 설명하시오.

2) 글의 각 단락에 번호를 붙이고 단락별 내용 전개의 흐름을 수형도 형태로 시각적으로 나타내 보시오.

3) 앞의 활동을 바탕으로 글의 내용을 400자 내외로 요약하시오.

연습문제 3 다음은 환경 미술과 관련된 글이다. 이 글을 읽고 아래 물음에 답해 보자.

만약 누군가가 한남대교를 천이나 비닐로 싸겠다고 한다면? 혹은 여의도나 밤섬을 붉은 천으로 둘러싸겠다고 말한다면? 아마도 우리는 그 사람을 정신병자 이상도 이하도 아니라고 생각해 버리겠지. 그러나 정말로 그렇게 한 사람이 있다. 불가리아 태생의 크리스토라는 환경 미술가가 바로 그 주인공으로, 퐁네프 다리를 비롯해 마이애미 섬, 베를린 국회의사당 건물 등 그야말로 닥치는 대로(?) 랩핑 작업을 해 온 사람이다. 당연히 그의 작업은 때마다 화제를 모았고, 사진이나 비디오, 드로잉 등 순간을 포착할 수 있는 모든 문명의 이기를 통해 기록되곤 했다.

우리는 여기서 크리스토라는 사람의 기행을 이야기하자는 것이 아니다. 세기의 마술이나 묘기 대행진도 아닌, 예술을 이야기하려는 것이다. 생각해 보자. 그가 그런 공공 시설물과 자연을 랩핑할 수 있기까지의 과정을. 작가 자신의 확고한 동기와 의지 없이는 그런 발상이 나올 수 없었을 것이고, 그 어마어마한 제작 비용과 노동력은 어디에서 조달될 것이며, 또 작가는 준비가 됐다 한들 정책 결정자들의 허가 없이는 가능하기나 했을까.

11개의 섬을 휴양지의 들뜬 분위기에 맞게 핑크색으로 둘러싼(그 중 2개는 하나로 묶어 버렸다) 마이애미 섬의 경우, 3년을 기획하고 준비했으며, 정부의 허가를 받기 위해 변호사, 해양 전문가, 생물학자 등 각계 전문가의 의견을 모두 참조했으며, 주지사, 환경관리청 등 무려 여덟 군데의 허가를 받아야만 했다. 작품 제작을 위해서 동원된 인부만 430여 명에 달한다.

그는 왜 쌌을까? 크리스토에게 싼다는 행위는 보호, 장식, 상징, 은닉, 대변의 수단이었다. 파리의 온갖 수난을 겪어온 퐁네프 다리를 쌌다가 푸는 행위를 통해 퐁네프의 새로운 탄생을 의미했던 것이다. 그의 작업은 화폭의 범위를 확장했다는 데서 그 의의를 찾을 수 있다. 캔버스가 바로 세계가 되는, 유한한 공간이 아닌 무한대의 화폭. 지구상의 자연이든 인공이든 환경 자체가 캔버스가 되는, 바로 환경 미술의 시작을 열었다는 점에서 그는 위대하다.

또 한 가지, 그의 작업이 가능할 수 있었던 바로 그 환경. 그러한 작업을 예술로 받아들이는 정책 결정자들의 높은 문화 인식과 예술로서 승화시키는 그 나라 국민들의 의식 수준 또한 위대하다. 지금의 우리로서는 부러울 뿐인 이야기.

하지만 우리는 우리 식대로 가능한 예술을 찾아 보자. 얼핏 생각하기에 정신병자의 헛소리 같은 주장도 한 번쯤 귀 기울여 듣는 자세와, 예술을 예술 그 자체로 이해할 수 있는 너그러운 마음을 가지자.

- **한젬마**, 『그림 읽어주는 여자』, 명진출판(2002) 중.

1) 이 글에 제목을 붙인다면 어떤 제목이 적절할지 말해 보시오.

2) 이 글의 내용을 300자 내외(전체의 1/4)로 요약해 보시오.

교육의 나아갈 길 : **논술**

1. 논술의 개념과 필요성

논술은 사전적으로는 논리적으로 서술한다는 의미를 지니는데, 일반적으로 '주어진 문제를 논리적 과정을 통해 해결하고 그 결과를 언어로 해결하는 글쓰기'로 이해된다. 즉 논술의 핵심은 문제 해결과 논리적 사고이다.

예를 들어 '사람은 모두 평등하게 태어나는가?'라는 문제에 대한 논술문을 쓴다고 할 때 '평등하게 태어난다.'라는 주장과 '평등하게 태어나지 않는다.'라는 주장으로 나뉠 수 있다. 이때 논술문에서 중시하는 것은 이러한 주장에 도달하게 되기까지의 사고의 전개가 논리적으로 타당하고 합리적인가이다. 왜 그러한 결론에 도달하게 되었는가 하는 것을 명확하게 입증할 수 있을 때 좋은 논술문이 되는 것이다.

동일한 논제에 대한 입장의 차이가 다를 수도 있지만, 입장이 같다고 하더라도 논증의 과정을 어떻게 전개하느냐에 따라 다른 논술문이 될 수 있다. 그러므로 논술에서 가장 중요한 것은 자신의 주장을 얼마나 설득력 있게 객관적으로 논증할 수 있는가 하는 점이다.

논증은 분명하지 않은 사실이나 원칙에 대해 그 진실 여부를 증명하는 방식으로써, 논증이 잘 이루어져야 독자로 하여금 글쓴이의 증명하는 바를 받아들이고 믿게 할 수 있다는 점에서 설득하는 글쓰기의 가장 핵심이 된다고 할 수 있다. 보통 논증은 하나 이상의 논거를 통해 단일한 결론(주장)으로 귀결된다. 다음 예문은 논증의 성격이 잘 드러난다.

[예문]

사람의 운명은 사소한 일로 인해 바뀌는 경우가 많다. 대수롭지 않은 일이 일생을 바꾸어 놓은 사례는 흔하다. 프랑스 소설가 모파상의 단편 <목걸이>에서 여주인공은 빌린 가짜 목걸이를 진짜 목걸이로 착각한 일로 인해 10년이라는 긴 시간을 허송세월로 보내야 했다. 실제 주변에서도 어렸을 때 순간적인 장난이 큰 사건으로 비화되거나, 순간적 부주의로 평생을 휠체어에 앉아 살아야 하는 경우 등을 어렵지 않게 확인할 수 있다. 이러한 사례들은 사소한 일이 인간의 운명을 통째로 바꾸어 놓는다는 점을 잘 보여 준다.

이 글은 '사람의 일생이나 운명은 사소한 일로 좌우된다.'라는 주장을 뒷받침하게 위해 구체적인 사례들을 가져온 귀납 논증으로 이루어져 있다. 소설 속 인물의 사례와 주변 인물들의 사례를 가져와서 자신의 생각에 독자도 동의하길 요구하는 것이라 할 수 있다.

이때 주장에 해당하는 주제문을 명제라고도 하는데 명제는 대체적으로 사실 명제와 가치 명제, 정책 명제로 나뉘기도 한다. 사실 명제는 어떤 것이 진실, 사실이라는 것을 내세우는 명제로 '삼각형의 내각의 합은 180도이다.' 등이 이에 해당한다. 이를 입증하기 위해서는 각도기로 세 내각을 잰다거나 혹은 삼각형 내각을 모두 오려 붙인다거나 하는 실증적 방법을 쓸 수도 있겠으나, 논술에서는 합리적인 논거를 제시하는 과정이 중요하다고 할 수 있다. 즉 삼각형의 한 선과 평행한 선을 긋고 '엇각은 같다'라는 사실 논거를 제시하여 입증하는 것이 효과적이다. 가치 명제는 '많은 예술가는 내성적이다.' 등과 같이 가치 판단을 포함하고 있는 명제이다. '많은 예술가가 내성적'이라고 판단할 수 있는 구체적인 논거들이 제시될 필요가 있다. 정책 명제는 어떤 행동이나 결단을 실행하기를 요구하는 명제이다. '도서관 소장 도서를 늘려야 한다.' 등 '~해야 한다.'의 형태를 띠는 경우가 많다.

논술은 주체적이고 능동적 사고, 비판적 사고를 바탕으로 하여 현상을 비판적으로 이해하고 이에 대한 자신의 생각을 논리적으로 전개하여 문제를 해결하는 데 초점을 맞춘다. 다원화된 현대 사회에서는 여러 복잡한 문제들에 대한 해결의 방향을 모색하기 위한 공론의 장이 많으며, 따라서 이러한 논술의 핵심이라 할 문제 해결적 사고는 현대 사회에서 필수적으로 요청되는 사고 능력이라 할 수 있다.

논술 주제를 분석하여 문제를 발견하는 과정, 그 문제를 해결해 가는 과정, 타당성 있고 신뢰성 있는 근거를 제시하여 결론에 이르는 과정은 토론에서도 핵심적으로 요구되는 것으로 성숙한 시민으로서의 핵심 자질이기도 하다.

2. 논증의 종류

논증의 종류는 대체적으로 연역 논증, 귀납 논증, 유비 논증의 세 가지가 있다.

연역 논증은 명제들의 의미 관계에 의해 논증의 정당성이 결정된다. 제시된 전제들이 참이라고 판단되고 그것의 논리적 관계가 필연적이고 타당하다면 그 논증은 어떠한 경우에도 참임이 인정된다. 그러므로 연역 논증은 전제들만 제대로 선택하면 그 정당성을 확보할 수 있는 논증이다. 이는 반대로 말하자면 전제에 문제가 있으면 주장 자체가 성립할 수 없게 된다는 것을 의미한다.

[예문]

대학은 기능 교육보다 기본적인 학문 탐구에 바탕을 둔 전인 교육이 중시되어야 하는 곳이다. 그런데 요즘 대부분의 대학들은 전문 기능인을 양성하는 데 치중하고 기본적인 학문 탐구 등의 역할은 소홀히 하고 있다. 대학의 역할에 맞는 방향으로 대학 교육의 내용이나 방법이 조정될 필요가 있다.

이 예문은 '대학은 전인 교육이 중시되어야 하는 곳이다.'라는 전제에서 출발하고 있다. 이 전제가 참이면 주장인 '대학 교육의 내용이나 방법이 조정되어야 한다.'라는 정책 명제 또한 참인 주장이 될 수 있다. 그러나 이 전제에 대한 반론이 가능하면 이 주장 또한 흔들리게 된다.

귀납 논증은 구체적인 사례나 통계 자료에 근거하여 결론을 이끌어내는 논증이다. 그런데 사례나 통계 자료는 그 자체로는 절대적으로 참이라 할 수 없는 경우가 많다. 어떠한 현상의 일부에 해당하는 것으로 그 반대의 사례나 통계 자료 또한 있을 수 있기 때문이다. 따라서 귀납 논증에서는 충분히 대표성이 있는 사례들을 근거로 제시하는 것이 필수적이다.

[예문]

펠로폰네소스 전쟁은 그리스를 지배하려는 아테네인들의 욕망 때문에 일어났다. 나폴레옹 전쟁은 유럽을 지배하려는 나폴레옹의 욕망 때문에 일어났다. 2차 세계 대전은 유럽을 지배하려는 파시스트들의 욕망 때문에 일어났다. 따라서 일반적으로 전쟁은 영토를 지배하려는 욕망 때문에 일어난다.

이 예문의 경우 영토 지배의 욕망에 기반하지 않은 전쟁에 대한 역사적 사례가 있을 때 그 주장의 실효성은 상당히 떨어지게 된다.

유비 논증은 대상의 유사성에 근거하여 결론을 이끌어내는 논증이다. 어떠한 두 대상이 유사하다는 것을 기본적인 전제로 하므로, 대상의 유사성이 어느 정도 받아들일 만한 것인지에 따라 논증이 정당화될 수도 있고 그렇지 않을 수도 있다.

[예문]

화성에도 사람이 살까? 지구는 하나의 축을 중심으로 돌고 있는 공 모양의 혹성으로서 태양 둘레를 일정하게 공전하고 있다. 지구는 얼마쯤의 원소로 이루어져 있으며 대기층이 있음으로 해서 생명체를 지탱한다. 화성도 태양을 일정한 궤도로 공전하고 있으며, 태양과의 거리나 자전 주기도 지구와 거의 같다. 화성은 표면의 상태가 태양계의 혹성 중에서 지구와 가장 비슷하고, 엷으나마 대기권이 있는 것으로 알려져 있다. 이런 점에 비추어 볼 때 화성에도 생명체가 있으리라는 추정은 상당한 근거가 있다고 할 만하다.

이 예문에서 결론은 화성에도 생명체가 있을 가능성이 높다는 것인데, 이를 지구와 화성의 유사성을 근거로 하여 도출해 내고 있다. 유사성의 정도가 높을수록 유비 논증은 더 설득력이 높아지게 된다.

논술문을 쓸 때에는 주장하고자 하는 바에 대한 논거를 논증의 절차에 맞게 들 수 있어야 하며, 논증의 과정에서 오류가 없을 때 주장의 타당성은 더 높아지므로 논거를 어떻게 들 것인가에 대해 충분히 자료를 수집하고 생각을 정리할 필요가 있다.

3. 논술문 쓰기의 과정

논술문 쓰기는 추상적이고 사변적인 주제를 다루는 경우가 많다는 점에서 바로 주제에 대한 쓰기 활동으로 넘어가는 것은 쓰기의 부담이 크다고 할 수 있다. 논술문에서 다룰 주제에 대해 동료와 심도 있는 토론의 과정을 거치거나, 혹은 기존 토론을 활용하여 써 보는 것도 가능하다.

논술문 쓰기는 프랑스의 논술 시험을 참조해 볼 수 있는데, 여기서 출제되었던 몇 가지 예를 제시해 보면 다음과 같다(최병권·이정옥, 2003). 이 주제들 중 하나를 선택하여 토론을 해 본 후 논술문을 써 보자

<논술문 쓰기 주제의 예>

● 인간 영역

1. 사랑이 의무일 수 있는가?
2. 지금의 나는 과거의 나의 총합인가?
3. 스스로 의식하지 못하는 행복이 가능한가?
4. 행복은 단지 한 순간 스치고 지나가는 것인가?
5. 우리는 우리 자신에게 거짓말을 할 수 있는가?
6. 죽음은 인간에게서 일체의 존재 의미를 박탈해 가는가?

● 인문학 영역

1. 감각을 믿을 수 있는가?
2. 역사가는 객관적일 수 있는가?
3. 인류가 한 가지 언어만을 말하는 것은 바람직한가?
4. 역사는 인간에게 오는 것인가 아니면 인간에 의해 오는 것인가?
5. 우리가 하고 있는 말에는 우리 자신이 의식하고 있는 것만이 담기는가?

● 예술 영역

1. 예술 작품은 반드시 아름다운가?
2. 예술 없이 아름다움에 대해 말할 수 있는가?
3. 예술 작품의 복제는 그 작품에 해를 끼치는 일인가?
4. 예술 작품은 모두 인간에 대해 이야기하고 있는가?
5. 예술이 인간과 현실과의 관계를 변화시킬 수 있는가?

● 정치와 권리 영역

1. 차이는 곧 불평등을 의미하는가?
2. 의무를 다하지 않고도 권리를 행사할 수 있는가?
3. 법에 복종하지 않는 행동도 이성적인 행동일 수 있는가?
4. 자유는 주어지는 것인가 아니면 싸워서 획득해야 하는 것인가?
5. 권리를 수호한다는 것과 이익을 옹호한다는 것은 같은 뜻인가?

논술문을 쓰기에 앞서 토론을 하면 타당성 있고 신뢰성이 있는 논리 전개와 그에 따른 결론의 도달을 미리 익힐 수 있어 논술문 쓰기가 수월해진다. 논술문을 쓰는 과정에서 마주칠 어려움을 미리 점검할 수 있고 그에 대한 대안을 마련할 수 있게 해 준다. 토론이 구술 작문으로써의 기능을 하는 것이다.

또한 논술문 초고를 먼저 써 본 후 토론을 하고 이를 반영하여 고쳐 쓰는 것도 좋은 방법이다. 초고를 먼저 써 보면 문제에 대한 자신의 입장을 분명히 할 수 있어 토론이 용이하며, 한쪽 입장에서 의견을 표명하는 과정에서 자신의 논리와 근거의 문제점을 확인할 수도 있기 때문이다. 이를 통해 자신의 의견이나 논리가 수정, 심화될 수 있어 이를 바탕으로 고쳐 쓰면 한결 나아진 논술문이 될 수 있다.

이 외 다른 사람들이 토론하는 장면(녹화되어 있는 영상 자료 등)을 보고 논술문을 쓰도록 하는 방법을 활용해 보는 것도 가능하다. 논술문을 쓰기 전에 토론 장면을 보는 것은 직접 토론을 해 보는 것과 유사한 효과를 지닐 수 있다.

논술문 쓰기 과제는 앞서 제시한 것처럼 주제를 함축한 형태의 문장으로 제시할 수도 있지만, 여러 가지 문제 상황을 제시하여 활용하는 것도 가능하다. 영화나 소설 혹은 연극 등 문제 상황을 먼저 본 후 논술문의 주제를 발견하고 그에 대한 자신의 입장을 정해 글을 쓰는 것이다. 예를 들면 전쟁 영화 등의 일부 장면을 본 후 '한 사람의 생명을 구하기 위해 다수의 생명을 포기하는 것은 타당한가?'라는 주제나 '전쟁은 살인을 정당화할 수 있는가?'라는 주제 등으로 논술문을 쓸 수 있다.

특히 자신의 전공 분야와 관련하여 논술 주제들을 찾아보고 이에 대한 논술문을 써 보면 자신의 전공과 관련된 사고를 심화할 수 있는 계기가 될 수 있을 것이다. 다음은 중·고등학교 시절의 수업과 관련된 개인의 경험을 토로하고 있는, 두 편의 상반된 내용의 글이다. 이 글을 읽고 '좋은 수업이란 무엇인가'에 대한 한 편의 논술문을 쓴다고 생각해 보자.

내 생애 최고의 음악 수업

내가 경험한 최고의 수업은 고등학교 1~2학년 때 음악 수업이다. 음악 선생님은 첫 시간에 빠른 곡을 틀어 주면서 어떤 분위기에 어울리는 곡인지 물어봤다. 그 노래는 광고에 많이 나오고 여기저기서 자주 듣던 노래인데, 황소와 투우의 이미지와 잘 어울렸다. 그런데 선생님은 매운 음식을 먹었을 때와 어울리는 것 같다면서 매운 음식을 먹고 난 뒤의 우스운 행동을 노래에 맞춰 보여줬다. 또 늦잠 잤을 때 허겁지겁 학교 갈 준비를 하는 모습하고도 어울린다고 했는데, 정말 재미있었다.

선생님이 준비해 온 여러 음악을 듣고 수업이 끝나면 아이들은 우르르 몰려 나가 어떤 곡인지 물어보기도 했다. 교과서에 나온 노래를 듣고 따라 부르는 지루한 음악 시간만 겪다가 이런 음악 수업은 정말 처음이었다. 선생님은 이런 방식으로 2년 내내 수업을 했다.

음악은 일상생활과 연관이 깊으며 상황과 자신의 상태와 마음에 따라서 다르게 해석될 수 있다는 것을 노래를 듣고 자유롭게 토론하는 과정에서 배우게 되었다. 이렇게 개방적이고 자유로운 수업 분위기가 적극적이고 능동적인 학습을 할 수 있게 했고, 자유로우면 산만해질 법도 한데 음악 시간은 그 어느 시간보다 아이들의 집중력이 높았다. 또 이렇게 모두 집중한 상태에서 음악을 감상하고 이야기를 나누다 보니 굳이 선생님이 하나하나 설명하지 않아도 더 많은 것을 깨닫게 되었다.

음악이 흥미로워서 그 부분을 좀 더 많이 알고 싶다고 하면 선생님은 흔쾌히 더 많은 자료를 보여 주었다. 선생님이 뮤지컬 <캐츠>를 보여 줬을 때 일이다. 아이들은 뮤지컬을 보고 난 뒤 궁금한 내용을 선생님한테 물어봤다. 그러자 선생님은 여러 가지 자료를 준비해 와서 두 시간에 걸쳐 영상을 보고 토론을 하고 질의응답을 하는 시간을 가졌다. 우리는 스스로 수업을 만들어 가고 있다는 느낌이 들어 더 열심히 수업에 집중하고 능동적으로 참여할 수 있었다.

매번 선생님은 그날의 날씨나 분위기에 따라 음악을 준비하고, 그 노래를 부른 성악가나 연주자를 설명하고 사진도 보여 줬다. 그때마다 열심히 메모해 뒀다가 집에 와서 다시 찾아보고 음악가나 제목을 외웠다. 시험에 나오는 것도 아니고 알아야 한다고 한 사람이 없었는데도 음악이 무척 감동적이고 수업이 재미있어서 잊어버리기 싫었다. 이렇게 쌓은 지식 덕분에 음악을 더욱 즐길 수 있을 뿐만 아니라 다른 사람한테 설명도 할 수 있게 되고, 뮤지컬이나 음악회에 가서도 익숙하게 즐길 수 있었다.

음악에 감정을 이입해 능동적으로 즐기고 배우면 교육받은 내용을 더 깊게 알 수 있었다. 그것은 설명을 들어서 느낄 수도 없는 것이었으며, 경험을 했을 때 아주 강력한 것이 되었고, 더 깊이 공감할 수 있었다.

공포의 도가니였던 영어 수업

중학교 3학년 때 영어 선생님은 학교에서 '마귀'로 불렸다. 선생님이라고 생각하지 못할 만큼 악랄했다. 우선 영어 시간만 되면 성적순대로 자리 배치를 다시 했다. 1등 뒤에 2등, 3등……. 이런 식으로 앉다 보니 1등 짝은 26등, 2등 짝은 27등으로 짝과 거의 20등 차이가 났다. 이렇게 되니 짝과 선의의 경쟁의식이 생기기는커녕 한 사람은 우월감에, 다른 한 사람은 열등감에 사로잡혔다.

또 선생님은 영어 단어나 숙어를 달달 외우게 한 뒤 스펠링을 한 자씩 말하게 시켰는데 조금 긴장해서 속도가 늦거나 말을 더듬을 때는 가차 없이 '다음!'을 외치며 한심하다는 듯 쳐다본 뒤 다음 등수 친구에게 질문을 했다. 이런 악랄한 카리스마에 눌려 입도 벙긋 못 한 우리들은 산더미처럼 주어지는 과제에 시달렸다.

선생님이 정말 '마귀'로 보이는 순간은 마음에 들지 않으면 여자아이라도 사정없이 때릴 때였다. 아니 '팼다'는 표현이 더 정확할 것이다. 사춘기 여학생들이 대개 그렇듯 교복이라는 틀 안에서도 자기 개성을 표현하려고 애를 쓰는 친구들이 우리 반에도 있었다. 마귀는 그런 학생들을 색출한 뒤 긴 당구채로 등, 머리, 다리 등을 사정없이 때렸다. 그 친구들 입에서 '죄송합니다. 다시는 그러지 않겠습니다.'라는 말이 신음처럼 들려와도 아랑곳하지 않고 자기 성이 찰 때까지 때리고 또 때렸다. 나는 짝꿍이 무섭게 맞는 모습을 바로 옆에서 지켜보면서 머리부터 발끝까지 모든 세포가 곤두선 것처럼 공포에 질려 한동안 공황 상태에 빠진 적이 있었다.

그러던 어느 날 마귀의 폭행으로 한 남학생 손의 인대가 늘어나 화가 난 그 학생의 어머니가 경찰에 신고를 한 일이 있었다. 우리는 언젠가는 이렇게 될 줄 알았다며 속으로 쾌재를 부르며 학교에서 어떤 조치를 할 것이라고 내심 기대를 걸었다. 그러나 그 마귀는 오히려 학교의 도움(?)으로 무혐의 처리되어 더 기세당당하게 수업에 들어왔다. 들리는 후문으로는 마귀가 맡은 반의 영어 점수가 다른 선생님이 맡은 반보다 평균 10점이나 높다는 이유로 아주 유능한 선생님으로 평가되어 무혐의 처리가 된 것이라고 한다.

아무도 우리를 지켜주지 못한다는 허탈과 불신에 사로잡혀 우리는 사건이 난 뒤 더욱 더 잘 길들여진 개처럼 선생님의 비위를 맞추려고 노력했다. 우리는 학교에서 정의를 배운 것이 아니라 강한 자에게는 약하고, 약한 자에게는 강해지는 법을 몸으로 직접 체험하며 익힌 것이다.

나는 지금도 이 마귀 선생님을 생각하면 치가 떨린다. 아직도 어디선가 교만하고 음흉한 미소를 띠며 아이들을 가르치는 모습을 상상하면 분하고 화가 난다. 세월이 흐른 만큼 체벌 수위가 많이 낮아졌다고는 하지만 폭력과 사랑의 매는 분명 구분되어야 하며, 선생님의 자질 또한 제도적 차원에서 평가되어야 한다.[7]

위의 두 글은 각각 경험적으로 좋은 수업과 나쁜 수업의 실례를 제시해 보이고 있다. 나쁜 수업의 사례는, 뒤집으면 결국은 어떤 것이 좋은 수업인지를 내포하고 있다는 점에서 함께 생각해 보는 것이 도움이 될 수 있다. 이 글을 매개로 자신이 경험한 좋은 수업과 나쁜 수업의 모습을 떠올려 보고, 그것을 간단히 먼저 글로 써 보는 것도 좋은 방법이다.

이를 통해 좋은 수업이 갖추어야 할 요건이나 좋은 수업의 특징 등을 추출하여 정리할 수 있다. 첫 번째 글을 통해서는 학생들이 흥미를 갖게 하는 수업, 실제 생활과 접목되는 수업, 학생들의 참여가 활발한 수업 등을 좋은 수업의 요건으로 생각해 볼 수 있을 것이며, 두 번째 글을 통해서는 성적 혹은 결과 중심의 수업에 대해 어떻게 평가할 것인가 하는 문제를 생각해 볼 수 있다. 가령 학생들이 좋아하는 수업인데 그 수업 내용에 대한 시험에서는 좋지 않은 성적을 받게 되는 수업에 대해서 어떻게 생각할 것인지 등의 문제를 고려해 볼 필요가 있다.

그러므로 논술문을 쓸 때에는 자신이 주장하는 바에 대한 타당한 근거를 들어야 하며, 근거를 찾는 과정에서 반론이 가능한 사안에 대해서도 충분히 검토하여야 한다. 무

7. 최영란, 『내가 교사가 돼도 되나?』, 이매진, 2011, 85~89쪽.

엇보다 자신의 경험을 구체적으로 관련시킬 때 보다 설득력 있고 생생한 논술문이 될 수 있다는 점을 명심할 필요가 있다.

주제와 논점이 정해지면 개요를 작성하는 것이 도움이 된다. 대체적으로 논술문의 구성은 다음과 같이 이루어진다.

서론 : 글을 쓰는 목적과 논제 제시 본론 : 1) 문제 상황(용어나 개념 정의) 2) 문제 상황의 원인이나 이유 3) 문제 상황을 해결하기 위한 방안 혹은 바람직한 방향 결론 : 요약과 제언

이러한 개요 작성을 토대로 전체적인 내용의 흐름이 잡히면 초고를 먼저 작성해 본 후 퇴고의 과정을 거치도록 한다.

연습문제 1 다음 우화를 읽고 주제문을 정한 다음 짤막한 논술문을 써 보자.

두 사람이 눈보라 치는 벌판을 가고 있었다. 눈보라가 사정없이 치고 추위는 살을 에는 듯하고, 인적도 없고 민가도 눈에 띄지 않는 외딴 길이 계속되고 있었다. 얼마쯤 가다가 두 사람은 눈 위에 쓰러져 신음하고 있는 노인 한 사람을 발견하게 되었다. 두 사람 중 한 사람이 말했다.

"우리 이 사람을 같이 데려갑시다. 그냥 두면 죽고 말거요."

그러자 다른 사람이 화를 내며 말했다.

"무슨 얘깁니까? 우리도 죽을지 살지 모르는 판국에 저런 노인네까지 끌고 가다가는 다 죽게 될 거요."

그러나 얘기를 꺼낸 사람은 불쌍한 노인을 그냥 둘 수는 없다고 판단하였다. 그는 노인을 업고 눈보라 속을 걷기 시작했다. 다른 한 사람은 앞서 가버리고 보이지 않았다. 노인을 업은 사람은 힘이 들어 견딜 수 없었다. 그렇지만 무거운 것을 꾹 참고 앞으로 나아갔다. 몸에서는 땀이 비 오듯이 흘렀다. 더운 기운이 끼쳐서인지 등에 업힌 노인은 차츰 의식을 회복하기 시작했다. 두 사람은 서로의 체온으로 조금도 춥지 않았다.

마침내 이들은 마을에 이르렀다. 그리고 마을 입구에 한 남자가 꽁꽁 언 채로 쓰러져 죽어 있는 것을 보았다.

연습문제 2 다음을 읽고 다음 논제 중 하나를 골라 토론을 해 본 후 논술문을 써 보자.

▶ 학교에서는 통제가 필요한가?

▶ 교사는 자신이 실천할 수 있는 것만 가르쳐야 하는가?

▶ 교사가 되기 위한 가장 중요한 자질은 무엇인가?

장담할 수는 없지만 나는 교사가 되지 않으려고 한다. 교생 실습을 가기 전에도 그런 생각을 했지만 다녀온 뒤에 더 확실해졌다.

한 달이 지났다. 교생 신분에서 벗어난 것이 실감 나고, 그만큼 멀리 도망쳐 왔다는 생각에 안도감도 든다. 학생들과 담임 선생님이 마련해 준 송별의 자리는 천국과 지옥을 오가는 시간이었다. 마지막 인사를 앞두고 나를 잘 따르던 학생에게 이끌려 교실에 들어서던 그 순간을 떠올리면 아직도 부끄럽다.

아직도 학교는 통제의 현장이다. 다양한 아이들을 같은 시간, 같은 장소에 '안전하게' 모아두려니 통제가 최선의 방법이 될 수밖에 없다. 문제는 이 아이들이 학교 밖에서도 안전하게 지내는 것은 아니라는 점이고, 학교를 졸업했을 때 건강하고 밝은 사회인이 된다는 보장도 없다는 점이다.

학교에서 통제는 언제나 전제가 되는 원리다. 통제가 되어야만 비로소 교과 교육이 시작된다. 물론 유능한 교사들은 덜 지루한 방법으로 아이들의 시선과 생각을 사로잡으며 수업을 이끌어 간다. 그러나 결국 그 선생님들도 아이들에게 자유를 줄 수는 없다. 그것이 생각하는 자유든, 말하는 자유든, 행동하는 자유든, 아이들에게 자유는 허용되지 않는다.

내 담당 과목은 도덕으로, 아이들한테 시민 사회와 시민의 자질을 가르쳤다. 그 사실이 얼마나 우스운지 모른다. 인간의 존엄성을 입에 올렸고, 시민 사회는 민주 사회이자 다원 사회라고 가르쳤다. 그러나 학교는 시민을 길러내고 있지 않다. 그것이 교사들의 잘못은 아니다. 교사들이 자유로운 시민이 아니기 때문이다. 교사들도 보이지 않는 국가 권력의 힘없는 신하일 뿐이다. 그런 사실은 누구나 뼈저리게 느낄 수 있는 성질의 것이 아니어서 어쩌면 더 안타까웠는지도 모르겠다. 답답했다.

돌려서 말할 필요가 없는 것 같다. 나는 자신이 없다. 내가 자유를 아직 맛보지 못했는데 어떻게 아이들에게 자유를 보여줄 수 있겠는가. 교과서는 대학교를 졸업한 사람이라면 누구나 가르칠 수 있는 정도의 지식을 담고 있을 뿐이다. 교과서 밖의 삶을 가르칠 자유를 맘껏 누리는 교사를 만났더라면 내 태도가 지금하고는 달랐을지도 모른다. 그러나 나는 그런 교사를 지금까지 단 한 번도 만나 보지 못했다.

학교 현장에서 직접 만난 교사들은 결코 무능하지 않았다. 나이든 교사들도 컴퓨터 사용에 능숙해서 업무 처리에 문제가 없었고, 수업에서 다양한 매체를 활용하면서 많은 노력을 하고 있었다. 변화하는 교사의 직무에 어려움을 느끼는 교사들도 일부 있겠지만, 적어도 내가 지켜본 교사들은 대부분 유능했다.

학교 선생님들한테는 배울 게 없다고 생각하는 사람들은 교생처럼 학교에서 직접 교사를 지켜보길 바란다. 교사들이 무기력하다고 말하는 사람들이 나처럼 학교에서 직접 교사들의 삶을 느껴보길 바란다. 선생님들이 꿈꾸던 교육과 학생 지도가 어떻게 무너져 가는지…….

학교에는 다양한 배경과 성격, 꿈을 가진 학생들이 뒤섞여 있다. 아이들의 다양성을 인정하지 않고 하나로 묶어 똑같은 시간에 배우도록 강요하는 교육 문화, 내가 교사가 되지 않기로 결심한 이유는 바로 그것이다. 나는 진짜 자유를 누려 보고 싶다. 내가 참된 자유인으로 거듭나 아이들 앞에 떳떳할 수 있을 때가 되어야만 참된 교사가 될 수 있을 것이다. 그러나 아직은 아니다.[8]

---

8. 최영란, 『내가 교사가 돼도 되나?』, 이매진, 2011.

제9장

예술과 창의성 : **비평**

1. 예술과 창의성, 그리고 비평

예술은 창의성을 바탕으로 하는 창조적 작업이다. 예술 작품이나 공연 등에 대한 비평 또한 그에 못지않게 창의성이 요구되는 작업이다. 작품은 예술가의 것이면서 예술가의 것이 아니다. 왜냐하면 예술 작품은 감상과 비평을 통해 거듭날 수 있기 때문이다. 주체적이고 능동적인 감상자, 다양한 시각으로 분석하는 비평가, 이들이 그 작품을 어떻게 보느냐에 따라 작품은 새롭게 해석되고 새롭게 태어난다. 그런 점에서 비평 쓰기는 예술가에 의해 창작된 작품에 새로운 숨을 불어넣는 작업이라고 할 수 있다.

문학 평론가인 발터 벤야민은 '비평은 한 작품에 대한 평가라기보다는 완전하지 못한, 아직 불완전한 상태로 남아 있는 예술 작품을 완성하는 방법'이라고 했다. 예술 작품은 직접적으로 주어진 어떤 것이 아니라, 처음부터 예술적 경험과 비판적 반성을 통해서 자신을 형성하게 되는 존재이다. 따라서 '비평'의 본질적 임무는 한편으로는 작품의 완성·보완 내지는 작품의 체계화에 있으며, 다른 한편으로는 작품을 절대성 속에서 해결하는 데 있다. 그리고 비평가는 작품 속에 숨어 있는 내밀한 특성을 발견해 내고 작품 속에 감추어져 있는 의미도 완전하게 드러내도록 해야 한다. 벤야민의 이러한 관점은 예술 작품을 그 작품의 시대 안에서 기술하지 않고 작품의 시대를 자신의 시대로 포섭해 들임으로써 현재적인 재해석을 시도한 것이라고 할 수 있다. 비평가는 작품을 통해 자신과 사회를 성찰하게 되고, 이러한 성찰을 통해 정신의 발전을 이끌어 내게 된다. 그 결과 비평은 비평의 대상이 되는 작품을 넘어서서, 보다 보편적인 의미를 추구하는 데까지 이른다.[9]

그렇다면 실제로 비평은 어떻게 구성되고 어떤 요건을 갖추어야 하는가. 마골리스(J. Margolis)는 비평이 기술(description), 해석(interpretation), 평가(evaluation)의 세 영역으로 나뉜다고 하였다. 좋은 비평이 되려면 작품에 대한 기술과 해석, 그리고 평가가 논리적으로 이루어져야 한다.

기술은 작품이 지니고 있는 정보에 관심을 가지고 누구나 확인할 수 있는 바를 진술하는 것이다. 예를 들어 '그 그림은 네모난 틀을 가지고 있다' 혹은 '저 부분은 빨간색이다' 와 같이 분명한 사실에 대한 진술이 기술이다. 마네의 '올림피아'를 보고 누드를 그린 것이라고 말하는 것 역시 기술이다. 필자에 따라서 기술의 정도는 차이가 날 수 있지만, 그것은 대상을 충분히 검토함으로써 극복할 수 있다.

해석은 해석자의 '감식력'이 강조된다. 감식력이란 작품의 가치에 대해 객관적 판단을 내리는 능력을 말한다. 기술이 작품의 내부 자질에 근거를 두는 것이라면 해석은 작품 밖에서 덧붙여진 것이다. '그 소설은 매우 길다'는 진술은 기술이지만, '그 소설은 아이러니하다'는 진술은 해석이 될 수 있다. 해석의 질은 비평가가 작품을 얼마나 창의적으로 바라보느냐 하는 데 달려 있다. 해석자의 창의성이 작용한다는 점에서 해석의 방향은 늘 열려 있다. 비평가의 해석은 절대적인 진리가 아니기 때문에 언제나 반박의 가능성이 존재한다. 한 작품에 대한 해석을 둘러싸고 논쟁을 벌이는 상황을 보면 알 수 있다. 그렇기 때문에 비평은 해석을 고리로 하여 다양하게 쓰일 수 있다.

평가는 해석한 작품이 어떤 장점과 단점을 가지고 있는지의 문제를 따지고, 단점이 있다면 그 대안은 무엇인지를 제시할 수 있어야 한다. 이 과정에서 평가는 비판을 전제로 한다. 비평이 지니고 있는 비판적 성격은 비평을 비평답게 해 주는 중요한 특징이다. 비판 의식이 분명하고 날카로울수록 비평이 역동성을 띠는 것은 바로 이 때문이다. 이러한 평가가 가능하기 위해서는 객관적인 논거와 이론이 필요하다. 이때 작품과의 소통 맥락을 잃어버리고 현란한 이론만 난무하게 되는 것을 경계할 필요가 있다. 객관적 비판 의식을 잃고 주관적으로 비판하면 비난이 될 수도 있다. 그리고 작품을 보고

9. 강계숙, 「발터 벤야민과 문학연구방법론」, 『현대문학의 연구』 18권, 한국문학연구학회, 2002, 335-336쪽 참조.

느낀 점을 단순히 서술하기만 한다면 주관적 감상의 수준을 넘기 어렵다.

감상문과 비교함으로써 비평의 특성을 보다 명료하게 이해할 수 있다. 일반적으로 감상문은 개인적인 경험의 차원에서 단순히 미적 대상에 대해 느낀 것을 기술하는 글이다. 필자가 자신의 개인적인 정서적 반응을 드러내는 글이기 때문에 표현적 성격을 가진다. 예상 독자나 대상 작품과의 상호 작용보다는 필자를 중심으로 이해와 확장이 이루어진다는 점에서 볼 때 개인적이고 독백적인 차원의 글이라 할 수 있다.

이에 반해 비평은 논거와 논리를 가지고 미적 대상에 대해 해석하고 평가하는 글이다. 그러한 평가를 정당화할 수 있는 이유를 제시함으로써 설득력을 얻을 수 있다는 점에서 설득적 성격을 가진다. 예술 작품에 대한 어떤 판단이 개인적인 취미보다는 다른 사람들의 취미, 즉 문화적으로나 사회적으로 널리 받아들여지고 있는 규범적 취미에 의존한다면 그것은 비평이라고 할 수 있다. 따라서 비평은 사회적이고 대화적인 차원의 글이다.[10]

연습문제 1 다음 제시문을 읽고 '예술 작품과의 대담'이란 무엇인지 생각해 보고, '예술 작품과의 대담'이라 할 만한 개인적인 경험을 말해 보자.

제시문

대담(對談)으로서의 예술[11]

예술 작품은 하나의 변증법적인 구성물로서 그것은 단지 형식을 갖춘 내용에 불과한 것도 아니고, 말하는 나와 더불어 건네는 나의 말을 받는 너 혹은 너희들도 관여시키는, 말을 건네는 일에 불과한 것도 아니다. 예술 작품은 오히려, 그것도 그 중요한 측면을 두고 볼 때 말을 주고받는 일이라고 할 수 있는 것으로서 작가와 청중 사이에서 계속 이어지는 상호 작용에 의해 전개되어 나가는 담론(談論)인 것이다. 헤겔이 말한 것처럼 작품은 "그 자체를 위한 것이 아니라 우리를 위한 것이며 그것을 바라보고 즐기는 어떤 관중을 위한 것, … 그것 앞에 서 있는 모든 사람과의 대담인 것이다.

10. 박영민, 『과정 중심 비평문 쓰기』, 교학사, 2003, 48-50쪽.

11. 아놀드 하우저 저, 최성만·이병진 역, 『예술의 사회학』, 한길사, 1983, 36-38쪽.

새의 화려하고 다채로운 깃털은 우리가 그것을 보지 않아도 광택을 발하고 있고, 그 새의 노래는 우리가 그것을 듣고 있지 않아도 울리고 있으며, 단지 하룻밤 동안만 필 뿐인 실선인장은 누구로부터도 경탄을 사지 않은 채 남쪽 숲속의 황무지에서 시들어간다. … 그러나 예술 작품은 우리에 대해 그처럼 아무런 관심도 없는 것이 아니라 그것은 본질적으로 하나의 물음으로서, 되울리는 가슴에게 거는 말이고 우리의 감정과 정신을 향한 외침인 것이다.

그러한 물음은 어떤 대답을 요구하는 물음이며 답변을 기대하면서 울리고 있는 물음이다. 예술가가 말을 건네는 사람들은 단순한 수신인(受信人), 말이 없고 수동적인 청중이나 관객이 아니라 대화의 파트너가 되는 사람들이다. 그러한 물음의 소리는 물론 예술가의 목소리를 통해 단지 간접적으로만 전해 들을 수 있지만, 그럼에도 불구하고 작품에는 일차적인 기고(寄稿) 내용들 이외에도, 더 나아가 예술가의 자발적인 주관성에 대해서 반응하는 어떤 객관성으로서의 기고 내용들, 그리하여 뚜렷하게 대화적인 구조를 지닌 하나의 구성물이 성립되도록 하는 일련의 기고 내용들도 내포되어 있는 것이다. 독자는 전개되어 나가는 대화 속의 파트너로서 어떤 익명의 위장된 역할을 수행하게 된다. 예술적인 과정에 독자가 참여한 사실은 그러한 과정이 종결되고 수용을 구성하는 인자들이 분석 가능하게 된 연후에야 비로소 지각된다. 그렇지만 예술가 자신은 자신의 작업에 대한 기대 가능한 수용 상황을 창작 과정에서 -그러한 기대가 옳은 판단에서 나왔든 그른 판단에서 나왔든 간에- 끊임없이 염두에 둔다. 작품의 형상화 작업은 독자의 호응을 얻으려는 부단한 노력으로서 그것은 작가가 모르는 사람들의 큰 집단 편에서 가능한 반항을 어림짐작하고 반대적인 입장들을 선취(先取)함으로써 이루어지는데, 이러한 집단은 창작 행위가 이루어지는 동안 성공을 거두려고 노력하는 예술가의 '내면의 소리'로서 등장하는 것이다.

수용하는 자는 이러한 '내면의 소리'라는 간접적인 기능에서 뛰쳐나와 수용이라는 행위를 수행함으로써 비로소 직접적으로 등장하게 된다. 스스로를 열어 보이는 예술가와 대꾸를 하는 수신인 사이의 변증법적인 상호 대화는 구체적인 예술적 체험, 이해 혹은 오해, 동감 혹은 거부, 추체험의 수행 혹은 중단이라는 형식을 통해서 비로소 작품이 제기한 물음에 대한 궁극적인 답변을 낳게 된다. 예술가는 그의 마지막 말을 하고서 입을 다물어버린 상태이다. 수신자는 그 말을 포착하는데, 그리하여 수용이라

제시문

는 형식을 통하여 작품의 역사는 계속 이어지게 되며 이렇게 계속된 역사 속에서 예술가는 바야흐로 익명의 간접적인 역할을 수행하게 된다. 이처럼 전개되는 창작물의 사후(死後)의 생(生) 속에 바로 예술사적인 발전의 가장 큰 부분이 들어 있는 것이다.

2. 비평의 작성 과정[12]

비평을 작성하는 데도 일정한 절차가 필요하다. 그 과정을 대략 다섯 단계로 나누어 보면 다음과 같다.

1) 대상 텍스트 읽기

일반적인 글쓰기와 달리 비평은 비평의 대상이 되는 텍스트를 읽는 작업부터 시작된다. 음악이나 미술 작품을 감상하는 것 역시 텍스트 읽기에 해당된다. 비평은 대상에 대해 기술하고 해석·평가하는 작업이기 때문에 글쓰기의 범위와 내용이 대상에 관한 것으로 제한되어 있다. 따라서 대상 텍스트를 얼마나 꼼꼼하고 면밀하게 읽느냐가 초기 단계에서 가장 중요하다. 그러나 대상 텍스트를 읽는 작업은 단순히 텍스트의 내용을 이해하고 확인하는 차원에서 끝나지 않는다. 여기서 '읽는다'는 것은 텍스트의 내용을 단지 이해하고 감상하기 위한 것이 아니라 쓰기 위한 것이기 때문이다.

쓰기 위해서 읽을 때, 텍스트에 대해 자신이 처음에 갖고 있었던 신선함이 떨어질 때까지 반복해서 읽는 것이 중요하다. 처음 읽을 때 텍스트를 이해하는 데 주안점을 두었다면 두 번, 세 번 읽을 때는 텍스트의 행간에 존재하는 이면적 의미를 발견하는 데 초점을 두어야 한다. 읽는 횟수가 많아질수록 텍스트의 행간이나 갈라진 틈으로 보이는 이면적 의미를 발견하기가 쉽다. 그것은 텍스트를 여러 번 읽는 과정에서, 처음에 지녔던 신선함이 없어져 일정한 거리를 둘 수 있게 되기 때문이다. 텍스트를 해석하고 평가하기 위해서는 글을 쓰는 동안 충분한 비평적 거리를 유지해야 한다. 그렇지 못하고 필

12. 박영민, 앞의 책, 177-228쪽 참조..

자가 텍스트에 빠져 있을 경우, 그 글은 자칫 감상문으로 흐르기 쉽다.

2) 구상과 개요 작성하기

대상 텍스트를 읽으면서 떠오르는 생각이나 느낌, 혹은 의문 사항이나 풀어야 할 문제 등은 기록해 두어야 한다. 비평을 쓰기 위해 대상 텍스트를 읽는 작업은 매우 능동적인 과정이기 때문에 필자의 이러한 능동적인 사고 활동은 모두 비평 쓰기의 토대가 된다. 텍스트의 행간에 드러난 이면적인 의미를 발견하고 그것을 필자의 비평적 관점으로 의미화하는 것은 작은 것을 실마리로 하여 풀어가는 창조적인 작업이다. 그렇기 때문에 읽는 동안 동시에 떠오르는 생각이나 문제점들을 연결하여 하나의 중심을 발견하기 위해서는 사고 과정을 기록해 두는 것이 반드시 필요하다.

구상과 개요 작성은 이러한 메모나 기록들을 중심으로 필자가 어떠한 내용을 중심으로 글을 써 내려갈 것인가를 결정하는 것이다. '텍스트에서 어떠한 내용을 중심으로 살필 것인가', '이에 대한 필자의 논점은 무엇인가', '필자의 논점을 뒷받침하기 위하여 대상 텍스트의 어떤 부분을 근거로 삼을 것인가' 등을 결정하는 것이 이 단계의 주요 활동이라고 할 수 있다.

3) 자료 읽기와 비평적 관점 세우기

필자는 다양한 자료를 읽으면서 자신이 다루고 있는 문제에 대한 다양한 관점을 파악하고, 이를 통해 자신의 비평적 관점을 세울 수 있다. 그리고 앞에서 세웠던 구상과 개요를 수정할 수도 있다. 이러한 과정은 필자의 비평적 관점을 형성하고 수정·보완하는 데 직접적인 영향을 미친다. 대상 텍스트만 읽는다고 해서 그에 대한 새로운 생각이 떠오르는 것이 아니다.

그리고 필자는 자료를 읽으면서 대상 텍스트 읽기 단계에서 메모해 두었던 의문점이나 질문들에 대한 해결점을 찾아야 한다. 또한, 문제 해결의 실마리가 보이면 그것을 텍스트에서 구체적으로 어떻게 풀어가야 할지를 다시 고민해야 한다. 다시 말해서 자료를 읽는 과정에서 비평적 관점이 수정·보완되면, 이에 따라 다시 대상 텍스트를 읽고 확인해야 하는 것이다.

텍스트 읽기와 자료 읽기의 순환은 비평을 완성할 때까지 지속적으로 반복된다. 초고와 재고를 쓰는 과정에서도 보완할 것이 발견되면 다시 해당 자료를 찾아서 읽는 과정이 반복될 수 있다. 읽으면서 쓰고, 쓰면서 읽는 것이 바로 비평이다. 이러한 과정에서 읽게 되는 자료는 시간이 지날수록 점점 전문화되고 세분화되며, 필자의 비평적 관점 역시 이에 따라 더 날카로워지고 전문화된다.

4) 초고 쓰기

초고를 쓸 때 잊지 말아야 할 점은 초고는 완성된 글이 아니라 앞으로 끊임없이 고쳐 쓰기를 통해 수정되어야 하는 글이라는 점이다. 글을 보다 쉽게 쓰려면 처음부터 완벽한 글을 써야 한다는 강박 관념에서 벗어나는 것이 좋다. 일단 쓰기 시작해야 된다.

초고 쓰기는 지금까지 거쳐 왔던 단계를 통해 기록해 두었던 것들을 토대로 자신의 비평적 관점을 명료하게 설정하고, 이에 따라 비평 대상을 선정하여 분석하는 것이다. 비평 '대상' 선정이란 대상 텍스트의 '무엇'에 대해서 비평할 것인지를 결정하는 것이다. 분석을 위하여 텍스트의 내용을 요약할 때에는 설정된 비평적 관점에 따라 자신의 문장으로 재진술해야 한다. 또한 필자가 생각하는 바를 분석할 때에는 그 근거를 대상 텍스트와 자료의 어떤 부분에 둘 것인지 항목화 해 두어야 한다.

5) 퇴고하기

한 편의 글이 완성되기 위해서 퇴고는 여러 번 반복된다. 퇴고의 횟수만큼 글이 좋아진다고 해도 과언은 아닐 것이다. 퇴고를 할 때는 평가의 관점을 분명히 세우고 그에 따라 점검이 이루어져야 한다. 글의 첫 부분에서 의도했던 바가 끝까지 흔들림 없이 지속적으로 유지되고 있는지, 글의 전개 과정에서 긴장도가 떨어지지 않는지에 관해서도 전체적으로 살펴보아야 한다. 문법적인 사항에 대한 고려도 간과되어서는 안 된다. 초고를 돌려 읽기 함으로써 다시 쓰기에 상당한 도움을 받을 수 있다. 타인의 평가는 겸허하게 받아들이되 그 평가를 다시 쓰기에 어느 정도 반영할 것인지 결정해야 한다. 퇴고하기 단계에서는 초고에서 발견된 문제점을 수정하고 보완하는 데 초점을 두어 글의 완성도를 높이도록 한다.

3. 비평의 유형

1) 문학 비평

문학 비평이란 문학 작품을 해석하고 평가하는 작업을 가리킨다. 문학 작품의 구성 요소, 작가의 세계관, 창작 기법, 문학적 가치 등을 검토하고, 논거를 통해 이에 대한 객관적 가치 판단을 하는 것이다. 작품에 대한 해석은 작품의 의미를 밝히는 작업이고, 작품의 의미는 작가의 의도와 밀접하게 관련된다. 해석에서 작가의 의도를 파악하는 작업이 긴요하긴 하지만, 작품은 독자에 의해 재탄생하기도 하는 것이기 때문에 작가의 의도에 지나치게 견인될 필요는 없다. 문학 비평은 비평가가 작품에 주체적이고 능동적으로 접근할 때에 그 성과가 제대로 이루어지는 창의적인 문학 활동이다. 비평가는 평범한 일상생활에 기반을 두면서도 한편으로는 그것과 일정한 거리를 둘 수 있어야 한다. 일상생활에서 벗어난 비평은 공허하고 독단적인 작업이 될 위험성이 있으며, 지나치게 일상생활에 몰입한 비평 역시 편파적인 작업이 될 위험성이 크기 때문이다.

문학 비평에서, 비평가라 불리는 전문적인 독자에 의한 문학 비평과 일반 독자에 의한 문학 감상이 전혀 별개의 것은 아니다. 전문 독자는 일반 독자에 비해 보다 많은 작품을 읽었고, 문학에 대한 보다 체계적이고 정확한 지식을 습득하고 있는 사람이다. 그러므로 전문 독자에 의한 문학 비평은 작품의 핵심적이고 본질적인 점에 대한 포착과, 그에 대한 깊이 있는 분석을 담고 있어야 한다. 일반 독자라 하더라도 깊이 있는 독서와 체계적이고 지속적인 글쓰기 훈련을 한다면 전문 비평가 못지않은 수준의 문학 비평을 할 수 있다.

2) 서평

서평이란 책이 처음 출간되었을 때, 그 책이 가지는 의의와 가치에 대한 평가를 목적으로 쓰는 글을 말한다. 서평은 대체로 세 부분으로 구성된다. 일반적으로 서두 부분에서는 저자의 출판 의도, 책의 내용 및 주제 등에 대해 간략하게 소개하고, 본론 부분에서는 책의 구성에 따라 책에서 강조하는 논점이나 쟁점을 논리적으로 설명하고 평가한다. 마지막 결말 부분에서는 책이 지닌 의의와 한계를 지적한 뒤 앞으로의 전망을 제시한다.

서평은 책에 대한 단순한 소개나 출판사에서 내는 책 광고와는 다른 것이다. 그러므로 책의 가치에 대한 공정한 평가가 이루어져야 하며, 요란한 수사와 찬사만으로 일관되어서도 안 된다. 그리고 책의 내용과 비평가의 견해를 분명하게 구별하여 서술해야 하며, 해석이나 평가를 할 때는 주요 어구나 문장을 인용하면서 근거를 제시하는 것이 바람직하다.

3) 예술 비평

예술 비평은 예술적 가치를 지닌 어떤 작품에 대하여 기술하고 그것을 해석하고 평가하는 글이다. 비평가들은 예술에 관심을 갖고 있는 사람들이 예술 작품을 이해하거나 감상할 때, 그들이 하는 일을 돕는다. 즉 비평가는 사람들이 예술 작품을 더 효과적으로 감상하는 데 적합한 작품의 예술적 특성을 언급하고 해석하는 것이다. 일반적으로 작가에 대한 소개, 작품의 창작 배경, 표현 기법, 현재적 의미 등이 기술되어야 한다. 음악 비평, 미술 비평, 영화 비평, 연극 비평, 무용 비평, 스포츠 비평 등이 예술 비평에 속한다.

연습문제 2 다음은 백석의 시[13] 「흰 바람벽이 있어」와 그에 대한 문학 비평이다. 시와 비평을 읽고, 비평의 내용과 자신의 견해를 비교해 보자.

예문 1)[14]

흰 바람벽이 있어

백석

오늘 저녁 이 좁다란 방의 흰 바람벽에

---

13. 백석은 모국어의 확장과 다양한 시적 기법의 활용이라는 점에서 한국현대시사의 새로운 영역을 개척한 시인이다. 평북 정주 지역의 방언들과 토속적인 소재들을 통해 훼손되지 않은 농촌 공동체의 원형을 복원함으로써 일제강점기하의 민족적 정서, 면면히 내려오던 한민족의 삶의 모습을 형상화하였다. 뿐만 아니라 백석은 우리말의 구문들을 다채롭게 활용함으로써 한국말의 묘미와 시적 아름다움을 탁월하게 보여주었으며, 정제된 형식의 시를 뛰어넘어 장황한 사설체나 이야기 형식을 시에 도입함으로써 우리 시의 새로운 미적 경지를 개척하였다. 아울러 그의 시는 시각을 비롯하여 청각, 후각, 촉각, 미각 등의 모든 감각을 동원하여 시적 대상과 교감함으로써 토속적인 생활 정취를 생생하게 그려내었다. 특히 백석의 시는 서정적 주체의 자기 내면을 찬찬하게 응시하고 이를 섬세하고 투명한 언어에 담아냄으로써 삶의 슬픔과 고뇌를 감동적으로 그려내는, 육화된 서정의 절정을 보여주었다. 백석의 시는 우리에게 한국어의 아름다움과 시적 서정의 감동을 섬세하게 경험하게 해줄 것이다. 김문주, 『백석 시 선집』 '명저 백선' 소개 글.
14. 최동호 외, 『백석 시 읽기의 즐거움』, 서정시학, 2006, 290-294쪽.

어쩐지 쓸쓸한 것만이 오고 간다
이 흰 바람벽에
희미한 십오촉 전등이 지치운 불빛을 내어던지고
때글은 다 낡은 무명샤쯔가 어두운 그림자를 쉬이고
그리고 또 달디 단 따끈한 감주나 한 잔 먹고 싶다고 생각하는 내 가지가지 외로운 생각이 헤매인다
그런데 이것은 또 어인 일인가
이 흰 바람벽에
내 가난한 늙은 어머니가 있다
내 가난한 늙은 어머니가
이렇게 시퍼러둥둥하니 추운 날인데 차디 찬 물에 손은 담그고 무며 배추를 씻고 있다
또 내 사랑하는 사람이 있다
내 사랑하는 어여쁜 사람이
어느 먼 앞대 조용한 개포가의 나즈막한 집에서
그의 지아비와 마주앉아 대구국을 끓여 놓고 저녁을 먹는다
벌써 어린것도 생겨서 옆에 끼고 저녁을 먹는다
그런데 또 이즈막하야 어느 사이엔가
이 흰 바람벽엔
내 쓸쓸한 얼굴을 쳐다보며
이러한 글자들이 지나간다
—나는 이 세상에서 가난하고 외롭고 높고 쓸쓸하니 살아가도록 태어났다
그리고 이 세상을 살아가는데
내 가슴은 너무도 많이 뜨거운 것으로 호젓한 것으로 사랑으로 슬픔으로 가득 찬다
그리고 이번에는 나를 위로하는 듯이 나를 울력하는 듯이
눈질을 하며 주먹질을 하며 이런 글자들이 지나간다
—하늘이 이 세상을 내일 적에 그가 가장 귀해하고 사랑하는 것들은 모두
가난하고 외롭고 높고 쓸쓸하니 그리고 언제나 넘치는 사랑과 슬픔 속에 살도록 만드신 것이다

초생달과 바구지꽃과 짝새와 당나귀가 그러하듯이
그리고 또 '프랑시쓰 쨈'과 도연명과 '라이넬 마리아 릴케'가 그러하듯이

정끝별

백석이 만주를 떠돌던 시기에 쓰여진 이 시 속에서 시인은, 아내도 없고 아내와 같이 살던 집도 없이 부모며 동생들과도 멀리 떨어져 자신의 슬픔이며 어리석음이며를 소처럼 연하게 되새김질하고 있다. 차가운 몸을 부려둔 '좁다란' 방에는 십오 촉 전등이 '지치운' 불빛을 내고 있고 흰 바람벽에는 '어쩐지 쓸쓸한' 기억의 편린들만이 오고 간다. 이 시에서 '흰 바람벽'은 중요한 시적 상관물이다. 방을 둘러막은 안벽과 더불어 떠돌이(바람둥이) 기질을 가진 습벽(習癖)을 동시에 떠올리게 하면서, 외풍(外風)이 드나드는 허술하면서도 남루한 객지에서의 삶을 암시하기도 한다. 또한 그 벽은 무구하고 맑디맑은 시의 배경 역할을 담당할 뿐 아니라 기억의 편린들이 펼쳐지는 영사막 같은 역할을 하고 있다. 시인은 그 바람벽을 영사막으로 삼아 기억의 영사기를 돌리듯, 지나온 자신의 삶과 사랑하는 사람들을 떠올리며 심회에 젖고 있다.

그 기억들은 대체로 사랑하는 어머니와 사랑하는 사람의 얼굴들이 거느린 도란도란한 일상에 대한 그리움과 회한의 편린들이다. 뜨겁고 호젓한 것으로 사랑으로 슬픔으로 꽉 찬 이 흰 바람벽을 보며 시인은 스스로를 높게 세우고 있다. 외롭고 쓸쓸한 것은 모두 그렇게 정해진 운명 때문에 불가해한 것이지만, 하늘은 오히려 사랑하고 귀해하는 것들에게 외롭고 쓸쓸한 운명을 부여함으로써 사랑과 슬픔이 충만한 삶을 살아가게 한다는 것이다. 간간이 반복되는 '그리고'라는 순접 접속사로 절망적이고 무기력한 자신의 삶을 담담하게 연결시키고 있으며, '그런데'라는 전환 접속사로 희망을 놓지 않는 자신의 내면을 세워 놓고 있다.

시인의 심회는 시의 전반부에서는 '따끈한 감주나 한잔 먹고 싶다'는 일차적인 바람으로, 시의 후반부에서는 마치 자신의 영화에 출연했던 스태프진들을 소개하듯이 "초생달과 바구지 꽃과 짝새와 당나귀" 그리고 "'프랑시쓰 쨈'과 도연명과 '라이넬 마리아 릴케'" 등을 흰 바람벽에 떠올려보는 정신적 지향을 표명함으로써 간접화되고 있다. 그러한 떠올림 혹은 그러한 부름이, 조금의 위안이라도 된다 싶은 듯이, 스스로

를 좀 울력이라도 해준다는 듯이 말이다.

그 무엇이, 당대 최고의 엘리트로서 보장될 수 있었던 안정된 삶과 조국과 고향과 애인을 떠나 그야말로 가난하고 힘겨운 나날들을 보내게 했던 것일까. 백석은, 자신으로부터 멀리 있는, 자신이 바라보며 사는 사람과 자신이 도달할 수 없는 세계를, 흰 바람벽을 통해 한없이 그리워했던 것은 아니었을까. 그리워하기 위해 그렇게 '가난하고 외롭고 높고 쓸쓸하게' 스스로를 방치하면서 숨겼던 것은 아니었을까. 그러기에 단지 외롭고 쓸쓸하지만은 않았을 것이다. 백석 시인이 스스로의 삶을 '높다'고 수식했던 것도 다 그런 까닭이었을 것이다.

연습문제 3 다음 서평을 읽고 서평의 구성과 형식을 검토해 보자.

예문 2)[15]

Teaching for Lifetime Physical Activity through Quality High School Physical Education

저자: Peter Hastie(2003) 출판: Benjamin Cummnigs

객관적 증거를 대라면 시간이 다소 걸리겠지만, 현재 고등학교에서의 체육이 가장 열악하게 이루어지고 있다는 주장에는 대부분 수긍할 것이다. 고등학교 교육 과정 체계 자체는 물론이고, 입시 위주의 교육 분위기가 체육 수업이 초등학교나 중학교의 그것처럼 활발하게 이루어질 수 없는 상황을 조장하는 것이다. 예술 체육 교과는 우선순위의 서열에서 저 아래쪽에 위치하고 있기 때문이다.

물론 이런 이유이기 때문이기도 하지만, 고등학교 체육이 제대로 이루어지지 않는 중요한 이유가 또 한 가지 있다. 그것은 고등학교 체육에 보다 더 적합한 교육 과정 운영 방법과 수업 지도 방법이 (거의) 없다는 사실이다. 사실, '고등학교' 체육 수업의

15. 최의창, 『한국스포츠교육학회보』 제34호, 한국스포츠교육학회, 2004, 11-13쪽.

운영과 지도는 중학교의 연장선상에서 취급되었지, 그것에만 독특한 고등학교용 체육교육 과정 운영과 수업 지도라는 점에 대해서는 생각이 미치지 못했다. 이 점은 국내외 체육 교육 전문가 공히 간과한 중요한 사항이었다.

하지만, 고등학교 체육은 그것에 알맞은 운영 방법과 지도 방법이 있다(혹은 있어야 한다). 적어도, 지금 소개하는 책의 저자인 Peter Hastie는 그렇게 주장한다. 책을 보면 알게 되겠지만, 그의 주장은 상당한 지지력을 얻게 된다. 물론, 고등학교 체육 교사에게 이런 주장은 이미 경험적으로 다 확인된 사항들이지만 말이다. 고등학생들은 체육을 다른 방식, 적어도 다른 관점으로 가르쳐야 한다는 말이다.

이 점에서 *Teaching for Lifetime Physical Activity through Quality High School Physical Education*은 기존의 교재들과는 색다른 내용을 제공해 준다. 이 책은 3부로 크게 나뉘어져 있다. 제1부는 5장으로 되어 있다. 제1장은 현재 미국 사회(혹은 미국화된 모든 사회)에서 고등학교 교육, 고등학교 체육이 어떤 상태에 있는지를 살펴본다. 이후 4개의 장을 현대 사회에서 생활하는 청소년의 신체적, 정신적 특징, 그리고 포스트모던적인 청소년 문화의 특징을 상세하게 이해할 수 있는 정보를 제공하는 데 할애한다. 고등학교 체육은 스포츠 문화가 만연하는 21세기 사회 속에서 청소년들이 평생 체육 활동의 적극적 소비자로서 생활할 수 있는 것을 목표로 하여야 함을 주장한다.

(중략)

이 책은 전체적으로 다루는 내용들이 새롭다는 점과 함께, 각 장에서 내용들을 소개하고 이해하도록 만드는 방식 면에서도 새로운 점들이 돋보인다. 각 장은 구체적인 현장 사례(시나리오)로서 시작되며, 이 사례를 발판으로 해서 각 장의 해당 내용들을 반성적으로 탐구하고 이해할 수 있는 방식으로 구성되어 있다. 학교 현장에서 (예비) 체육 교사들이 실천해볼 수 있는 탐구 문제들과, 강의실에서 서로 토론의 내용을 삼을 수 있는 주제들을 말미에 덧붙여 놓았다. 그리고 구체적인 실천의 예들을 다양하게 제시하고 있다.

그동안 미국에서 출판된 대부분의 체육 교육 교재들은 운동 기능을 효과적으로 습득하도록 만드는 각종 수업 방법과 전략들을 중심으로 구성되어 있었다. 하지만 이 책은 운동 기능의 효과적 습득을 위한 세부적인 수업 기능과 전략에 대한 자세한 정보보다는, 고등학교 체육이 평생 체육의 교두보로서 역할을 할 수 있도록 전체적인 프로그램 운영 모형과 그것의 현장 실행에 관한 사례를 제공한다. 그리고 기존의 교재들보다 반성적 시각으로 체육 수업을 바라보고 실천할 수 있도록 자극한다.

이 점에서 이 책은 효과적이면서도 반성적인 특성을 동시에 공유하고 있는 그다지 흔치 않은 유용한 내용과 방식으로 된 서적이다. 이 점은 아마도 저자가 호주에서 공부하고 박사 학위를 받고 미국에서 교수 생활을 하면서 얻은 비교 문화적인 안목과 경험 때문인 것으로 판단된다. 다소 반성적이고 비판적인 성격이 강한 호주의 스포츠 교육학 연구 안목을 바탕으로 효과성과 실용성을 강조하는 미국 체육 교육을 실천하고 개선하는 노력을 기울인 결과일 것이다.

이 책은 그동안 독특한 교육 방식이나 수업 방법에 대한 체계적인 접근이 전무하다시피 한 국내의 고등학교 체육에 대하여 반성의 계기를 마련해 줄 수 있을 것이다. 제7차 체육과 교육 과정이 선택 중심의 고등학교 체육을 사활의 기로에 서도록 만든 현 상태에서, 새로운 관점으로 우리나라의 고등학교 체육을 재검토할 수 있도록 자극과 도움을 줄 수 있을 것이다.

연습문제 4 1. 헬레나 노르베리-호지의 <오래된 미래>[16] 를 읽고 다음의 문제에 대해 토론해 보자.

1) 라다크의 전통문화가 갖는 의의에 대해 말해 보자.

2) 라다크의 근대화 과정에서 생긴 문제점을 알아보고, 그와 유사한 우리 사회의 문제점에 대해 말해 보자.

---

16. 『오래된 미래』는 '개발'과 '진보'라는 미명하에 진행되어 온 자본주의 산업 문명에 대한 근본적인 반성과 성찰을 담은 책이다. 현재 50여 개의 언어로 번역되어 널리 읽히고 있는 이 책은 히말라야 고원의 작은 마을 라다크에 대한 생생한 현장 보고로써 오늘날 인류가 직면한 사회적·생태적 위기의 본질을 명료하게 제시한다. 불리한 자연환경과 넉넉지 않은 물질적 조건에도 불구하고 건강하고 평화로운 공동체를 유지하며 내면적 평화를 누리고 있는 라다크 사람들을 통해 우리는 행복한 삶에 관한 근본적 성찰을 하게 된다. 뿐만 아니라 서구의 산업기술 문명이 토착문화를 어떻게 파괴하고 건전한 생활 방식을 어떻게 붕괴시키는지를 목격할 수 있으며, 아울러 자연과 인간이 조화롭게 살아갈 수 있는 미래 사회와 건강한 공동체를 회복할 수 있는 진정한 가능성에 관한 비판적인 성찰을 하게 한다. 김문주, 『오래된 미래』 '명저 백선' 소개 글.

2. 다음은 <오래된 미래> 번역자의 글이다. 토론한 내용과 이 글을 참고하여 <오래된 미래>에 대한 서평을 써 보자. '서두-본론-결말'의 구성을 갖추고 '기술-해석-평가'의 내용을 포함할 것. (1500자 분량)

예문 3)[17]

오래된 미래

이 책은 헬레나 노르베리-호지(Helena Norberg-Hodge)가 쓴 *Ancient Futures : Learning from Ladakh* (Rider, 1992)의 우리말 번역본이다. 스웨덴 출신 여성학자의 16년간에 걸친 현지 체험에 기초를 둔 이 책은 히말라야 고원에 자리 잡은 한 유서 깊은 공동체에 대한 생생한 현장 보고와 그 '근대화' 과정에 대한 비판적 분석을 통하여 오늘날 인류사회 전체가 직면한 사회적·생태적 위기의 본질을 명료하게 묘사함으로써 이미 이 분야의 고전적인 필독서로 통하고 있다.

이 책의 저자는 원래 자신의 고국 스웨덴뿐만 아니라 유럽 여러 나라와 미국에서 교육을 받거나 연구 생활을 하였고, 여섯 개 외국어에 익숙한 언어학자였다. 그가 1975년에 라다크를 처음 방문하게 된 것은 그 당시 자신이 속해 있던 런던대학교 동양언어학과의 학위 논문을 준비하기 위해서였다. '작은 티베트'라고 불리는 라다크는 비록 인도 영토의 일부로 편입되어 있지만, 천 년 넘게 독자적인 언어와 티베트 불교 문화에 뿌리를 두고 자급자족의 삶을 꾸려가고 있던 공동체였다. 1975년은 이러한 라다크가 인도 중앙 정부의 결정에 따라 외국 관광객에게 문호를 개방하기 시작한 해였고, 이 책의 저자는 바로 이 해에 그 지역을 찾아간 소수의 서구인 중의 한 사람이었다.

이렇게 라다크에 발을 들여놓게 된 그는 체류 1년 만에 복잡하고 까다로운 라다크 말을 습득하게 되었고, 그 결과 라다크의 전통문화와 자급자족의 마을 생활을 내부로부터 들여다볼 수 있는 기회를 갖게 되었다. 거칠고 황량한 풍토 속에서 온갖 불리한 자연적 조건에도 불구하고 근본적으로 건강하고 평화로운 공동체를 유지하고, 내면적 평정을 누리며, 물질적으로도 크게 불편을 느끼지 않고 살아가는 이 수수께끼 같

17. 헬레나 노르베리-호지 저·김종철 역, 『오래된 미래』, 녹색평론사, 1996, 198-202쪽.

은 사회의 비밀을 가까이에서 좀 더 깊이 있게 이해할 수 있게 됨에 따라 그는 점차로 라다크 사람들의 거의 본능적인 생태적 지혜와 철학에 매료되었다. 그리하여 그는 애초의 계획을 바꾸어 장기 체류를 결심하고 어느 누구보다도 라다크 문화에 대한 깊이 있는 이해자가 되면서 무엇보다도 지금까지 자신이 별다른 의문 없이 받아들여 왔던 서구식 산업 문명의 기본적 가치들을 뿌리로부터 물어볼 수 있게 된 것이다.

헬레나 노르베리-호지의 산업 문명 비판은 막연히 낭만적인 수준이 아니라 1975년 개방 이후 서구 세계와의 접촉으로 말미암아 라다크의 전통문화가 수도를 중심으로 근저(根底)로부터 붕괴되어가는 것을 비통한 심정으로 지켜본 결과이기도 하겠지만, 매우 감동적이고, 설득력이 있다. 우리가 잘 알듯이 지난 수 세기 동안 서구 문화가 주도하는 일직선적인 진보관과 그에 기초한 과학 기술 문명의 패권적 지배 밑에서 세계 전역의 토착 문화들이 소멸을 강요당해 왔고, 이 때문에 오늘날 인류 사회의 장래가 극히 불투명하게 되었지만, 바로 이러한 문화적 침식이라는 현대사의 핵심적 재난이 집약된 형태로 라다크에서 되풀이되는 생생한 현장에 이 책의 저자가 있었던 것이다.

서구식 산업 문화의 압력 밑에서 세계의 문화적 다양성이 사라진다는 것은 결국 무엇을 의미하는가. 그것은 무엇보다도 사회적·생태적으로 건전한 생활 방식을 발전시켜 온 온갖 다양한 토착적 지혜와 기술이 무시되고, 산업 문화라는 근원적으로 지속불가능한 생활 방식이 전 지구적으로 확산된다는 것을 의미하며, 궁극적으로 인류 사회 전체의 대재앙이 임박했음을 의미하는 것이다. 이 책은 13만 명의 인구를 가진 히말라야 고원의 한 작은 사회를 다루고 있지만, 그 사회의 분석을 통한 성찰과 메시지는 라다크에 국한되는 것이 아니다.

그러나 이 책이 단지 암담한 메시지를 담고 있는 것만은 아니다. 이 책을 통하여 우리는 근본적으로 건전하고 지속가능한 토대 위에 서 있는 문화가 불행하게도 서구식 산업주의적 '개발'에 의해서 크게 파손되고는 있지만, 그럼에도 불구하고 그 사회에 하나의 모범적인 사회 재조직의 가능성도 존재하고 있다는 것을 느끼게 된다. 무엇보다도 여기에는 이 책의 저자를 비롯한 진정으로 계몽된 사람들의 헌신적인 노력이 전제되어 있다. 책의 후반부에 간단히 언급되어 있는 몇몇 라다크 사람들에 관한 얘기 - 건강한 공동체의 유지와 회복을 위한 투쟁에 자기 자신을 바칠 목적으로 자신에게 주어진 사회적 특권의 길을 버린 사람들의 자기희생의 정신은 라다크 사회, 아니 모든 사회의 진정한 구원의 원리인지 모른다.

그러나 이 책의 메시지가 옛 사회로의 단순한 복귀를 주장하는 것은 결코 아니라는 사실도 강조될 필요가 있다. 저자가 여러 곳에서 분명히 하고 있듯이, 라다크의 전통 사회가 이상적인 낙원이 아니라는 것은 확실하고, 그런 점에서 삶의 개선을 위한 창조적인 노력은 계속되어야 하는 것이다. 여기서 아직은 소수 그룹이지만, 현대 산업 문명의 본질적인 폭력성과 파괴성을 깨달은 일부 라다크 사람들과 함께 헬레나 노르베리-호지가 사회발전의 새로운 대안으로서 제시하는 것은 반개발(counter-development)이라는 개념이다. 일찍이 인도의 저명한 녹색 운동가 반다나 쉬바가 갈파하였듯이, 서구식 산업주의적 개발이란 본질적으로 '악성 개발'일 수밖에 없고, 그것은 특권적인 소수의 단기적인 이익을 위하여 대다수의 사회적 약자와 자연을 구조적으로 착취하는 메커니즘이라는 것은 현대사가 명백히 입증하고 있다. 라다크뿐만 아니라 세계 전체가 -유럽과 북미를 포함하여- 건전한 삶의 기초를 회복하기 위해서 무엇보다 시작하지 않으면 안 될 것은 '개발' 개념의 극복이라는 것은 말할 필요가 없을 것이다.

이 책의 저자가 '반개발' 개념으로 말하고자 하는 것은 서구식 산업주의의 길 이외에 사회 발전의 대안이 존재한다는 사실이다.

'반개발'의 구체적인 아이디어는 탈중심화와 적정 기술로 제시되고 있다. 이것은 녹색 운동의 고전인 슈마허의 『작은 것이 아름답다』의 기본 메시지이기도 하다. 오늘날 산업화된 사회 속의 사람들이 경험하는 고통과 재난은 본질적으로 공동체와 공동체가 암시하는 것들의 급속한 붕괴에 따르는 것이라고 할 때, 인간의 구체적인 필요와 기본적인 욕구에 부응할 수 있는 진정한 의미의 공동체는 자립적인 경제와 문화를 떠나서는 성립할 수 없는 것이다. 권력의 집중과 문화적 획일화는 사회적으로뿐만 아니라 생태적으로도 치명적인 결과를 초래한다. 따라서 건전한 사회 발전에 대한 모색이 권력의 비집중화와 지역의 구체적인 조건과 필요에 기초를 둔 적정 기술의 개발로 표현되는 것은 당연한 일이다.

인간의 진정한 행복은 물질적 생산과 소비의 증대가 아니라 인간과 인간, 인간과 자연 사이의 조화로운 관계에 의해서 보증된다고 한다면, GNP와 같은 단순한 수량적 척도로써 사회 발전을 가늠하는 산업 문화 속에서 인간은 끝없이 경멸당할 뿐이고, 살아남기 위해서는 자신의 이웃과 자연에 대하여 폭력을 행사하지 않을 수 없게 된다. 산업 문화는 일찍이 간디가 갈파했듯이 오늘날 인류에게 주어진 최대의 저주이며 질곡임이 분명하다.

그러나 헬레나 노르베리-호지는 이 저주에서 벗어날 길이 -유토피아적인 꿈속에서가 아니라 실제로 현실 속에서- 있음을 태양 에너지 등을 이용한 라다크에서의 '적정 기술'의 여러 성공적 실험을 통하여 암시하고 있다.

그러나 그러한 개별적이고 구체적인 '적정 기술'의 실천도 중요하지만, 아마 그것보다 더 중요한 것은 우리에게 아직 구원의 가능성이 있고, 그 가능성의 진정한 원천은 우리 자신의 마음속에 있다는 이 책의 궁극적인 메시지일 것이다. 나와 남을 철저히 대립적인 관계로 분리해서 보며, 자연을 단지 인간의 이용 대상으로만 보는 이원론적 세계관으로는 결코 파국을 피할 수 없다고 이 책의 저자는 역설하지만, 이것은 따져보면 天地同根이며 萬物一體라는 근원적 인식을 토대로 하였던 모든 건강한 전통문화의 공통한 지혜였다. 『오래된 미래』의 저자는 우리의 활로가 그러한 지혜를 되살리는 데 있다고 말한다.

자신의 생존의 바탕을 무분별하게 무너뜨리면서, 그것을 오히려 진보와 발전이라고 착각하고 있는 오늘날 완전히 제정신을 잃고 살아가는 과학 기술 시대의 인간의 교만심이 "진정한 미래는 오랜 옛 지혜 속에 있다"라는 진리를 받아들일 수 있을지, 그것은 알 수 없는 일이다. 그러나 이러한 진리를 받아들이지 못하는 결과로서 닥쳐올 재앙을 예견하는 것은 그다지 어려운 일이 아니다.

지금도 일 년이면 반을 라다크에서 지내는 이 책의 저자는 라다크에서의 그의 노력이 인정되어 1986년에 대안적인 노벨상이라고 불리는 <바른 생활상, Right Livelihood Award>을 받았고, 이 책의 제18장에 얘기되어 있는 것처럼 1980년에 <라다크 프로젝트>라는 국제적 조직을 설립한 이후 그 방계 조직으로 1991년에 영국의 브리스톨과 미국의 버클리 두 곳에서 <에콜로지 및 문화를 위한 국제협회>를 설립하여 "현대 산업 사회의 토대를 비판적으로 검토하고, 좀 더 지속가능하고 평등한 삶의 방식의 실현에 필요한 원칙을 모색"하는 데 헌신하고 있다.

1996년 여름 김종철

연습문제 5 1. 다음 예술 비평을 읽고 예술 비평의 형식적·내용적 특징에 대해 알아 보자.

2. 전공과 관련된 예술 작품이나 공연을 감상하고, 작품의 특징과 장단점에 대해 말해 보자.

3. 전공과 관련된 예술 작품이나 공연에 대한 비평을 써 보자.

예문 4)[18]

김선욱·이상 엔더스 듀오 콘서트

박제성(음악 칼럼니스트)

8월 29·30일 예술의 전당 IBK챔버홀

안목과 실력의 탁월한 조합

몇 해 전 서울시향과의 협연을 통해 본격적으로 탁월한 음악성과 남다른 예술적 감수성을 국내 무대에 알리며 급속도로 인지도를 넓혀 가는 첼리스트 이상 엔더스. 지난 8월 29일과 30일 이틀에 걸쳐 예술의 전당 IBK챔버홀에서 베토벤의 첼로 소나타 전곡을 선보였다. 피아니스트로는 한국 피아노계의 미래로 일컬어지는 김선욱이 가세했다. 지금까지 국내에서 접해 온 수많은 현악기와 피아노의 듀오 콘서트 가운데 유독 이 팀을 주목하지 않을 수 없었는데, 음악적으로 높은 완성도와 감흥을 전달해 주었음은 물론 음악 외적인 측면에서도 성과를 거두었기 때문이다.

먼저 음악적 측면을 살펴보면, 감각적이면서 현대적인 스타일을 견지하는 동시에 독일 음악 고유의 내적 논리를 체득하고 있는 젊은 두 연주자가 만나 시너지 효과를 만들어 냈다는 점에서 뜨거운 환호를 보낸다. 선명하면서도 밀도 높은, 비할 바 없는 청아한 사운드를 발산하는 엔더스는 베토벤 악보에 담겨 있는 것 이상의 표현력과 메

18. 박제성, 「김선욱·이상 엔더스 듀오 콘서트」, 『객석』 2015년 10월호.

시지를 전달했다. 특히 세 곡의 변주곡에서 그가 보여준 고급스러운 사운드와 역동적인 텐션, 흠잡을 데 없는 테크닉이 빚어낸 다채로운 변주의 향연에 넋을 잃을 수밖에 없었다. 첼로 소나타 4번에서는 어렴풋함과 단호함을 오가며 주제들이 만들어내는 스토리를 견고하게 쌓아 가는 모습과 16분 음표들의 세밀한 크레센도 및 성악적이고 매끄러운 부점의 강렬한 매력이 돋보였다.

첼로 소나타에서는 피아노의 역할이 대단히 중요한데, 베토벤 피아노 소나타 전곡 사이클을 마친 뒤 한층 성숙해진 김선욱의 집중력 높고 디테일한 스타일이 만개한 듯하여 더욱 놀라지 않을 수 없었다. 무엇보다 세련된 옥타브 연타와 트릴, 셋잇단음의 디테일, 효과적인 음량 대비에서 비롯된 극적 전환, 제시부 주제들에 부여한 새로운 의미, 대위적 부분에서 살포시 떠오르는 낭창적인 흐름 등이 돋보였다. 특히 첼로 소나타 3번은 기존 연주를 낡은 것으로 치부해 버릴 수 있을 정도로 훌륭했는데, 엔더스와의 치열하면서도 긴밀한 앙상블과 긴장감 높은 스피디한 진행은 베토벤 첼로 소나타에 새로운 가치를 부여했다.

예상치 못한 두 사람을 조합하여 베토벤 첼로 소타나 전곡이라는 프로그램을 만든 기획사의 심미안 또한 칭찬받아 마땅하다. 세계적으로 인정받을 수 있는 보편적이면서도 특수한 음악적 완성도를 우리도 만들어 낼 수 있다는 발전된 기획력을 확인할 수 있었고, 이들의 파트너십을 유럽까지 널리 알려 세기의 거장으로 발돋움할 수 있는 가능성을 발견했기 때문이다.

음향적으로 버거운 콘서트홀보다 실내악과 잘 어울리는 IBK챔버홀을 선택함으로써 경제적인 이익보다 음악적인 완성도를 우선했다는 것 또한 의미심장한 일이다. 게다가 토요일과 일요일 오후 2시 공연을 매진시켜 주말 오후 시간도 충분히 계발할 진지한 청중이 있다는 것을 증명해 보이기도 했다. 여러 모로 인상적인 양일의 연주회가 끝난 지 한 달이 다 됐음에도 이날의 선율과 그들의 음색이 아직까지도 생생하게 기억되고 있음을 고백한다.

예문 5)[19]

부재하는 남정네의 상징, 나목
- 박수근 〈나무와 두 여인〉

이주헌

"나무야 나무야 겨울나무야/ 눈 쌓인 응달에 외로이 서서/ 아무도 찾지 않는 추운 겨울을/ 바람 따라 휘파람만 불고 있구나."

어릴 때 무척 즐겨 불렀던 동요 '겨울나무'. 다소 처량맞은 느낌이 없지 않으나 분위기가 무척 그럴듯해 좋아하던 노래이다. 커서는 별로 부르거나 들을 기회가 없는 노래지만 간혹 아이들 자장가로 흥얼거릴라치면 어느덧 이 곡은 나에게 따뜻한 사부곡(思父曲)이 되고 만다. 박수근의 그림 탓이라고 말해야 할 것 같다.

박수근의 그림에는 남자, 그 가운데서도 청장년층의 가장쯤 될 법한 남자가 거의 등장하지 않는다. 인물이라고는 아낙네와 어린이, 노인이 대부분이다. 박수근의 그림이 주로 민초들의 삶과 풍정을 피사체로 하고 있음에도 건장한 남정네들이 그의 앵글에서 비껴나 있다는 것은 사실 매우 이채로운 부분이다. 남정네의 부재, 거기에 '박수근 풍속화'의 남다른 특징이 있는 것이다.

남정네의 부재와 함께 눈여겨 볼 박수근 회화의 중요한 특징으로 나목의 존재를 꼽을 수 있다. 나목은 박수근 그림에 줄기차게 등장하는 매우 친숙한 소재다. 그것은 동네 어귀나 길가에 서서 지나가는 행인들을 하릴없이 굽어보는 무심하고도 정적인 존재다.

나목은 죽은 나무 아니면 겨울나무다. 잎이 달려 있질 않으니 오로지 이 두 가지 가능성밖에 없다. 박수근의 그림에 등장하는 거의 모든 나무가 나목이라는 사실은 그의 그림 속 계절이 늘 겨울에 가깝다는 말과 같다. 그만큼 을씨년스럽다. 등장인물들의 생활 풍정과 늘 함께하는 이 친숙하면서도 추운 존재는 그러므로 다른 인물 못지않게 스스로의 존재 이유가 분명하다. 그렇다면 이들은 도대체 무엇을 표상하는 존재일까? 내가 보기에는 바로 사라진 남정네, 가장을 상징하는 존재이다.

내가 박수근의 나목을 사라진 남정네로 보는 이유는 다음과 같다. 무엇보다 그들은

19. 이주헌, 『내 마음속의 그림』, 학고재, 1997, 58쪽-61쪽.

대부분 기둥처럼 주어진 공간 전체를 떠받치는 역할을 하고 있다. 이들은 무심히 서 있는 듯하면서도 주변 사람들의 안위에 늘 신경 쓴다. 등장인물과 조화하려 애쓰는 그들의 몸동작이 이를 잘 말해준다. 게다가 나무 주변에 모인 인물은 대부분 여자들이다. 아이를 보거나 행상을 나서는 여인들이 거기에 있다. 1962년 작 「나무와 두 여인」은 이 같은 소재의 대표작이다. 나목 주위에 아낙네들이 모여 휴식을 취할 때면 삶의 의지처로서 나무의 특징은 더욱 명료히 살아 오른다. 나목은 그 수동적인 자세에도 불구하고 여전히 집안의 가장인 것이다.

그런데 가장들은 왜 이렇게 자신의 본 모습 그대로 드러내지 못하고 삭막한 나목이 됐을까? 그것은 바로 그들의 실존적 상황과 관련이 있다. 우리 근대사 속의 가장들은 일제 식민지 지배와 해방, 한국전쟁, 뒤이은 분단과 경제 개발 등 숨 가쁜 격변의 최전선을 살아야만 했다. 철저한 가부장제 사회였음에도 아버지는 가장으로서 제 역할을 수행할 수 없었다. 집안 대문도 제대로 못 지켰을 뿐 아니라 서로 피 흘리며 싸워야 했다. 「나무와 두 여인」에서 보듯 자연히 가사와 집안을 뒷받침하기 위한 경제 활동은 모두 여자들의 몫이 됐다. 20세기 한국 여인네들이 각 분야의 국제 경쟁에서 탁월한 기량을 보일 수 있었던 것도 바로 이 무너져 내리는 가부장제 사회를 끝까지 버티고 지켜온 그들만의 남다른 잠재력 덕이었다. 그에 반해 가장들은 더욱 참담하고 부끄러운 자신들의 모습을 그들의 빈자리를 통해 확인해야 했다. 사랑방이 없어진 뒤 가장을 위한 아무 대안도 없는 오늘날의 주거 구조가 생활·문화적인 측면에서도 이 같은 사실을 잘 반영하고 있다. 그들은 아폴로에게 쫓기던 다프네가 월계수가 되듯 그저 그 자리에서 벌거벗은 나무가 되기를 원했다. 상처받고 가진 것이 없었으므로 그들은 어떤 열매도 이파리도 달 수 없었던 것이다.

이것은 박수근에게도 마찬가지 사실이었다. 그래서 굳이 박수근이 아니더라도 그 시절 그 자화상으로부터 탈출할 수 있는 한국 남자가 과연 몇이나 됐을까? 내가 나의 아버지를 그의 그림에서 발견하는 것도 바로 그런 까닭이다. 겨울날 외투 가득히 추위를 담아 오시던 아버지. 내 아이의 자장가로 나도 모르게 '겨울나무'를 부르게 되는 이유이다.

<기타 읽기 자료>

<영화 비평>[20]

현실에서 꿈으로, 화려한 백조의 비상
-스티븐 달드리 <빌리 엘리어트>-

나무에게는 자기 씨앗이 떨어진 곳이 곧 삶의 터전이 된다. 씨앗은 비옥한 땅에 떨어질 수도 있고, 척박한 땅에 떨어질 수도 있다. 어떤 땅에 떨어지든 일단 땅에 떨어지면 최선을 다해 뿌리를 내리고, 잎과 열매를 맺으려고 노력한다. 강인한 생명력으로 때로는 단단한 바위를 뚫기도 한다. 하지만 나무의 생장에 척박한 땅보다 비옥한 땅이 훨씬 유리한 것은 부인할 수 없는 사실이다. 옥토에 심어진 나무는 성장하는 데 그렇게 큰 스트레스를 받지 않는다. 그래서 줄기와 가지가 곧고 모양이 반듯하다. 반면 척박한 땅에 심어진 나무는 훨씬 힘들게 성장한다. 온갖 악조건을 극복하며 크다 보니 모양이 뒤틀려 있는 경우가 많다. 애초에 출발이 다르니 결과가 다를 수밖에 없는 것이다.

사람에게 가정 환경은 나무의 토양과 같은 것이다. 척박한 환경에서 태어난 사람이 자기가 원하는 것을 이루려면 좋은 환경에서 태어난 사람보다 훨씬 더 많은 노력을 기울여야 한다. 능력이 탁월해야 하고, 강한 인내심과 정신력을 갖고 있어야 한다. 그래야만 애초부터 불공정한 게임에서 이길 수 있다. 이것이 결코 쉬운 일이 아니기에 우리는 이런 '시련과 극복'의 드라마에 아낌없는 박수를 보낸다.

스티븐 달드리 감독의 <빌리 엘리어트>도 그런 이야기 중 하나이다. 사실 이런 종류의 '개천에서 용 나는' 이야기는 그동안 영화에서 자주 다루었던 흔한 소재 중 하나이다. 천부적인 재능을 지닌 주인공, 불우한 환경, 가족들의 몰이해와 반대, 그로 인한 주인공의 좌절, 마침내 얻은 가족들의 이해와 응원 그리고 최후의 성공. 대개 이런 순서로 진행된다. <빌리 엘리어트> 역시 이 공식에서 크게 벗어나지 않는다. 그럼에도 이 영화는 보는 사람의 마음을 강렬하게 잡아끈다. 억지웃음이나 억지 눈물이 아닌, 정말로 사람의 가슴을 파고드는 감동을 준다. 같은 소재라도 이야기를 어떻게 구성하

20. 진회숙 지음, 『영화와 클래식』, 청아출판사, 2013, 115-127쪽.

고 등장인물의 캐릭터를 어떻게 그리느냐에 따라, 그것을 얼마나 현실감 있게 표현하느냐에 따라 감동의 깊이가 달라지는 법인데, <빌리 엘리어트>는 그런 면에서 강점이 있는 영화이다.

영화의 배경은 1984년 영국 북부의 한 탄광촌이다. 이 마을에서는 탄광 노동자들이 정부의 시책에 반대해 파업을 벌이고 있다. 빌리는 광부로 일하는 아버지와 형 그리고 치매에 걸린 할머니와 함께 허름한 집에서 살고 있다. 아버지와 형은 매일 시위에 참가하느라 정신이 없고, 몇 년 전 세상을 떠난 어머니를 대신해 어린 빌리가 치매에 걸린 할머니를 돌보고 있다.

이렇게 삭막한 환경에서 생활하는 빌리에게 유일한 취미가 있다면 그것은 하루 50센트씩 내고 하는 권투 연습이다. 남자는 강해야 한다는 아버지의 권유에 따라 체육관에 다니기는 하지만, 그렇다고 권투가 적성에 맞는다고 생각해 본 적이 없는 빌리. 실제 그의 적성은 다른 데 있었다. 그것은 바로 발레였다.

어느 날 우연히 체육관 한 귀퉁이에서 윌킨슨 부인이 지도하는 발레 수업을 보고 빌리는 묘하게 마음이 끌리는 것을 경험한다. 그 후 빌리는 윌킨슨 부인에게 발레를 배우기 시작했고, 그 과정에서 윌킨슨 부인은 빌리가 춤에 천부적인 재능을 가지고 있다는 것을 발견한다. 그녀는 빌리에게 로열 발레 학교에 들어가 전문적으로 발레를 배울 것을 권하지만, 아버지와 형은 남자가 무슨 발레냐며 반대한다.

크리스마스 이브가 되었다. 아버지가 탄광 노동자들과 함께 술을 마시고 있을 무렵, 빌리는 친구 마이클과 함께 텅 빈 체육관으로 들어간다. 빌리는 음악에 맞추어 마음껏 춤을 춘다. 그런데 바로 그때 아버지가 들어온다. 빌리는 갑작스러운 아버지의 출현에 잠시 당황하지만, 곧 무언가 결심한 듯 단호한 표정으로 춤을 추기 시작한다. 이런 아들을 착잡한 표정으로 바라보던 아버지는 빌리의 열정적인 춤을 보고 마음을 바꾼다.

빌리가 런던에 있던 로열 발레 학교에 오디션을 보러 가려면 차비가 필요하다. 파업으로 임금을 받지 못해 집에는 일전 한 푼 없는 상황. 결국 아버지는 파업을 접고 현장에 복귀하기로 결심한다. 큰아들과 다른 동료들로부터 배신자라고 욕을 먹을지언정 어린 빌리의 장래를 위해 돈을 벌어야겠다고 생각한 것이다. 하지만 아버지가 작업장으로 가는 버스에 앉아 있는 것을 본 빌리의 형이 아버지를 만류한다. 집으로 돌아온 아버지는 결국 마지막 순간까지 버티며 간직하고 있던 아내의 반지와 목걸이를 전당포에 맡기고 차비를 마련한다.

런던에 올라와 오디션을 치르는 빌리. 심사 위원이 춤을 출 때 어떤 느낌이냐고 하자 그는 이렇게 대답한다.

"시작할 때는 몸이 약간 뻣뻣해지지만 막상 춤추기 시작하면 내가 뭘 하고 있는지 하나도 안 느껴지고 그래요. 마치 내가 공중으로 사라지는 느낌이에요. 내 몸 안에 불길이 치솟고 난 거기서 날아가요. 마치 새처럼. 마치 감전된 것처럼. 그래요. 감전된 것 같아요."

이 말이 심사 위원의 마음을 움직였을까. 빌리는 로열 발레 학교에 합격한다. 그리고 커서 유명한 발레리노가 된다. 영화는 아버지와 형이 지켜보는 가운데 빌리가 <백조의 호수>의 주인공이 되어 무대에 등장하는 장면으로 끝난다.

발레가 나오는 영화이니 발레 음악이 많이 나올 것이라 생각하기 쉽지만, 사실은 그렇지 않다. 발레 음악은 차이코프스키의 <백조의 호수(Swan Lake)> 중에서 가장 유명한 <정경(Scene)> 한 곡만 나온다. 항구에서 윌킨슨 부인이 빌리에게 <백조의 호수>의 줄거리를 얘기해 주는 장면과 마지막에 어른이 된 빌리가 매튜 본(Matthew Bourne) 안무의 <백조의 호수>에 출연해 공중으로 도약하는 딱 두 장면이다. 그 밖의 장면에서 빌리가 춤을 출 때는 <Cosmic Dancer>, <We love to boogie>, <Get it on>, <Children of the revolution> 같은 대중음악을 썼는데, 개인적으로 이것이 오히려 설득력 있다는 생각이 든다. 내면에 춤추고자 하는 욕망이 있고, 또 리듬을 타는 능력이 뛰어나지만, 빌리는 아직 정식으로 발레 수업을 받지 않은 상태이다. 그런 빌리가 정통 발레 음악에 맞추어 고상하게 클래식 발레를 추는 것은 아무래도 어색하다. 빌리는 다듬어지지 않은 다이아몬드 원석이다. 그가 춤추는 장면에서 나오는 리드미컬한 음악들은 아직은 투박하지만 최고의 발레리노로 도약할 가능성을 가지고 있는 빌리의 몸을 눈으로 보여준다.

이 영화의 강점은 빌리를 비롯한 등장인물들의 캐릭터가 모두 생생한 리얼리티를 갖고 있다는 데 있다. 아내 없이 홀로 자식 둘과 치매에 걸린 노모를 부양해야 할 의무를 지고 있는 아버지, 열심히 파업에 참가하는 것으로 세상에 대한 반항심을 달래고 있는 형 토니, 한때 발레리나를 꿈꾸었으나 지금은 아이들의 코 묻은 돈으로 하루를 연명하는 윌킨스 부인, 파업에 동조하는 광부들을 매도하는 것으로 실직의 좌절감을 달래는 그녀의 남편, 빌리에게 남몰래 연정을 품고 있는 마이클. 모두가 현실 속에 살아 숨 쉬는 진솔한 캐릭터로 이야기 속에 녹아들어 있다. 그런 진실성이 가슴을 뭉클하게 만든다. 특히 빌리를 위해 돈을 벌어야겠다고 생각한 아버지가 동료들을 배신하고 작업에 복귀하자 형 토니가 아버지를 말리는 장면, 그러다가 마침내 아버지를 부둥켜안고 흐느끼는 장면이 가슴 찡한 감동으로 다가온다. 자식에게 자기와 같은 삶을 물려주고 싶지 않은 아버지의 절박함은 언제나 감동을 준다. 이것은 아무리 많이 반복되어도 결코 가벼워지지 않는 우리 삶의 가장 치열한 진실이다.

결국 빌리는 아무런 희망도 없는 척박한 탄광촌의 소년에서 화려한 스포트라이트를 받는 무대 위의 스타로 도약한다. 탄광촌과 발레, 광부와 발레리노, 쉽게 조합이 되지 않는 이미지들이다. 하지만 바로 그렇기 때문에 빌리의 성공 스토리가 훨씬 강렬하게 어필하는지도 모른다. 이런 종류의 이야기에서는 주인공이 자라난 토양이 척박하면 할수록 그 반대급부로서의 성공이 훨씬 짜릿하게 느껴지는 법이니까. 빌리의 아버지와 형으로 하여금 발레에 심한 편견을 갖게 한 것도 그렇다. 이것은 사실 너무나 자연스러운 현상이다. 이들은 태어나서 지금까지 남자가 발레를 할 수 있다고 생각해 본 적이 없는 사람들이다. 더구나 지금은 생존의 문제가 달린 투쟁을 치열하게 벌이고 있는 중이 아닌가. 이런 절박한 상황에서 계집애들이나 하는 발레를 하겠다고 하니 울화통이 터질 만도 하다. 하지만 발레가 계집애들이나 하는 것이라는 선입견은 영화의 마지막 장면에 나오는 매튜 본의 <백조의 호수>에 의해 여지없이 깨지고 만다.

매튜 본 안무의 <백조의 호수>는 기존의 <백조의 호수>와 전혀 다른 작품이다. 이 작품의 가장 큰 특징은 기존에 가냘픈 발레리나들이 맡았던 백조의 역할을 남성들이 맡았다는 점이다. 여기서는 가냘프고 아름다운 백조가 아닌 근육질의 투박하고 와일드한 백조가 나온다. 음악은 차이코프스키의 <백조의 호수>를 그대로 쓰고 있지만, 안무나 내용은 완전히 다르다. 기존의 <백조의 호수>는 마법에 걸려 백조로 변한 오데뜨 공주와 지그프리트 왕자의 비극적인 사랑을 그린 것이다. 오데뜨 공주는 자신을 진실로 사랑하는 남자를 만나야 마법에서 벗어날 수 있다. 공주는 지그프리트 왕자와 사랑에 빠지고, 그로 인해 마법에서 풀려날 것이라고 믿는다. 하지만 이것을 알게 된

마법사가 무도회에 오데뜨 공주와 똑같이 생긴 흑조를 보내 왕자의 사랑을 받게 함으로써 모든 것은 물거품이 되고 만다. 결국 마법에서 풀려나지 못한 공주는 비극적인 죽음을 맞는다. 영화에 나오는 차이코프스키의 음악은 바로 이 장면에 나오는 것이다.

하지만 매튜 본의 <백조의 호수>는 이와는 전혀 다른 내용을 가지고 있다. 이 작품의 주인공은 애정 결핍증에 걸린 왕자이다. 왕자는 어머니인 여왕의 사랑을 갈구하지만 여왕은 공무에 바빠 왕자에게 애정을 쏟을 틈이 없다. 왕자는 고독과 소외, 성 정체성의 혼란, 불분명한 자아 사이에서 고뇌하고 방황하다 결국 자살을 선택한다. 하지만 자살하려는 순간, 꿈속에서 보았던 백조가 호수에서 나타나 그를 사로잡는다. 이 순간부터 백조는 왕자의 영혼의 동료이자 삶을 살아가는 유일한 이유가 된다.

어느 날, 여왕이 베푼 무도회에 백조와 똑같이 생긴 젊은이가 나타나 여왕을 유혹한다. 이것을 보고 왕자가 흥분하자 경호원들이 그를 방으로 데려간다. 의사로부터 강력한 진정제를 투여받은 후 잠시 안정을 찾은 왕자 앞에 그가 사랑하는 백조가 나타난다. 백조는 왕자를 평화스러운 세계로 데려가고, 방에 들어온 여왕은 왕자의 죽음에 오열한다.

기존의 <백조의 호수>에서 남자 무용수는 대개 공주를 위로 들어 올리는 데 힘을 쓰지만, 매튜 본의 <백조의 호수>에서는 남자가 스스로 백조가 되어 힘차게 공중으로 도약한다. 마지막 장면에서 성인이 된 빌리 역에는 실제로 매튜 본의 <백조의 호수>에서 제1대 백조를 맡았던 세계적인 발레리노 아담 쿠퍼가 출연했다. 그가 무대로 나가기 직전, 목운동을 하며 몸을 푸는 뒷모습에서 탄탄하게 발달된 남자의 근육이 드러난다. 너무나 가늘어서 중량감이 전혀 느껴지지 않는 여성 발레리나의 몸에서는 느낄 수 없는 야성미. 누가 발레를 계집애들이나 하는 것이라고 했던가. 아담 쿠퍼의 발달된 근육은 발레리노로서의 연마 과정이 탄광촌에서 일하는 광부의 노동 못지않게 격렬하다는 것을 보여준다. 이제 빌리는 무대로 나가려고 한다. 그 비약적인 신분 상승의 순간, 극적인 차이코프스키의 음악이 비장한 울림으로 클라이맥스에 오른다. 그 음악에 맞추어 빌리가 힘차게 공중으로 뛰어오르고, 바로 그 순간 영상이 멈춘다. 그렇게 공중에 머물러 있다. 다시는 탄광촌이라는 현실로 내려오지 않으려는 듯이.

<참고 문헌>

강계숙, 「발터 벤야민과 문학연구방법론」, 『현대문학의 연구』 18권, 한국문학연구학회, 2002 .

헬레나 노르베리-호지 저·김종철 역, 『오래된 미래』, 녹색평론사, 1996.

박영민, 『과정 중심 비평문 쓰기』, 교학사, 2003.

박제성, 「김선욱·이상 엔더스 듀오 콘서트」, 『객석』 2015년 10월호.

서종학·노상래·박종갑·곽은희, 『예·체능계열 직업세계와 맞춤형 글쓰기』, 영남대학교출판부, 2010.

아놀드 하우저 저, 최성만·이병진 역, 『예술의 사회학』, 한길사, 1983.

이주헌, 『내 마음속의 그림』, 학고재, 1997.

진회숙 지음, 『영화와 클래식』, 청아출판사, 2013.

최의창, 「*Teaching for Lifetime Physical Activity through Quality High School Physical Education*」, 『한국스포츠교육학회보』 제34호, 한국스포츠교육학회, 2004.

학문과 소통 : **보고서**

1. 학문과 소통, 그리고 보고서

보고서는 대학 생활 동안 가장 자주 쓰게 되는 글쓰기 유형이라고 할 수 있다. 학생들은 다양한 종류의 보고서를 작성함으로써 연구 방법을 습득하고 연구 결과를 보고하는 표현 기교를 연습하게 된다. 강의를 듣는 것은 수동적인 학습 방법인 반면, 보고서 쓰기는 스스로 어떤 주제에 대해서 자료를 찾고 조사를 하는 과정을 통해 지식을 넓히는 능동적인 학습 방법이라 할 수 있다. 수업 시간에 개괄적으로 배웠던 내용을 다른 문헌이나 서적을 참고하여 좀 더 깊이 있게 탐구해 볼 수도 있고, 학습 과정에서 배운 이론적 배경을 적용하여 실험·조사를 하거나 자료를 분석할 수도 있다. 이런 과정을 통해 학생 스스로 한 단계 나아간 새로운 연구 결과를 만들어 낼 수 있다. 따라서 보고서 쓰기는 학생들이 자신들의 주체적 사고 능력이나 연구 능력을 배양할 수 있는, 그리고 교수자가 학생들의 이러한 능력을 판단할 수 있는 중요한 글쓰기 방법이다.

보고서의 형식이나 성격은 전공 분야나 보고서의 종류에 따라 조금씩 다르다. 보고서의 종류에는 연구 보고서, 조사 보고서, 실험 보고서 등이 있다. 연구 보고서는 약식 논문 형태를 갖춘 것으로, 특정 주제에 대한 문제의식에서 출발하여 논증을 통해 그에 대한 새로운 견해를 제시하는 것이다. 연구 보고서 쓰기는 논문 쓰기를 위한 훈련이 되기도 한다. 이는 교양 과목뿐만 아니라 각 영역의 전공 공부가 심화될수록 더 자주 요구되는 보고서 형식이다. 조사 보고서는 설문 조사, 현장 답사 등을 통해 현장에서 직접 조사한 결과를 정리하고 분석하는 것으로, 인문학, 사회 과학, 자연 과학, 예술·체육 분야 등 다양한 영역에서 쓴다. 실험 보고서는 실험의 과정과 결과를 정리하여 제출하는 보고서로 주로 자연 과학 및 사회 과학 영역에서 활용된다.

2. 보고서의 종류

전공 분야에 따라 다양한 형태의 보고서가 있지만 여기에서는 연구 보고서, 조사 보고서, 실험 보고서 등에 대해 간략히 살펴보겠다.

1) 연구 보고서

연구 보고서는 어떤 주제에 대해 문제의식을 가지고 그에 대한 독창적인 견해나 사상, 연구 결과 등을 논리적으로 정리한 것이다. 학습 보고서라고도 하는데, 전공 분야에 대한 논문 쓰기의 전 단계 글쓰기라고 볼 수 있다. 논문처럼 엄격한 형식과 독창성이 요구되는 것은 아니지만 어느 정도의 내용적·형식적 요건을 갖출 필요는 있다. 그러기 위해서는 사실이나 정보를 단순히 요약하거나 나열해서는 안 되고 주제에 대한 필자의 비판적 견해와 주장을 포함해야 한다. 필자의 견해를 펴기 위해서는 선행 연구에 대한 검토가 필수적이다. 선행 연구를 비판적으로 수용하고, 정확하고 타당한 근거들을 토대로 자신의 의견을 제시해야 한다. 그리고 인용하거나 참고한 자료에 대해서는 그 출처를 분명하게 밝혀야 한다.

2) 조사 보고서

조사 보고서는 특정 주제에 대한 설문 조사, 현장 답사 등을 실시하여 그 결과를 객관적으로 정리하고 그에 대한 분석 결과를 제시하는 글이다. 조사를 통해 얻어진 데이터나 분석 결과는 학술적 연구나 정책 개발 등을 위한 기초 자료로 사용될 수 있다. 그렇기 때문에 조사 및 정리 과정에 글쓴이의 주관적 견해가 들어가서는 안 된다. 조사 보고서는 다음과 같은 요건이 필요하다.

① 조사 목적과 의의: 조사의 목적, 데이터 구축이 갖는 의의, 조사 결과의 활용 계획 등이 명료하게 제시되어야 한다.

② 조사 방법: 조사 대상과 범위, 조사 일정과 시기 등이 구체적으로 제시되어야 자료의 신뢰도를 높일 수 있다.

③ 조사 결과: 조사 결과에 대한 체계적인 정리와, 그것을 토대로 한 객관적 설명이나 해석이 뒷받침되어야 한다. 수치에 대한 분석은 표나 그래프를 이용하는 것이 효과적이고, 설명이 필요한 부분은 첫째, 둘째, 셋째 등의 용어를 써서 체계적으로 서술하는 것이 한눈에 알아보기 쉽다. 향후 추적 조사 등이 필요하다면 이에 대한 계획과 전망도 밝혀 주면 좋다.

다음은 조사를 토대로 한 연구 논문의 초록이다. 논문을 찾아보면 조사 보고서 작성에 필요한 방법들을 보다 구체적으로 알 수 있으며, 이를 조사 보고서 쓰기에 참고할 수 있다.

예문 1)[21]

대중들의 개인 변인에 따른 음악 선호도 조사 연구
- 음악 요인과 음악 외 요인을 중심으로 -

이 연구는 효과적인 음악치료 결과를 야기하기 위해 중요한 요인인 클라이언트의 음악 선호를 알아보기 위한 것이다. 클라이언트 선호 요인을 다각적으로 파악하기 위해 일반인들을 대상으로 음악, 그리고 음악 활동 선호와 각 개인 변인에 대한 관계를 구분하여 조사하였다. 표본은 전국 20-50대 성인 1824명을 대상으로 하였으며 전국을 도별로 군집으로 나누고 하위 단계별로 나누어 그 안에서 연구자 편의에 따라 표집한 편의 표집 방법을 사용하였다. 연구 방법은 질문지를 통한 조사 연구 방법을 적용하였다. 연구 결과는 다음과 같았다. 첫째, 일반인들은 즐거움을 위한 목적으로 음악을 감상하며 이는 연령, 성, 학력, 직업, 레슨 경험과 관련이 있었다. 둘째, 일반인들

21. 박소연·황은영, 「대중들의 개인 변인에 따른 음악 선호도 조사 연구 -음악 요인과 음악 외 요인을 중심으로-」, 『한국음악치료학회지』 제13권 1호, 한국음악치료학회, 2011, 1쪽.

은 음악 활동 중 감상 방법을 가장 선호하며 이는 연령, 성, 학력, 직업, 레슨 경험과 관련이 있었다. 셋째, 음악 요인 중 장르는 대중 음악을 가장 선호하며 장르 선호는 연령, 성, 학력, 직업, 레슨 경험과 관련이 있었다. 한편, 음색과 가사는 연령, 학력, 직업과 관련이 있었다. 넷째, 음악 외 요인 중 감상 매체는 MP3가 가장 많았으며 이는 연령, 학력, 직업과 관련이 있었다. 본 연구는 일반인들의 음악에 대한 선호를 파악함으로써 이들의 요구와 필요에 맞는 효과적인 음악치료 프로그램을 계획하는 데 도움을 준다는 점에서 그 의의를 찾을 수 있었다.

3) 실험 보고서

실험 보고서는 주제나 가설을 설정한 후 그것을 확인하기 위해 실험을 하고 그 결과를 분석·보고하는 목적으로 쓰는 글이다. 자연 과학 분야에서 가장 많이 활용되지만, 그 밖에 사회 과학이나 체육 분야 등에서도 자주 쓰게 된다. 실험 보고서는 일반적으로 다음과 같은 형식을 갖추어야 한다.

① 실험 목적과 의의: 실험을 통해 측정하거나 검증하려고 하는 것이 무엇인지, 이 실험이 어떤 의의를 가질 수 있는지 등을 서술한다. 실험 목적과 필요성은 이미 발표된 논문이나 실험 보고서에 대한 검토를 토대로 제시되어야 한다. 그래야 선행 실험과의 차별성, 독자적인 의의 등이 드러날 수 있다. 그러므로 연구사 검토가 반드시 선행되어야 한다.

② 실험 방법: 실험 방법에 대해서는 항목별로 상세하고 명확하게 기술해야 한다. 실험과 관련된 이론적 배경이나 원리 및 용어에 대한 정의, 실험 재료, 실험 조건, 실험 절차, 실험 도구, 실험 결과 분석 방법 등에 대한 구체적인 설명이 필요하다. 사람을 실험 대상으로 삼을 경우에는 피험자에 대한 설명도 이루어져야 한다. 실험 방법과 그 결과에 대한 해석에 있어서 가장 중요한 것은 객관성의 확보이다. 대상, 시간, 장소 등이 실험의 변인으로 제시되는 경우가 아니라면, 누가, 언제, 어떤 곳에서 실험을 하여도 같은 결과가 나올 수 있을 정도의 객관성을 확보해야 한다.

③ 실험 결과: 실험의 결과를 객관적으로 기술하고, 이것이 갖는 의미에 대해 분석해야 한다. 선행 실험 결과와의 차이를 부각시키고 실험 결과의 활용 방안 등을 제시함

으로써 실험의 의의를 강조할 수 있다. 아울러 실험의 한계와 향후 실험의 방향에 대한 기술도 필요하다. 수치로 나타낼 수 있는 실험 결과는 표로 만들거나 그래프를 그려 일목요연하게 제시하는 것이 좋다.

다음은 실험을 토대로 한 연구 논문의 초록이다. 논문을 찾아 보면 실험 보고서 작성에 필요한 방법들을 보다 구체적으로 알 수 있으며, 이를 실험 보고서 쓰기에 참고할 수 있다.

예문 2)[22]

운동 형태가 청소년의 상태 불안 감소에 미치는 영향

과거의 운동심리학(exercise psychology) 문헌들은 일회(acute) 운동 후에 상태 불안이 감소되어 기분이 좋아지는 효과를 얻을 수 있다고 밝혀 왔다. 이 연구의 목적은 어떤 형태(유산소 대 무산소)의 일회 운동이 청소년의 상태 불안과 그에 관련된 생리 변인들에 보다 긍정적인 영향을 미치는지를 비교하고자 하는 것이었다. 12명의 남자중학교 학생들을 6명씩 두 집단으로 나누어 한 집단에게는 유산소 운동을, 다른 집단에게는 무산소 운동을 시킨 후, 1주일 후에는 서로 역할을 교대시키는 반복 측정을 하였다. 유산소 운동은 심박수를 이용하여 최대 운동 능력(VO2peak)의 75% 강도로 트레드밀에서 20분간 달리기를 하는 것이었고, 무산소 운동은 6개의 웨이트트레이닝을 십 회 반복 최대(10RM)의 75% 강도로 돌아가며 20분간 실시하는 것이었다. 각 운동 전·후에는 20분 동안 안정을 취한 뒤 상태 불안, 체온 그리고 혈압을 차례로 측정하였다. 각 운동 조건의 평균을 비교하기 위한 통계 분석은 사전 검사 결과를 공변인으로 하고 사후 검사 결과를 종속 변인으로 하는 공변량분석(ANCOVA)을 실시하였다. 자료 처리 결과, 유산소 운동과 무산소 운동 후 어떤 변인들에도 유의한 차이가 나타나지 않았다($p<.05$). 따라서 청소년의 상태 불안을 감소시키는 데는 운동 형태 간에 차이가 없으며 그러한 연구에 대해 지속적인 관심과 필요성이 강조되었다.

---

22. 류호상·염민선·변재철·박승한, 「운동 형태가 청소년의 상태 불안 감소에 미치는 영향」, 『한국스포츠심리학회지』 제13집 제2호, 한국스포츠심리학회, 2002, 15쪽.

3. 연구 보고서 작성 방법

여기에서는 연구 보고서 작성 방법에 대해 구체적으로 알아보겠다. 연구 보고서는 약식 논문 형태의 보고서라고 할 수 있다. 대학 학부생 수준에서 엄격한 형식과 내용을 갖춘 논문을 쓰기는 쉽지 않다. 그러나 연구 보고서 쓰기를 통해 논문의 구성과 형식 등을 익혀 놓는 것은 전공 영역 학업의 심화에 많은 도움이 될 수 있다.

1) 연구 보고서 작성 과정

연구 보고서를 작성하는 과정도 일반적인 글쓰기의 과정과 크게 다르지 않다. '주제 정하기-자료 조사 및 정리하기-목차 구성하기-집필하기-퇴고하기'의 순으로 진행한다.

(1) 주제 정하기

연구 보고서의 주제를 정하기 위해서는 관심 주제에 대한 기존의 연구 성과를 어느 정도 알아야 한다. 아무리 뛰어난 연구자라 하더라도 온전히 새로운 견해만으로 논문을 작성할 수는 없다. 학부생 수준의 연구 보고서 작성에서는 더욱 그러하다. 그러므로 선행 연구 자료들을 찾아 읽어 나가면서 기존 연구 자료와 차별화되고 독창적인 자신만의 연구 주제와 제목을 정하게 된다.

(2) 자료 조사 및 정리하기

선행 연구를 검토하기 위해서는 관련 주제에 대한 자료 목록을 먼저 작성할 필요가 있다. 자료 목록에는 연구 보고서의 텍스트가 되는 기본 자료와 함께 국내외에서 연구된 단행본, 학술 논문, 신문 기사, 인터넷 자료 등이 포함되어야 한다. 이 자료들을 검토하면서 자신이 생각했던 주제를 수정할 수도 있고 구체화할 수도 있다. 인용한 자료들은 각주나 참고 문헌을 통해 반드시 밝혀 주어야 한다.

자료를 조사할 때는 주제와 관련된 핵심 키워드를 중심으로 검색하는 것이 좋다. 도서관 홈페이지에서 자료를 검색하고 직접 도서관에 가서 단행본과 학위 논문, 학술지 논문 등을 대출하거나 복사할 수 있다. 학교 도서관 홈페이지 외에도 학술 자료를 검색할 수 있는 전문 사이트들이 많이 있는데, 가장 많이 활용하는 것은 '학술연구정보서비스(http://www.riss.kr)', 'KSI KISS(http://kiss.kstudy.com)' 등이다. 이 사이트에 접속해서 논문의 제목이나 키워드, 저자명 등으로 검색을 하면 자료를 볼 수 있으며, 교내에서는 검색한 논문을 무료로 출력할 수도 있다. 간혹 인터넷의 포털 사이트에서 검색한 자료를 참고하기도 하는데, 이런 경우에는 출처가 분명한지, 믿을 만한 자료인지 반드시 확인해 보아야 한다. 가능하면 이 자료들은 참고만 하고 원전이나 논문을 찾아서 인용하는 것이 바람직하다.

(3) 목차 구성하기

기본 자료를 충분히 검토하고 참고 문헌도 어느 정도 읽게 되면 연구 보고서의 구도를 짜야 하는데, 이는 목차를 통해 표현된다. 보통 '서론-본론-결론'의 삼단 구성을 갖추게 된다. 서론에서 제기했던 문제의식과 본론의 논증 과정, 그리고 결론의 내용이 얼마나 긴밀하게 연결되어 있는가가 논문의 완성도를 말해 준다. 목차에 이러한 내용이 표면화되어 목차만 봐도 어떤 연구를 하고 있는 것인지 알 수 있도록 하는 것이 좋다.

(4) 집필 및 퇴고하기

주제를 정하고 자료를 정리하여 목차를 구성한 뒤 본격적인 집필에 들어가게 된다. 그런데 보고서를 작성하다 보면 원래 생각했던 주제와 방향이 다소 바뀔 수도 있다. 그럴 경우에는 큰 흐름을 잃지 않는 범위 내에서 목차 수정과 자료 보충이 필요하다. 다른 모든 글쓰기와 마찬가지로 퇴고의 중요성은 아무리 강조해도 지나치지 않다. 퇴고하기 단계에서는 서론의 문제의식이 결론에서 얼마나 논리적으로 밝혀졌는가에 중점을 두어야 한다.

2) 연구 보고서의 구성

연구 보고서는 일반적으로 표지, 초록, 목차, 본문, 참고 문헌으로 구성된다.

(1) 표지

상단 중앙에 보고서 제목을 쓰고, 하단 우측에 과목명, 담당교수명, 제출일, 제출자(학과, 학번, 이름) 등을 기재한다. 제목은 보고서의 내용 및 의의를 함축적으로 제시해야 한다. '보고서'가 제목이 될 수 없다.

(2) 초록(요약문)

보고서의 핵심 내용을 요약하여 제시하는 것이다. 연구 목적과 결론을 중심으로 보고서의 내용을 한두 문단으로 정리하면 된다. 필수 사항은 아니지만 초록만 보고도 전체 내용을 짐작할 수 있기 때문에 이해에 도움을 줄 수 있다.

(3) 목차

본문의 내용이 잘 드러나도록 일목요연하게 작성한다. 글쓰기 절차 중 개요 작성 방법을 참고할 수 있다. 요약적으로 제시되는 화제 개요 형식을 활용하면 된다. 장, 절, 항의 구분에 따라 번호의 층위를 달리 해야 한다.

<표지>

천경자의 생애와 미술 세계

과 목 명: 명저 읽기와 글쓰기
담당교수: ○○○
제 출 일: 20○○년 ○월○일
제 출 자: ○○○(학번)

<목차>

- 목 차 -

Ⅰ. 서론
1. 연구 목적 및 필요성
2. 선행 연구 검토

Ⅱ. 천경자의 생애
1. 시대적 배경
2. 천경자의 생애

Ⅲ. 천경자의 미술 세계
1. <생태>: 자학의 징표
2. <환(歡)>: 행복의 자취
3. <아리만다의 그늘>: 독립과 저항

Ⅳ. 결론

(4) 본문

일반적으로 서론, 본론, 결론의 삼단 구성을 기본으로 한다. 그러나 전체의 글을 반드시 세 단계로 나누고 각 단계마다 그러한 제목을 붙여야 하는 것은 아니다. 본론의 경우에는 본론이라는 제목을 쓰지 않고, 그에 해당되는 부분들을 각기 독립된 장으로 나눌 수도 있다.

서론에서는 연구 주제에 대한 문제를 제기하고 연구의 목적 및 필요성 등을 서술한다. 그리고 본 보고서에서 다루고자 하는 연구 주제와 관련 있는 선행 연구를 검토한다. 선행 연구 검토는 연구사를 단순히 정리하는 것이 아니라 비판적으로 검토하고 그를 토대로 본 연구의 필요성과 차별성 등을 강조할 수 있어야 한다. 연구에 적용되는 연구 방법론과 기본 자료도 서론에서 분명히 밝혀 주어야 한다.

본론은 연구 결과의 정확성이나 해석의 타당성을 논증하는 부분으로서, 모든 문제점이나 가설의 검증이 본론에서 이루어져야 한다. 그러기 위해서는 연구 주제에 초점을 둔 체계적인 논거 제시, 정밀한 자료 분석, 그리고 논증이 필요하다. 이 과정에서 기존의 연구 성과에 대한 비판적 검토가 있어야 하며, 이와 차별적인 자신의 독창적인 견해가 뚜렷이 제시되어야 한다. 자신의 견해와 다른 연구자의 견해는 명백히 구분해야 하며 이를 위하여 각주 처리를 통해 인용을 분명히 밝혀 주어야 한다. 귀납적 전개를 통해 결론에 도달하는 것이 일반적이다.

결론은 논의의 결과를 포함하여 보고서 전체를 요약하는 부분이다. 본문의 연구에서 도출된 중요한 사실이나 결론을 논지 전개에 따라 재정리하고 간명하게 요약한다. 그리고 논의의 의의와 더불어 한계도 제시하는 것이 좋다. 그것은 후속 연구를 위하여 혹은 다른 연구자에게 과제를 제공하여 학계의 발전을 도모한다는 의미를 지니고 있다. 서론의 문제 제기와 논의의 결과가 부합하는지 확인하는 것이 무엇보다 중요하다.

예문 3)[23]

서 론

『삼국사기』가 한국사학 연구 분야에서 현존 한국의 최고 사서(史書)이듯이, 그 사서의 악지(樂志)는 한국음악학 연구 분야에서도 최고의 음악 사료임은 누구나 다 아는 사실이다. 『삼국사기』에 관한 학술적 연구가 그동안 한국사학계에서 여러 차례 있었고, 오늘날에도 계속 논의의 대상이 되고 있다. 이러함에도 불구하고 필자가 여기서 새삼스러운 견해를 제시하게 된 동기는 다음의 두 가지 이유 때문이다.**[도입]**

『삼국사기』의 사료적 성격에 대한 한국사학계의 논쟁은 대개 두 가지 견해로 집약될 수 있겠는데, 하나는 부정적인 비판이고, 다음은 긍정적인 면에서 사료적 가치를 해석하려는 견해이다. 일제 시대 민족사학자로 알려진 단재(丹齋) 신채호(申采浩, 1880-1936) 및 육당(六堂) 최남선(崔南善, 1890-1957), 그리고 근래 김철준(金哲埈) 이상의 학자들은 『삼국사기』를 부정적인 견지에서 그 사료적 성격을 비판하고 있으나, 1960년부터 고병익·이기백·신형식 등의 학자들은 『삼국사기』의 사료적 가치를 긍정적으로 평가해야 할 것이라고 주장하고 있다. 이렇듯 『삼국사기』에 관한 한국사학계의 열띤 논쟁이 있었지만, 삼국 시대 음악 사료인 악지의 사료적 성격에 대한 아무런 학술적 논의가 필자가 아는 한에서는 한국음악학계에서 없었다. 한국사학회에서 집약된 두 가지 견해를 한국음악학계는 어떻게 받아들여야 할 것인가라는 의문을 한국음악사를 전공하

23. 송방송, 「삼국사기 악지의 음악학적 연구-사학적 성격을 중심으로」, 『한국음악연구』 11, 한국국악학회, 1981, 265-267쪽.

는 필자는 『삼국사기』 악지를 대할 때마다 떨쳐버릴 수가 없었으며, 언젠가는 자신의 견해를 정리해 두어야 할 필요성을 느끼게 되었다. 이것이 이번 연구를 하게 된 첫째 동기이다.**[연구의 필요성 및 동기 1]**

둘째로 한국음악학의 연구 분야인 한국음악사학(韓國音樂史學)도 역사학의 한 분야인 이상 『삼국사기』 악지를 사료로 인용하기에 앞서서 사료적 성격에 대한 학술적 비판과 검토가 마땅히 있어야 할 것이다. 그리고 그 악지의 사료가 어느 정도의 신빙성을 지니고 있으며, 어떠한 증거 능력을 갖고 있는가에 관한 사료 비판은 한국음악사학의 중요한 과제 중의 하나이다. 따라서 『삼국사기』 악지의 사료적 평가 작업은 한국음악학 연구 분야에서 외면할 수 없는 일이므로, 언젠가 누구에 의해서 반드시 이루어져야 할 것이다. 한국음악사료의 학술적 비판을 위한 음악학적 연구는 단순히 필자 자신의 관심에 머무를 것이 아니라고 믿는 바이다.**[연구의 필요성 및 동기 2]**

이러한 동기에서 시작된 본고의 목적은 『삼국사기』 악지의 사료적 성격을 음악학적 견지에서 검토하여 그 사료의 신빙성을 알아보려는 데 있다.**[연구 목적]** 악지의 사료적 가치를 규명하기 위하여, 첫째로 김부식 이하 편찬자들이 어떻게 악지를 편찬하였는지를 현존 문헌으로 비교·고찰해야 할 것이며, 둘째로 악지의 내용이 어떤 구성으로 이루어졌는지를 분석 검토해 보아야겠다.**[연구 방법]**

따라서 중국 측 문헌과 한국 측 문헌에서 인용된 악지의 기록이 2항에서 검토될 것이고, 악지의 내용 구성에 대한 논의는 3항에서 다루어질 것이다.**[논의의 구성]** 위와 같은 두 가지 견지에서 고찰될 본 연구의 범위는 『삼국사기』 악지의 기록에 한정될 것이다. 그러므로 악지에 포함되어 있는 여러 문제점에 관한 논의는 본고에서 제외될 것이며, 본 연구를 위한 『삼국사기』는 한국사학계에서 널리 쓰이는 정덕본(正德本, 1512年刊)을 원본으로 삼았음을 먼저 밝혀 두고자 한다.**[연구 범위 및 자료 소개]**

끝으로 이번 연구와 관련된 「금조(琴操)」의 원자료를 필자에게 친히 제공해 준 일본의 중견 음악학자 삼곡양자(三谷陽子) 교수에게 여기서 감사하는 바이다.**[사사(謝辭)]**

예문 4)[24]

결 어

퇴계와 율곡으로 대표되는 조선 시대의 사림파는 주자학을 이데올로기로 삼는 사회 세력으로서 한국사상사에 미친 그 영향력은 매우 크다. 그동안 우리 학계에서는 사림파의 우주론과 심성론에 관해서는 활발히 연구하여 소기의 성과를 거두었지만 미학사상에 대한 논의는 그다지 활발하지 못했다. 이 글에서는 사림파의 사유 체계 속에서 미적 예술적 현상이 어떻게 취급되고 있으며 그 역할이 무엇인지를 심도 있게 고찰함으로써, 한국미학사상사의 주요 단면을 해명하고 나아가 그 현대적 의의를 찾아보고자 하였다.

이런 맥락에서 산수에 은거하여 연학(硏學)하는 귀거래(歸去來)의 의미와 아름다운 자연 경물을 완상하면서 자연과의 합일을 지향하는 사림파 지식인들의 삶의 태도를 충실히 음미하고, 예술 활동의 목적이 자연의 영원한 법칙을 깨닫고 인격 도야와 사풍(邪風) 순화에 있다는 그들의 주장을 읽어 볼 수 있었다. 그들에게서 미와 예술은 인간의 본연지성(本然之性)을 회복하며 성정(性情)의 순정(淳正)을 기하기 위한 방편이고, 온유돈후(溫柔敦厚)나 충담소산(沖淡蕭散)과 같은 품격이 중시되며, 질박성(質樸性)과 청정성(淸淨性)이 미의 이상으로 존중되고 있다.

율곡은 시의 가치가 무엇보다도 인간에게 감동을 주는 데 있다고 생각하였다. 이 감동은 외물(外物)을 노래하는 데서 얻는 감동이 아니라, 올바른 성정을 읊는 데서 얻는 감동이다. 이런 의미에서 『시경』의 경지를 시의 모범으로 생각하고 이것을 시의 본연이라 하였다. 그것은 "사람의 정을 다 드러내고[曲盡人情], 사물의 이치에 두루 통하면서[旁通物理], 유순하고 참된[優柔忠厚]" 세계를 잘 드러내 주고 있기 때문이다. 그러나 『시경』의 이러한 정신이 시대를 내려오면서 점차 참모습을 잃게 되었으므로, 그는 당시까지 『시경』의 정신을 조금이라도 담고 있는 시들을 엄선하여 「정언묘선」을 지어 올바른 시의 모습을 제시하려 했다. 그는 자신의 굳건한 예술 철학에 입각하여 '정

24. 민주식, 「조선 시대 사림파(士林派)의 미학사상- 이이(李珥)의 문예론을 중심으로-」, 『미학예술학연구』 14권, 한국미학예술학회, 2001, 308-309쪽.

선(精選, anthology)'의 정신을 훌륭히 발휘함으로써 문예의 세계에 올바른 질서를 부여하려 했다. 그는 훌륭한 시를 읊조려 '청화(淸和)'를 펴게 되면 마음속의 온갖 찌꺼기를 다 씻을 수가 있으므로 존양성찰에 도움이 된다고 하였다. '청화'란 인욕이 개재되지 않은 맑고 깨끗한 상태의 과불급(過不及)이 없는 정(情)을 말한다.

율곡은 「정언묘선」에서 시를 여덟 부류로 나누어 각각의 표현상의 특징과 품격을 논했다. 시는 사람의 말 가운데서도 그 최고의 정수인데, 시의 정해진 틀이 있어서 자칫 꾸밈이 지나쳐 진실을 속이게 되는 경우가 있다. 꾸밈이 지나치면 성정을 읊는 데 그릇되어 마음을 흐리게 된다. 그가 정선한 다양한 품격의 시들은 모두가 가슴속의 더러움을 씻을 수 있는 역할을 수행하는 것들이다. 그 가운데서도 '충담소산'을 첫 번째로 들고 있듯이, '담박(淡泊)'하고 '자연(自然)'스러운 것을 가장 중요시하였다. 그는 문식을 하지 않는 자연으로부터 나온 문을 '지문(至文)'이라 하고, 문식을 하지 않고서 아름답게 되는 '불문이위문'의 경지를 으뜸으로 생각하였다. 이러한 예술관은 사림파 지식인의 견해이지만, 조선 시대 장인 예술에서 보이는 '무작위성(無作爲性)'과 '자연성(自然性)'의 미학과도 상통하는 것이다.

(5) 참고 문헌

보고서를 작성할 때 참고했던 단행본, 학술 논문, 신문 기사, 인터넷 자료 등을 기록한다. 본문에서 각주를 달고 인용한 자료만 기록해야 한다. 작성 순서는 기본 자료, 국내 논저, 국외 논저 순으로 나누어 기록하기도 한다. 국내 논저는 저자명의 가나다순, 국외 논저는 저자명의 알파벳순으로 정렬한다.

3) 연구 보고서의 형식

연구 보고서는 논문 쓰기 전 단계의 글쓰기라고 할 수 있다. 그러므로 논문을 쓸 때와 마찬가지로 적절한 인용을 하고 주석을 달아야 하며 참고 문헌을 밝혀 주는 것이 필요하다. 주석과 참고 문헌을 작성하는 방식은 전공이나 학술지에 따라 차이가 있다. 교과목 담당 교수의 논문이나 관련 학과에서 주로 참고하는 학술지에 수록된 논문을 찾아보고 그 형식을 참고로 하는 것이 가장 좋은 방법이다.

(1) 인용 및 주석

학부생 수준에서 쓰는 보고서의 대부분은 선행 연구를 바탕으로 자신의 견해를 보태는 글쓰기이다. 권위 있는 사람의 글을 제시함으로써 자기의 주장이 타당하거나 정확하다는 것을 강조하기도 하고, 자기의 견해와 타인의 견해가 어떻게 다른지를 제시함으로써 자신의 견해가 타당성이 있다는 것을 강조하기도 한다. 이런 목적을 성취하기 위해서는 반드시 필요한 곳에 적절한 구절을 인용해야 하며, 결코 인용을 남발해서는 안 된다.

인용되는 자료는 논거로써 충분한 권위를 지닌 것이어야 하며 정확해야 한다. 그러기 위해서는 최대한 자신이 직접 구해서 확인한 자료, 즉 1차 자료를 근거로 삼는 것이 좋다. 인용문이 지나치게 긴 것은 좋지 않다. 논지 전개에 반드시 필요한 내용만 인용한다.

인용을 제대로 하지 않으면 표절이 된다. 표절은 도둑질이며 범죄 행위이다. 일반적으로 타인의 아이디어, 연구 내용·결과 등을 정당한 승인 또는 인용 없이 도용하는 행위를 표절이라 한다. 그 밖에 존재하지 않는 데이터 또는 연구 결과 등을 허위로 만들어 내는 행위인 위조, 연구 재료·장비·과정 등을 인위적으로 조작하거나 데이터를 임의로 변형·삭제하는 변조 등도 표절과 함께 중대한 연구 부정 행위에 포함된다.

자기가 참고하거나 본문에 인용한 남의 글에 대해 그 글의 저자, 제목, 출전 등을 밝힘으로써 학문적 양심을 지키고, 자기 글을 읽는 사람들로 하여금 다음 단계의 연구에 참고할 수 있게 하기 위해 반드시 주석을 달아 주어야 한다. 인용 외에 논지의 흐름에서 벗어나는 내용이지만 글의 이해에 도움이 될 만한 추가 사항을 쓸 필요가 있을 때도 주석을 달아준다. 주석은 보통 인용문이 있는 면의 제일 밑에 본문과 구별시키기 위한 선을 긋고 그 밑에 달게 되는데, 이 위치 때문에 '각주(脚註, footnote)'라고 한다. 단축 키 Ctrl+N,N을 치면 자동으로 주석의 형식이 만들어진다.

① 직접 인용(외각주)

원문을 그대로 인용하는 것이 논지 전개에 도움이 된다고 판단되는 경우에 활용하는 방식이다. 인용문이 긴 경우, 본문과 구별하기 위해 문단 구성을 달리 하고 활자 크기를 줄여 시각적으로 구분해 준다.

예문 5)[25]

마지막으로 가장 최근에 방송사 전문 기자인 이동식이 펴낸『우리 음악 어디 있나: K-팝의 뿌리』[1)]를 살펴보려 한다. 제1장 진양조로 시작하여 제2·3·4장 중모리, 중중모리, 자진모리, 그리고 마지막 5장 휘모리에 이르기까지 박진감 있게 비판적인 시각과 희망적인 시각으로 바라본 주제들을 조화롭게 배치하고 있다. 책 앞부분에 황병기와 이강숙의 추천의 말을 싣고 있는데 그 중 황병기의 글에 인상적인 부분이 있어 잠시 인용해 보려 한다.

중진 방송인이자 언론인인 이동식 기자가 그러한 고민을 오랫동안 해 온 데 대해 무척 놀랐다. 이 책이야말로 전통문화의 단절 현상 속에 스스로를 비하하는 사조에 자신도 모르게 빠져 있는 현대의 한국인들이 반드시 읽어야 할 책이라고 감히 말하고 싶다. 일찍이 우리 문화 예술에 대한 많은 보도와 프로그램을 제작 방송한 유명한 문화 전문가인 이동식 기자의 목소리는 바로 수십 년 동안 우리 문화계가 추구해 온 목표이기도 하다. 음악은 가장 대중들에게 가깝고 직접적이어서 사회 각계에 미치는 영향력과 파급 효과도 크다. 요즈음 '음악을 통한 스타 되기'에 열광하는 우리 사회에서 진정한 우리 음악이 태동하려면, 또한 우리 음악의 현실과 문제점에 대한 정확한 진단 아래 새로운 길을 찾으려 할 때 이 책이 많은 사람들에게 깊은 공감과 공명을 받을 것이라 믿는다.[2)]

이동식의『우리 음악 어디 있나』에 실린 글들과 황병기의 추천의 말을 보며 지금 우리 한국음악은 철저한 반성과 고민을 통해 다음 세대에 우리 음악의 뿌리를 제대로 전해야 할 것이라는 생각을 해 본다.

---

1) 이동식,『우리 음악 어디 있나: K-팝의 뿌리』(북성재, 2011).
2) 이동식, 위의 책, 황병기 추천의 말 중.

---

25. 강혜진,「한국음악 비평의 현실과 대안」,『한국음악문화연구』 4, 한국음악문화학회, 2013, 14쪽.

② 간접 인용(외각주)

간접 인용은 인용문의 내용을 그대로 인용하지 않고 필자의 말로 바꾸어 그 요지만 인용하는 방식이다.

예문 6)[26]

이러한 기록들을 살펴볼 때 삼국 시대의 누정은 주로 왕실을 중심으로 한 위락 공간이었을 것으로 추정된다. 고려 전기의 누정은 이전 시기와 마찬가지로 주로 왕공귀인들의 사교 공간으로서 문벌 귀족의 문화를 대표하는 곳이었다. 고려 후기에 접어들면 이규보(李奎報, 1168-1241)의 「사륜정기(四輪亭記)」[1)]에서 보듯 궁중이 아닌 개인 소유의 누정이 있었을 가능성이 발견되기도 한다. 고려 말기까지의 누정은 대부분 휴식과 심성 수양의 공간으로 인식되었으며, 원림 가운데 배치되거나 산수 경관을 감상하기 위한 목적으로 조성되었던 것으로 보인다. 특히, 조선 시대에 이르러서는 경내뿐만 아니라 전국의 방방곡곡에 조성되기에 이르렀고, 조영자(造營者)도 와실로부터 사대부 그리고 일반 민간인에 이르기까지 널리 확장되었다.[2)]

1) 네 개의 바퀴가 달린 정자를 만들어, 필요한 도구를 싣고, 쉽게 옮겨 다니면서 아름다운 경치를 즐기게끔 계획했다는 이규보의 취미를 표명한 글.

2) 정동오, 「전통적인 정자원림(亭子園林)의 입지특성 및 공간구성에 관한 연구」, 『한국정원학회지』 제5권 제1호, 1986, pp. 25-26.

③ 내각주

본문 문장에 인용한 저서 또는 논문의 필자명과 출판 연도를 기재하는 방식이다. 인용한 문헌에 대한 출처는 논문 뒤쪽의 참고 문헌 목록에 밝힌다.

26. 민주식, 「누정(樓亭) 문화의 미의식에 관한 고찰」, 『동양예술』 17호, 한국동양예술학회, 2011, 81쪽.

예문 7)[27]

김동규(2006)는 "동양에서 발현된 무도 수련은 본래 내재적 가치 지향을 기축으로 하고 있다. 무도의 정체성, 즉 무도가 서구의 스포츠와 근본적으로 상이한 점은 수련 과정이 수행(修行)의 길이라는 점"이라고 주장하였다. 이는 무도의 내재적 가치 지향을 수행으로 보면서 무도성을 강조한 것이라고 볼 수 있다. 그러나 동양 무도는 무도성과 스포츠화의 양면성을 지니고 전개되고 있는 것이 현재의 추세이며, 이러한 문화의 흐름을 역행할 수는 없다. 그리하여 스포츠화에 성공한 대표적인 무도인 유도, 태권도, 검도 등이 현재 서양 스포츠의 경기 규정을 모방하는 한편으로, 무도의 특성을 살린 평가 기준에 의한 경기 방법을 채택하고 있다. 이는 무도성의 본질을 계승해 나가면서 스포츠화의 길을 가려고 하는 의도라고 볼 수 있다.

참고 문헌

김동규(2006). 무도의 개념정의와 가치지향을 근거로 한 자생적 과제. 움직임의 철학: 한국체육철학회지, 14(1). 149-160.

주석의 형태는 보통 다음과 같다. 단행본인 경우에는 '필자명, 저서명, 출판사, 출판연도, 인용면'의 순서로 기록한다. 학술지 논문의 경우에는 '논문 제목'과 함께 '학술지명과 학술단체명'을 기록해야 한다. 인터넷 자료의 경우에는 사이트 주소와 검색 날짜를 밝혀 주어야 한다. 일반적으로 책 제목은 겹낫표(『 』), 논문 제목은 낫표(「 」)로 표시한다. 인용 면수의 경우, 쪽 또는 면이라고 표기하기도 하고 영어로 p.를 쓰기도 한다. 인용 면수가 한 페이지인 경우에는 p. 5., 두 페이지 이상인 경우에는 pp. 5-7.로 쓴다. 외국 문헌의 경우도 기록 순서는 동일한데 책 제목은 이탤릭체로 쓴다.

처음 인용할 때는 위의 방법을 쓰고, 같은 저서나 논문을 여러 번 인용할 때 두 번째 인용부터는 좀 더 간략한 약식 주석의 방법을 쓴다.

---

27. 김기홍·김동규, 「태권도의 무도성과 스포츠화의 공존」, 『한국체육철학회지』 제15권 제1호, 한국체육철학회, 2007, 36쪽.

㉠ 단행본

손태룡 저, 『음악이란 무엇인가』, 영남대학교 출판부, 2006, p. 221.

손태룡 저(2006), 『음악이란 무엇인가』, 영남대학교 출판부, p. 221.

손태룡, 위의 책(상게서 / Ibid.), p. 225.

손태룡, 앞의 책(전게서 / op.cit.), p. 230.

㉡ 학술지 논문

강혜진, 「한국음악 비평의 현실과 대안」, 『한국음악문화연구』 4, 한국음악문화학회, 2013, p. 115.

㉢ 학위 논문

정용국, 「필획을 통한 들판의 형상화 연구」, 서울대 석사 학위 논문, 2004, p. 10.

㉣ 신문 자료

강재훈, 「대한민국이 작은 학교처럼 산다면…」, 『한겨레』, 2015. 12. 26: 15면.

㉤ 인터넷 자료

감성맨(kimnewok), 「이타적 유전자(매트 리들리)」, 『책을 좋아하는 사람들』, 2011. 5. 20. <http://cafe.naver.com/bookishman>(2011. 5. 25)

(2) 참고 문헌

참고 문헌은 저자 가나다순, 알파벳순으로 정렬한다. 주석을 통해 참고하거나 인용했음을 밝힌 자료만 기록한다.

감성맨(kimnewok), 「이타적 유전자(매트 리들리)」, 『책을 좋아하는 사람들』, 2011. 5. 20. <http://cafe.naver.com/bookishman>(2011. 5. 25)

강혜진, 「한국음악 비평의 현실과 대안」, 『한국음악문화연구』 4, 한국음악문화학회, 2013.

손태룡 저, 『음악이란 무엇인가』, 영남대학교 출판부, 2006.

정용국, 「필획을 통한 들판의 형상화 연구」, 서울대 석사 학위 논문, 2004.

강재훈, 「대한민국이 작은 학교처럼 산다면…」, 『한겨레』, 2015. 12. 26: 15면.

(3) 그 밖의 유의 사항

연구 보고서를 작성할 때는 정해진 분량에 맞추고 제출 기한을 반드시 지켜야 한다.

앞서도 언급했듯이 보고서의 내용과 형식은 각 과목별로 차이가 있다. 담당 교수의 요구와 전공 및 과목의 특성에 맞는 보고서를 작성하기 위해서는 담당 교수 또는 전공 관련 연구자의 논문을 검색해서 찾아보는 것이 좋다. 그리고 선배들이 작성한 보고서를 구하여 샘플을 검토하는 것도 도움이 된다.

일반적으로 본문의 글자 크기는 10포인트, 줄간은 160 정도(11포인트, 줄간 170 정도는 허용)로 하고, 분량이 두 페이지가 넘는 경우는 페이지 번호를 반드시 붙인다.

모든 글은 문단 구분을 반드시 하고, 어문 규정, 한글 맞춤법 등을 지킨다. 국립국어원 홈페이지(www.korean.go.kr) 표준국어대사전을 활용하면 된다.

연습문제 1 전공 분야의 논문을 찾아서 읽어 보면서 보고서의 구성과 인용 및 주석 방법, 참고 문헌 작성법에 대해 알아보자.

연습문제 2 1. 전공과 관련하여 연구 보고서를 작성하고자 한다. 토론을 통해 주제를 정해 보자.

2. 정해진 주제와 관련된 자료를 수집하고 형식에 맞게 연구 보고서를 작성해 보자.

<참고 문헌>

강혜진, 「한국음악 비평의 현실과 대안」, 『한국음악문화연구』 4, 한국음악문화학회, 2013.

김기홍·김동규, 「태권도의 무도성과 스포츠화의 공존」, 『한국체육철학회지』 제15권 제1호, 한국체육철학회, 2007.

류호상·염민선·변재철·박승한, 「운동형태가 청소년의 상태불안 감소에 미치는 영향」, 『한국스포츠심리학회지』 제13집 제2호, 한국스포츠심리학회, 2002.

민주식, 「누정(樓亭) 문화의 미의식에 관한 고찰」, 『동양예술』 17권, 한국동양예술학회, 2011.

민주식, 「조선시대 사림파(士林派)의 미학사상- 이이(李珥)의 문예론을 중심으로-」, 『미학예술학연구』 14권, 한국미학예술학회, 2001.

박소연·황은영, 「대중들의 개인 변인에 따른 음악선호도 조사연구 -음악 요인과 음악 외 요인을 중심으로-」, 『한국음악치료학회지』, 제13권 1호, 한국음악치료학회, 2011.

서인석·박종갑, 『인문계열 직업세계와 맞춤형 글쓰기』, 영남대학교출판부, 2004.

서종학·노상래·박종갑·곽은희, 『예·체능계열 직업세계와 맞춤형 글쓰기』, 영남대학교출판부, 2010.

송방송, 「삼국사기 악지의 음악학적 연구-사학적 성격을 중심으로」, 『한국음악연구』 11, 한국국악학회, 1981.

제4부

실용 글쓰기

제11장 프레젠테이션

제12장 자기 소개서와 자기 서사문

제13장 기획서 - 학교 행사 기획, 전시 기획

제14장 디지털 시대의 글쓰기

프레젠테이션

1. 프레젠테이션이란 무엇인가

프레젠테이션(presentation)이란 문자나 영상 자료 등 시청각 자료를 이용하여 전달하고자 하는 내용을 구성하고, 구성한 자료를 기반으로 하여 상대방에게 정보를 전달하거나 상대방을 설득하는 일련의 과정을 말한다. 프레젠테이션은 단순한 발표하기의 기술이 아니라 글쓰기와 말하기의 과정이 유기적으로 결합된 행위이다. 그렇기 때문에 적절한 지식과 디지털 기술, 그리고 인간의 의사소통 능력이 조화를 이룰 때 비로소 효과적이면서도 청중과 공감할 수 있는 프레젠테이션이 가능하다.

프레젠테이션은 기업이나 대학뿐만 아니라 사회 여러 분야에서 폭넓게 활용되고 있다. 애플사의 최고 경영자였던 스티브 잡스는 신제품이 출시될 때마다 프레젠테이션을 선보였다. 큰 화면을 장식한 신제품의 사진, 신제품의 기능과 특징을 설명하는 짧은 키워드, 검정색 티셔츠와 청바지 그리고 운동화. 철저하게 준비된 프레젠테이션 자료뿐만 아니라 전략적인 복장과 몸짓, 말투, 이 모든 것이 조화를 이루어 그의 간결하고 인상적인 프레젠테이션이 완성되었다. 사람들은 그의 프레젠테이션에 환호했고, 그는 프레젠테이션의 대명사가 되었다고 해도 과언이 아닐 정도이다.

2011년 7월 남아프리카공화국 더반에서 열린 IOC 총회에서는 2018년 평창동계올림픽유치위원회가 준비한 프레젠테이션이 세계인의 주목을 끌었다. 김연아 선수와 나승연 대변인의 프레젠테이션은 평창동계올림픽 유치에 큰 몫을 했다는 평가를 받았다. 동계올림픽 개최를 열망하는 우리나라 국민들의 마음을 스토리와 영상과 음악으로 풀어내었고, 그것을 효과적으로 전달한 발표자들이 있었기에 가능한 일이었을 것이다. 일방적이고 정치적인 연설보다 프레젠테이션이 지닌 교감의 힘이 크게 작용한 결과이다.

2014년 방영된 드라마 <미생>은 전쟁 같은 직장 생활의 애환을 그려 내면서 비정규직 문제, 기업 윤리의 문제, 직장 내 성희롱 문제 등 우리 사회의 자화상을 보여 주어 큰 반향을 불러일으켰다. 그 중에서도 정규 신입 사원이 되고자 고군분투하는 인턴 사원 장그래의 프레젠테이션은 장안의 화제가 되었다. 그의 프레젠테이션은 비록 서툴긴 했지만 가슴을 울리는 진심을 담고 있었기 때문에 감동을 전해 주었다. 이는 기업이나 공무원 채용 시험 등에 프레젠테이션 면접 방식이 도입되었거나 도입될 예정인 현실을 잘 반영한 사례이다. 기업체들이 프레젠테이션 면접을 선호하는 이유는 이것이 지원자의 지식과 표현 능력을 총체적으로 파악하기 좋은 수단이기 때문이다.

대학에서의 프레젠테이션 활용 정도도 확대되고 있다. 세미나나 심포지엄과 같은 전문 학술대회에서뿐만 아니라 학부에서 교수자의 강의, 학생들의 조별 발표 등에서도 프레젠테이션은 적극적으로 활용된다. 프레젠테이션은 지식 내용을 생성하고 조직해야 할 뿐만 아니라 그러한 지식 내용을 효과적으로 전달하는 과정을 포함한다. 대학 교육에서 프레젠테이션이 중요하게 다루어져야 하는 이유도 이런 지점과 맞닿아 있다.

2. 프레젠테이션 작성하기

1) 프레젠테이션 작성 시 고려 사항

프레젠테이션을 작성할 때 특별히 고려해야 할 요소로 목적(Purpose), 청중(Person), 장소(Place) 세 가지를 강조하는데 이것을 프레젠테이션의 3P라고 하기도 한다. 목적과 청중, 장소에 대한 분석이 있어야 성공적인 프레젠테이션을 할 수 있다.

① 목적(Purpose)

프레젠테이션을 작성하는 과정은 글쓰기의 과정과 크게 다르지 않다. 가장 우선적으로 고려되어야 할 사항은 목적과 주제이다. 이 프레젠테이션을 하는 목적이 무엇인가,

즉 지식을 전달하기 위한 것인지, 상대를 설득하기 위한 것인지 등에 따라 작성 방향을 정해야 한다. 그런 다음 목적에 맞는 주제를 설정한다. 주제란 말하고자 하는 핵심적인 내용, 즉 중심 사상을 말한다. 글을 쓸 때와 마찬가지로 주제는 한 문장으로 요약할 수 있을 정도로 명확해야 하며, 프레젠테이션 전반에 녹아 있어야 한다. 주제가 명확하게 설정되어야 목적에 부합하는 프레젠테이션을 작성할 수 있다.

② **청중**(Person)

프레젠테이션을 준비할 때 목적과 주제 못지않게 중요한 고려 대상이 청중이다. 청중이 누구인가, 그들이 이 프레젠테이션에 참석한 이유가 무엇인가 하는 것은 프레젠테이션의 목적 및 주제와 동궤에서 고민해야 할 문제이다. 이는 청중에 대한 나의 위치를 확인하는 것이기도 하다. 지식을 전달하는 경우라도 다양한 경우가 있을 수 있다. 교수자가 학생을 대상으로 하는 것인지, 학생이 동급생들을 대상으로 하는 것인지, 전문가가 대중을 대상으로 하는 것인지 등에 따라 준비 과정의 많은 것들이 달라질 수 있다. 설득을 위한 경우도 마찬가지이다. 취업 면접관에게 내가 이 회사에 적합한 인재임을 말하고자 하는 것인지, 회사에서 상사에게 기획서를 발표하는 것인지, 사업주에게 제안서를 발표하는 것인지 등에 따라 그에 맞는 준비가 필요하다.

그리고 청중의 연령, 성별, 직업, 교육 수준 등도 내용을 구성할 때 참고해야 한다. 그에 맞는 적절한 언어를 사용해야 하고 태도를 취해야 한다. 이해를 돕는 예시를 들 때나 관련 그림이나 동영상 등을 삽입할 때도 청중의 성향이 고려되어야 한다. 그 밖에 청중의 수도 고려 대상이다. 청중이 다수인지 소수인지에 따라 목소리의 크기, 시선 교환 등 발표 태도가 달라져야 하고 소통의 방식 또한 달라져야 하기 때문이다.

③ **장소**(Place)

프레젠테이션 장소를 제대로 파악하는 것도 프레젠테이션 준비 과정에서 반드시 필요하다. 대체로 장소의 특성이나 규모는 프레젠테이션의 목적이나 청중의 수와 관련이 있다. 사전 답사를 통해 장소의 규모나 환경을 파악하고 있어야 한다. 장소의 크기에 따라 글자 크기를 조율해야 하고 장소의 밝기 정도에 따라 글자 색도 달리 설정해야 한다. 특히 프레젠테이션을 할 때 사용할 기자재는 반드시 미리 점검할 필요가 있다. 마이크, 리모컨 등의 작동, 동영상 재생 여부 등 기계나 기술적인 부분도 확인해야 한다. 가능하다면 프레젠테이션 장소에 가서 직접 리허설을 해 보는 것이 가장 좋다. 그것이 여의치 않다면 유사한 환경에서라도 반드시 리허설을 해 보아야 예기치 못한 상황에서의 실수를 줄일 수 있다.

2) 프레젠테이션 자료의 구성

프레젠테이션 슬라이드에 기본적으로 포함되어야 하는 항목은 다음과 같다

> ① 발표 제목 및 발표자에 대한 소개
> ② 목차
> ③ 본문
> ④ 참고 문헌
> ⑤ 감사 인사

① **발표 제목 및 발표자에 대한 소개**: 슬라이드 첫 장에는 발표 제목과 발표자에 대한 소개가 들어간다. 제목은 프레젠테이션의 목적과 주제를 효율적으로 드러낼 수 있는 것이어야 한다.

② **목차**: 목차는 본문의 내용을 요약적으로 제시해 주는 개요와 같은 것이다. 간단한 소개인 만큼 너무 자세하게 구성하는 것은 좋지 않다. 목차를 소개하면서 청중들이 어느 대목에서 주목해야 할지를 미리 일러 주어 관심을 집중시키는 것도 효과적이다.

③ **본문**: 본문은 대개 '서론-본론-결론'의 형태로 구성된다.

④ **참고 문헌**: 프레젠테이션 작성에 참고했던 자료의 출처를 반드시 밝혀야 한다. 그렇지 않으면 표절이 된다.

⑤ **감사 인사**: 맨 마지막 슬라이드는 보통 감사 인사로 구성한다. 필수적인 것은 아니지만 슬라이드 장수에 크게 제한이 없다면 넣는 것이 일반적이다.

3) 프레젠테이션 자료 작성 과정

프레젠테이션 자료를 작성하는 것도 일종의 글쓰기이다. 주제를 정하고 제재를 수집한 후 개요를 작성하고 본격적인 집필을 하게 되는 글쓰기의 기본 절차를 고려해야 한다. 그러면서도 내용을 구성하는 기획 단계와, 실제 슬라이드를 만드는 제작 단계의 구분이 어느 정도 필요하다.

기획 단계에서는 주제에 맞게 전체 구도를 결정하여 목차를 구성하고 각 항목에 포

함될 세부적인 내용을 정리한다. 프레젠테이션의 핵심은 기교나 기술이 아니라 내용이라는 것을 항상 명심해야 한다. 이 단계에서는 굳이 컴퓨터를 켜지 않아도 된다. 종이와 펜을 이용해서 생각을 그려 보는 것도 좋은 방법이다. 이렇게 직접 쓰고 그리는 것에는 묘한 힘이 있어서 더 창조적인 결과를 내는 경우가 많다. 접착식 메모지 1장에다 슬라이드 1장에 들어갈 그림과 간단한 텍스트를 메모하는 것도 좋다. 벽이나 책상에 붙여 놓으면 한눈에 흐름을 파악할 수 있고 순서를 재배열하기에도 좋다.

슬라이드의 내용을 구성할 때는 핵심만 제시해야 한다. 많은 정보를 제공한다고 해도 청중이 그것을 모두 받아들이기는 어렵다. 가능하면 슬라이드 한 장에는 하나의 핵심 내용만 들어가게 하는 것이 좋다. 그리고 주제를 기획하는 단계에서 전체 구도나 내용에 대해 조언을 해 줄 수 있는 누군가와 상의하는 것도 도움이 된다. 프레젠테이션을 준비하는 학생이라면 교수자와의 면담이나 강의지원을 활용한 자료 교환 등을 통해 피드백의 과정을 거친다면 프레젠테이션의 완성도를 높일 수 있다.

기획 단계의 작업이 마무리되면 그 내용을 효율적으로 전달할 수 있는 슬라이드를 제작해야 한다. '보기 좋은 떡이 먹기에도 좋다.'라는 속담이 있듯이, 시각적인 것이 설득력 있는 전달에 중요하게 작용한다. 내용이 아무리 좋아도 청중의 관심이나 주목을 끌지 못하면 그 내용 전달을 제대로 하기가 어렵다. 프레젠테이션을 제작할 때 다음과 같은 점을 염두에 둘 필요가 있다.

① 키워드 중심으로 서술

가능한 한 키워드 중심으로 서술한다. 실제로 청중은 슬라이드에 있는 내용을 꼼꼼하게 읽지 않는다. 그러므로 키워드를 사용하여 요점만 간결하게 간추려 정리해야 한다. 내용도 완전한 문장 대신 신문의 기사 제목과 같은 표제문의 형태로 기술한다. 요약 발표와 같은 경우에는 어느 정도 내용 기술이 필요할 수 있지만, 그런 경우라도 원고를 그대로 슬라이드에 복사해서는 안 된다. 간명성이 글쓰기와 프레젠테이션의 큰 차이라 할 수 있다.

② 글꼴은 단순하게

시각적으로 지나치게 화려하기보다는 단순하게 구성한다. 프레젠테이션에서 사용하는 글꼴은 명조체보다는 고딕체나 굴림체, 돋움체 등이 좋다. 아주 공식적인 프레젠테이션에서 샘물체나 가지체 등 귀여운 글씨체를 사용하는 것은 금물이다. 여러 가지 글꼴을 동시에 사용하는 것은 좋지 않으며, 변화를 준다 하더라도 두 개 이내가 적당하다.

③ 글자 크기는 장소의 규모를 고려하여

글자 크기는 발표 장소의 규모를 고려하여 맨 뒷자리에 앉은 사람도 읽을 수 있을 정도의 크기여야 한다. 이런 점 때문에라도 사전에 발표 장소를 답사해야 한다. 대체로는 한글의 경우는 24포인트, 영문의 경우는 18포인트 이상을 사용한다. 제목과 내용이 구별되도록 글씨 크기를 다르게 하되, 제목, 부제목, 내용의 순으로 글씨 크기를 점점 작게 하는 것이 일반적이다.

④ 글자 색과 배경은 장소의 환경을 고려하여

글자 색도 발표 장소의 환경을 고려하여야 한다. 어떤 경우라도 청중이 내용을 선명하게 파악할 수 있도록 하는 것이 우선이다. 실내가 밝은 경우에는 흰색 배경에 검정색이나 진한 색의 글자를 사용하는 것이 좋다. 실내가 어두울 경우에는 어두운 배경에 흰색이나 밝은 색의 글자를 사용하는 것이 효과적이다. 실내가 밝은 경우라도 내용을 고려하여 어두운 그림을 배경 화면으로 넣는 경우가 있는데, 이때 글자 색은 배경과 대조되는 색을 잘 선택하는 것이 필요하다.

⑤ 시각 자료나 동영상 자료 활용

그림이나 표 등 시각적 자료를 사용하면 이해를 도울 수 있다. 그러나 이것 역시 너무 복잡하게 만드는 것은 좋지 않다. 이런 자료를 사용할 때는 각 그림이나 표의 하단에 제목을 붙여 그 의미가 분명하게 드러나도록 한다. 그리고 참고 문헌을 통해 그 출처를 반드시 밝혀야 한다. 삽입된 그림이나 표에 대해서는 어떤 식으로든 설명이 필요하다. 간혹 배경으로 그림을 삽입하는 경우가 있는데 이것 역시 발표 내용과 연관되는 것이어야 한다. 흥미를 끌기 위해 전혀 엉뚱한 그림을 배경으로 사용하면 집중을 방해하고 내용 전달에 어려움이 생길 수 있다. 적절한 동영상 자료를 활용하는 것도 좋다. 동영상을 통해 청중의 관심을 끎으로써 지루함을 덜 수 있다. 전체 발표 시간을 고려하여 동영상 재생 시간을 확인하는 것은 필수이다.

⑥ 애니메이션 기법 활용

'펼치기', '날아오기', '흩어뿌리기' 등의 애니메이션 기법을 적절하게 사용하면 청중의 흥미를 끌고 주의를 환기시킬 수 있다. 하지만 지나치게 현란한 효과는 오히려 집중을 방해할 수 있으므로 조절이 필요하다.

⑦ 발표 시간을 고려한 슬라이드 장수 조절

발표 시간을 고려하여 슬라이드의 장수를 조절해야 한다. 슬라이드 장수가 너무 많으면 주어진 발표 시간이 모자라 발표를 서두르게 되고, 그렇게 되면 발표를 망치게 될 확률이 높아진다. 한 장의 발표에 소요되는 시간을 미리 측정하여 주어진 시간에 끝낼 수 있도록 장수를 정한다. 그리고 장수가 많다면, 자료를 유인물로 만들었을 때를 고려하여 편의상 쪽수를 매기는 것이 좋다. 쪽수는 청중의 눈에 띄지 않도록 가급적 작은 글씨를 사용한다.

⑧ 퇴고의 중요성

프레젠테이션 자료도 퇴고가 필요하다. 문법에 맞지 않는 표현이나 오탈자 등을 반드시 미리 검토한다. 이런 오류는 청중의 이해를 방해할 뿐만 아니라 발표자의 성실성이나 꼼꼼함을 의심하게 하는 빌미를 제공할 수 있다.

3. 효율적으로 프레젠테이션하기

목적과 주제에 맞는 프레젠테이션 자료를 준비했다면 이를 효율적으로 전달하기 위한 프레젠테이션을 하게 된다. 알찬 내용과 시각 자료를 준비했다 하더라도 제대로 전달하지 못하면 실패한 프레젠테이션이 되기 십상이다. 프레젠테이션은 단순히 보여주기가 아니라 소통의 문제이다. 효율적인 소통을 위해서는 다음의 사항들을 고려해야 한다.

① 자연스럽게 말하는 듯이

슬라이드를 그대로 읽지 말고 자연스럽게 말하는 듯이 발표한다. 많은 발표자들이 슬라이드에 제시된 문장을 책 읽듯 줄줄 읽어내려 간다. 이것은 오히려 청중의 이해를 방해하기 쉽다. 어떤 정보를 시각과 청각으로 동시에 제공하면 주의 집중이 분산되기 때문에 그 정보를 제대로 처리하기가 어렵다고 한다. 발표를 듣는 사람 중에 그 내용을 못 읽는 사람은 없다. 발표자가 슬라이드의 내용을 읽기만 할 거라면 발표자가 굳이 필요하지 않다. 발표자는 청중과 대화하듯이 핵심 내용을 전달해 주어야 한다.

② 청중과 시선 교환

시선 교환을 통해 청중과 교감해야 한다. 프레젠테이션은 청중과의 소통을 위한 대화이다. 대화를 할 때는 상대방과 눈을 맞춤으로써 내가 진심을 말하고 있고, 내가 당신과 소통하고 있음을 보여 주어야 한다. 프레젠테이션도 마찬가지이다. 발표자가 슬라이드에 시선을 고정하고 계속해서 읽기만 하면 청중은 발표자가 자신과 대화한다고 느끼지 못한다.

그리고 청중과의 시선 교환은 발표자의 자신감 문제와도 직결된다. 시선을 교환하면서 청중의 반응을 읽고 발표의 흐름을 조절할 수 있어야 청중을 장악할 수 있다. 가능하면 모든 청중과 골고루 시선 교환을 하는 것이 자연스럽다. 의사 결정권자를 알고 시선 교환을 하는 것도 중요하지만 그 사람만 계속 쳐다보는 것도 좋지 않다. 특정 인물만 집중적으로 쳐다보는 것은 실례이다.

③ 대본의 숙지와 암기

청중과 시선을 교환하면서 대화하듯이 발표하려면 반드시 대본을 암기해야 한다. 이때 암기란 단순히 내용을 외우는 것을 말하는 것이 아니다. 내용을 충분히 숙지하고 소화하여 각각의 슬라이드에서 필요한 내용을 자연스럽게 전달하는 것을 말한다. 어설프게 암기하면 마치 암송 대회에 나온 학생처럼 내용을 잊어 버릴까 봐 전전긍긍하며 내용의 기계적 전달에만 신경 쓰게 된다. 청중의 반응에 따라 내용의 가감이 필요한 경우도 있는데 제대로 암기해야만 이런 경우에 상황에 따른 변용이 가능하다.

④ 충분한 연습

청중의 호응 정도나 발표장의 분위기에 따라 변용이 가능하려면 충분한 연습이 필요하다. 일반적으로 전문가들은 백 번은 연습해야 한다고 말한다. 그러면 예기치 못한 상황에서도 당황하지 않고 침착하게 대응할 수 있게 된다는 것이다. 대학 수업 시간의 발표를 위해 백 번을 연습하는 학생은 많지 않겠지만, 만약 이 프레젠테이션이 자신의 인생을 결정짓는 중요한 발표라면 백 번으로도 모자랄 수 있다. 설령 그런 경우가 아니라 하더라도, 강도 높은 연습의 경험은 그 사람을 한 단계 성숙하게 할 수 있으므로 발표를 위해 충분한 연습을 하는 것은 아무리 강조해도 지나치지 않을 듯하다.

⑤ 실전과 같은 리허설

연습의 마지막 단계에서는 실전과 같은 리허설이 필요하다. 실제 발표 환경과 똑같은 상황에서 연습을 하는 것이 좋다. 연습과 실전은 다르기 때문이다. 혼자 여러 번 하는 것도 중요하지만 제삼자를 청중으로 앉혀 놓고 연습해 보는 것도 필요하다. 그리고 정말 중요한 프레젠테이션이라면 연습 장면을 동영상으로 촬영하여 모니터링해 보는 것이 효과적이다. 그렇게 하면 정해진 시간 내에 프레젠테이션을 마칠 수 있는지 시간을 확인할 수 있다. 그리고 평소에 자신이 인식하지 못하고 있던 부적절한 언어 습관이나 불필요한 몸짓 등도 보완할 수 있다.

⑥ 인상적인 서두, 간결한 마무리

서두는 인상적인 멘트로 시작하고 결론은 깔끔하게 정리한다. 지나치게 심각한 발표가 아니라면 미소를 띠고 등장하는 것이 좋다. 그리고 첫마디를 하기 전에 청중과 시선 교환을 한다. 말을 하기 전에 헛기침을 하거나 한숨을 쉬는 등의 행동은 좋지 않다. 서두를 잘 시작해야 청중을 리드할 수 있다. 청중의 상태나 분위기를 파악하고 청중을 발표자에게로 집중시킬 수 있는 멘트가 필요하다. 질문을 던진다거나 발표 주제나 내용과 관련 있는 개인적인 에피소드, 주제와 관련 있는 인용구, 유머, 시사적인 이슈를 이야기하는 것도 좋다. 발표의 핵심 내용을 간략하게 요약하여 전체의 큰 그림을 제시하는 것도 좋은 방법이다.

마무리는 간결하게 해야 한다. 마무리 멘트를 통해 이제 곧 프레젠테이션이 끝난다는 것을 알리고 핵심 내용을 다시 한 번 강조하게 된다. 이때 내용을 다시 요약하는 것은 바람직하지 않다. 논리적이고 이성적인 프레젠테이션은 본론 단계에서 모두 끝내야 한다. 여운과 감동이 남도록 인상적이고 짧게 마무리하는 것이 좋다. 내용과 관련된 이미지 화면이나 인용구 등을 제시하는 것도 하나의 방법이 될 수 있다.

⑦ 예상 질문과 답변 준비

예상 질문과 답변을 미리 준비한다. 대부분의 프레젠테이션에는 질의응답 시간이 있다. 예상 질문 리스트를 작성해서 예상 답변을 작성하고 말해 보는 것도 도움이 될 수 있다. 발표자는 청중의 질문을 끝까지 진지하게 들어야 한다. 질문의 내용이 길 때는 간단하게 메모를 하는 것도 좋다. 자신이 모르는 내용을 질문 받았을 때는 정확하지 않은 내용으로 답변을 하기보다는 내용을 좀 더 공부하거나 확인하여 알려주겠다고 말하는 것이 바람직하다.

⑧ 조원들 간의 긴밀한 협조

대학 수업에서는 조를 편성하여 모둠별 활동으로 프레젠테이션을 준비하는 경우가 많다. 이럴 때는 조원들 간의 긴밀한 협조가 중요하다. 기획·제작 단계에 모든 조원이 참여하는 것이 바람직하지만, 현실적으로 각자 자기가 맡은 부분만 준비하고 그것을 합쳐서 완성하는 경우가 많다. 이것은 조원 전체의 프레젠테이션이라기보다 개인 프레젠테이션의 나열이 된다. 이렇게 되면 슬라이드 형식에 차이가 생기고 전체 체제에 맞지 않는 경우도 생긴다. 준비 단계에서 기본적인 방향이나 형식에 대해 통일하고, 슬라이드 완성 후 발표 전 단계에서 최종 조율이 필요하다. 결원을 감안하여 전체 내용을 숙지하는 것도 필요하다. 전체 조원이 참여하는 리허설을 통해 발표자 간의 자연스러운 연결, 시간 배분 등도 고려해야 한다.

⑨ 그 밖의 유의 사항

그 밖에 몇 가지 유의할 사항은 다음과 같다. 발표를 할 때 가능하면 슬라이드를 가리고 서지 않는 것이 좋다. 그리고 단정하고 상황에 맞는 복장을 갖추어야 한다. 예정 시간보다 일찍 도착해서 여러 가지 상황을 점검하고 준비해야 한다.

연습문제 1 제10장에서 작성한 연구 보고서를 프레젠테이션 슬라이드로 제작하여 발표해 보자.

연습문제 2 청중들은 프레젠테이션을 보고 프레젠테이션 작성 요령 및 발표 방법 등을 고려하여 평가표를 작성해 보자. '내용 구성, 슬라이드 제작, 발표 태도'의 관점에서 점수를 매기고, 자유 평가란에는 프레젠테이션의 장단점을 간단하게 기술한다.

조		평가자	학번		이름	
		수업일	20○○년 월 일			

평가내용 \ 조	내용 (10)	기술 (10)	발표 (10)	자유 평가	합계	등수
1						
2						
3						
4						
5						
6						
7						
8						

<참고 문헌>

나승연 지음, 『나승연의 프레젠테이션』, 21세기북스, 2102.

나은미, 「효과적인 프레젠테이션의 조건 및 평가에 대한 고찰」, 『화법연구』 11권, 한국화법학회, 2007.

김세령, 「효과적인 대학 프레젠테이션 교육을 위한 사례 연구-서울과학기술대학교 <글쓰기와 의사소통>을 중심으로-」, 『디지털융복합연구』 제12권 제11호, 한국디지털정책학회, 2014.

자기 소개서와 **자기 서사문**

1. 자아 성찰적 글쓰기

1) 자아 탐구, '나'를 알아 가는 글쓰기

인간의 역사를 살펴보면 초기의 인간은 외부 세계를 파악하기 바빴다. 인류사를 살펴봐도 인간이 개인의 존재를 인식하기 시작한 것은 거의 근대에 가까워서이고 자아 개념이 논의된 것 또한 근대에 들어선 후의 일이다. 또 인간은 프로이드 이후에야 무의식의 개념을 정립하였고 비로소 무의식을 포함한 '나'의 탐색이 가능해졌다.

개인사를 살펴보아도 아기는 태어나자마자 자신을 인식하지 못한다. 쿨리(Cooley)와 미드(Mead)에 의하면, 개인은 자신에 대한 타인의 반응을 관찰함으로써 자아 개념을 발전시킨다. 따라서 태어난 아기는 외부 세계의 탐색만으로 바쁘고, 아기가 외부 세계를 받아들이고 타인의 반응을 인식하게 된 후에야 자아 개념의 발판이 생긴다.

하지만 자아 개념이 외부 세계 탐색에 비해 나중에 시작된다고 해서 중요하지 않은 건 아니다. 인간이 동물과 다르게 외부 세계에 자동 반응하지 않는 개인적 존재이다. 물론 종을 치면 침을 흘리는 파블로프의 개처럼 인간 또한 외부 세계에 자동 반응하기도 한다. 하지만 인간은 언제든지 파블로프의 개의 상태에서 벗어날 수 있는 가능성을 지닌 존재이고, 이런 인간의 가능성은 인간에게 자아가 있기에 가능하다. 이때 자아란 한 개인의 인식, 감정, 자신에 대한 신념 등의 총체로 고정된 것이 아니라 개인의 의지에 따라 변화할 수 있는 개념이다.

이런 자아는 인간이 탐구해야 할 세상의 반이라고 할 수 있다. 객관적인 세계는 항상 존재하나 '나'가 없는 세계는 인식되지 않는 '무'의 세계이기 때문이다. 또 어떤 의식을 가지고 세계를 인식하느냐에 따라 같은 세계는 천차만별의 다른 세계가 되기도 한다. 따라서 세상을 바로 보기 위해서라도 우선 자신에 대해 알 필요가 있다. 이것이 소크라테스가 "너 자신을 알라"라고 했을 때 '자신을 아는 것'으로 바로 자각(自覺)이다. 소크라테스가 말하는 '자신을 안다'는 것은 참다운 자기 인식을 통해 적절히 행동하는 것을 말한다.

물론 앎이 곧 행위가 된다고 사고했던 순진한 소크라테스 시대는 예전에 지나갔고 우리는 이미 아는 것이 행동으로 바로 연결되지는 않음을 잘 알고 있다. 하지만 이때의 아는 것과 소크라테스가 말하는 '앎'은 조금 다른 것으로, 소크라테스의 '앎'이란 행동으로 이어지는 '깨달음'에 가깝기 때문이다. 이렇듯 제대로 '자신을 안다'는 것은 나를 변화시킬 수 있는 출발점이자 세상을 바꿀 수 있는 기반이다.

이런 자아 탐구의 방법으로 가장 좋은 것이 글쓰기이다. 사실 모든 글쓰기는 자신을 드러내는 작업으로 하다못해 '옮겨 쓰기'조차 수많은 글귀 중에 그 글귀를 선택한 개성을 보여 준다. 또 글은 되씹기가 가능한 만큼의 거리가 있어 사람을 관조적으로 만드는 경향이 있다. 따라서 일단 자신이 누구인지, 어떻게 살고 싶은지에 대해 글을 써 보고 그 글을 때에 따라 꺼내 보고 수정하다 보면 자신을 좀 더 잘 이해하게 될 것이다.

예)

…… 요즘 나는 중학교 시절을 많이 회상한다. 그 당시 내가 좋지 않다고 생각했던 행동들 중 대부분을 지금의 내가 하고 있다. 머리를 투블럭으로 자르고, 파마하고, 몸에 달라붙는 옷을 입고, 욕도 사용하고, 수업 시간에 선생님 말씀을 항상 귀 기울여 듣지도 않는다. 중학교 시절의 나였으면 현재에 많은 불만을 가지고 있겠지만, 현재 나로서는 현재에 만족하며 산다. 오히려 내가 원해서 이런 것들을 한다. 이전까지 추구했던 미래와 학구열 등을 어느 정도 버리고 인생에서 즐거움을 찾아 현재의 낙을 추구한다. 그래서 지금 보면 중학교 시절의 나의 모습은 내가 지금 극도로 싫어하는 모습이다. 이렇게 과거의 나와 현재의 나가 서로를 싫어하는 모습이 모순적으로 보이지만, 지금 나는 과거를 절대 후회하지 않는다.

'나는 후회하지 않는다.' 내가 후회하지 않는 이유는 단 한 가지이다. 인생을 바꿀 수 없기 때문이다. 그러나 나는 나의 과거가 바꿀 수 없기에 후회하지 않는 것이 아니다. 과거에 나는 분명 선택의 갈림길에 놓여 있었을 것이다. 그 때 나는 여러 길 중 하나를 선택했을 것이고, 만약 다른 길을 선택했다면 그 길은 영원히 가 보지 못했을 것이다. 내가 선택하지 않은 길을 가지 못한 것에 후회한다면 다른 길을 선택했더라도 그 길에 만족하지 못했을 것이다. 인생은 한 번뿐이며, 나는 그 인생에서 많은 것을 겪고 싶다. 내가 선택한 길도 하나의 경험으로 남을 것이며, 그 경험은 나에게 있어서 인생이 소중한 만큼 소중한 것이다.

후회하지 않는다고 해서 과거를 반성하지 않는다는 것은 아니다. 단지 과거 나의 행동을 나의 입장에서 잘못했다고 생각하지 않는 것이고, 사회의 입장에서 잘잘못을 가리는 일은 분명 해야 한다고 생각한다. 그럼으로써 사회에 해를 끼치지 않고, 남들에게 피해를 주지 않으며 살아갈 수 있고, 나의 행동들이 조금 더 좋은 방향으로 변하게 될 것이기 때문이다.

앞으로 일어날 선택의 상황에 대해서는 나는 나의 직관대로 행동할 것이다. 그렇기에 순간순간 다른 사람들의 말에 현혹되기 쉬울 수 있다. 하지만 그것 또한 내 인생의 한 부분으로 장식될 것이고, 현재의 내가 만족하는 선택일 것이기 때문에 절대 후회하지 않는다. 내가 어떻게 행동하든 미래의 내가 만족할지 안 할지는 아무도 모르는 일이며, 그것을 예측해서 현재 내가 행동할 수는 없다. 그래서 나는 사회에 피해가 가지 않는 선택을 하며, 현재의 나라도 만족할 행동을 할 것이다.

2) 가치관 정립, '나'를 찾아 가는 글쓰기

대학에 들어와서 혹은 대학 수업을 통해 새롭게 고민하게 된 주제들이 있을 것이다. 각 학문 영역에서 논의되고 있는 주제를 수업을 통해 함께 고민하고 탐구해 본 경험도 있을 것이고 사적인 경험에서 고민하게 된 주제도 있을 것이다. 또 현실을 기반으로 한 시사적인 주제가 고민의 대상이 되는 경우도 있을 것이다. 어떤 주제든지 고민의 대상이 되면 주변 사람들에게 그 주제에 대해 어떻게 생각하는지 묻는다. 이 과정에서 생각을 정리하여 자신의 입장을 결정하기도 한다. 이렇게 이런 종류의 주제 탐구는 가치관의 정립으로 이어진다.

하지만 주제의 탐구가 곧 가치관의 정립으로 이어지는 것은 아니다. 어떤 주제에 대해서는 결론을 내릴 수 없는 경우도 허다하다. '하얀 거짓말을 허용해야 하느냐', '안락사에 찬성할 것인가?', '문화적 상대주의와 보편적 윤리의 경계는 어디인가?', '소유하는 삶을 살 것인가 존재하는 삶을 살 것인가?' 등 윤리적 문제에서 사회적 문제, 철학적 문제에 이르기까지 주제를 탐구해 봐도 결론이 나지 않는 경우도 많다.

그럴 때는 종이를 놓고 반으로 접어 각각의 입장에서 생각을 적어 보자. 예를 들어 '소유하는 삶을 살 것인가? 존재하는 삶을 살 것인가?'의 경우, 반으로 접은 종이의 왼쪽에는 '소유하는 삶'을, 오른쪽에는 '존재하는 삶'을 쓴다. 그리고 각각의 개념을 쭉 쓴 후 나의 삶의 모습 중 '소유하는 삶'에 해당하는 것을 왼쪽에, '존재하는 삶'에 해당하는 것을 오른쪽에 쓴다. 그 후 자신이 쓴 '소유하는 삶'에 해당하는 것을 '존재하는 삶'의 형태로 바꾼다면 어떻게 될지 오른쪽에 써 보고, '존재하는 삶'에 해당하는 것을 '소유하는 삶'의 형태로 바꾼다면 어떻게 될지 왼쪽에 써 본다. 맨 밑에는 왼쪽과 오른쪽을 위에서부터 각기 읽어 보면서 어느 쪽에 더 마음이 끌리는지, 그 이유는 무엇인지 써 본다.

소유하는 삶을 살 것인가?	**존재하는 삶을 살 것인가?**
소유하는 삶이란 : 물질적 소유를 추구, 힘과 지배에 초점	존재하는 삶이란 : 사랑, 공유 추구, 창조적 생산성에 초점
소유하는 삶	→ 존재하는 삶으로 바꾼다면?
소유하는 삶으로 바꾼다면? ←	존재하는 삶

마음이 가는 쪽과 이유

연습문제

① '안락사'에 대한 찬성 의견과 반대 의견을 정리해 보시오.

② 찬성 의견과 반대 의견 각각에 대해 반론을 펴 보시오.

③ 안락사 찬성과 반대 중 어느 쪽에 마음이 가는지 왜 그런지 정리해 보자.

2. 자기 소개서 쓰기

1) 자기 소개서란 무엇인가

자기 소개서는 특정한 기업의 입사를 위해 작성하는 일정한 의도를 가진 글이다. 따라서 자기 소개서는 회사가 필요로 하는 적임자라는 요건이 인상적이면서도 충실하게 작성되어야 한다. 자기 소개서가 인사 담당자의 마음에 들지 않는다면 자신이 가진 능력을 보여 줄 기회를 원천적으로 상실할 것이다. 취업하기를 원한다면 취업의 첫 관문인 자기 소개서를 잘 써야 한다.

기업체가 자기 소개서를 요구하는 이유는 분명하다.

첫째, 지원자의 지원 동기는 회사 발전의 초석이다.

기업은 자선 사업 단체가 아니다. 어떤 기업이건 적은 투자를 통해 많은 이익을 창출하려 한다. 그렇기 때문에 기업은 이익 창출을 극대화할 수 있는 인재를 뽑으려 한다. 성장 과정이 믿음직스럽고 능력이 빼어나 객관적으로 인정할 만한 인재라 하더라도 회사에 지원하려는 동기가 불분명하거나 업무에 대한 목적 의식이 불투명하다면 기업은 그런 인재를 외면할 것이다. 왜냐하면 그런 인재는 자신의 업무에서 성취감을 얻기 어려울 것이며, 그것은 곧 회사에 손해를 끼칠 가능성이 높기 때문이다. 따라서 기업에서는 그 사람이 어떠한 동기로 입사를 희망하게 되었고, 입사 후에는 어떠한 자세로 일에 임할 것이며, 또 그 사람의 장래성은 어떠한가 등을 파악하기 위해 자기 소개서를 꼼꼼히 읽어 볼 것이다.

둘째, 성장 배경이나 성격 및 인생관은 숨길 수 없는 '자아'이다.

자기 소개서는 자기가 기술하는 개인사이므로 소재를 취사선택하는 과정에서 그 사람의 단면이 드러난다. 그 사람이 중요하게 여기는 부분이라든가 자랑하고 싶은 것, 말하고 싶은 것 등이 이미 그 사람의 성격이 될 수 있기 때문이다. 특히 가정생활이나 학교생활, 친구 관계 등 일상과 관련된 일을 표현하는 데에서 이 점이 중요하게 감지된다.

그런데 대부분의 자기 소개서가 정형화된 양식에 의해 이런 것들을 표현하는 것 같지만, 그 가운데서도 개성은 얼마든지 살아날 수 있다. 어떤 소재를 선택하는지, 그것을 어떻게 표현하는지에 따라 완성된 글이 전하는 이미지는 사뭇 달라질 것이다. 노련한 인사 담당자들은 행간을 통해 그것을 결코 놓치지 않는다.

셋째, 글과 말은 조직 생활의 근간이다.

조직 생활에서는 공식적인 의사 전달 과정이 주로 글과 말을 통해 이루어진다. 따라서 자신의 생각이나 의견을 글과 말로 표현하는 능력은 매우 중요하다. 그런데 일면식이 없는 신입 사원을 뽑으려 함에 있어 가장 우선 되는 자료는 글이 될 수밖에 없다. 자기 소개서를 통해 기업에서는 문장력과 논리성 및 개성을 확인할 것이다. 글은 아무리 미사여구로 치장하더라도 숨길 수 없는 '자기'를 보여 줄 수밖에 없다. 단어를 적절히 선택하고, 문장을 정확히 기술하며, 논리적이어서 설득력을 갖추되, 자기만의 색깔을 잘 드러낸다면 인사 담당자의 눈을 분명히 붙잡을 수 있을 것이다.

넷째, 자기 소개서는 면접의 자료가 된다.

면접관은 입사 지원서와 자기 소개서, 성적 증명서 등을 자료로 하여 그 사람의 자질과 능력을 평가할 수 있는 질문을 채택하게 되는데, 이때 자기 소개서는 입사 지원자에 대한 구체적인 정보와, 또한 그것이 얼마나 적절하고 정확하게 표현되었는지 평가할 수 있는 근거를 면접관에게 제공한다. 그렇기 때문에 자기 소개서는 정확한 정보를 개성 있는 방식으로 전달해야 한다.

2) 자기 소개서 작성 요령

잘 쓴 자기 소개서의 전형이 있는 것은 아니지만 '눈에 띄는 자기 소개서'는 분명 있다. 취업 알선 업체들에 따르면 경기가 좋을 때는 튀는 자기 소개서가 많지만 불황일 때는 조직 융화를 강조하는 모범적인 자기 소개서로 돌아간다 한다. 그럼에도 불구하고 차별화된 인재를 찾게 마련인 기업으로서는 '짧지만, 분명하게' 자신의 경력을 드러낸 소개서를 주목한다.

적을 알고 나를 알면 백전백승이라는 말이 있다. 식상한 말이긴 하지만 이 말에는 여전히 무시 못 할 진리가 담겨 있다. 지원자들이 제출하는 자기 소개서를 읽게 되는 것은 주로 각 회사의 인사 담당자들이다. 인사 담당자들이 자기 소개서를 읽을 때 주목해서 보는 몇 가지 것들이 있다. 어느 조사 기관에 따르면 그 내용은 아래와 같다.

- 성격이 어떤가?
- 전공은 무엇이고, 전공 외에 관심을 두고 있는 것은 무엇인가?
- 업무에 잘 적응할 수 있는가?
- 비전이 있는가?
- 조직과 융화될 수 있는 사람인가?
- 사물을 긍정적으로 바라보는가?
- 소신과 주관이 뚜렷한가?

각각의 내용에 대해 모두 긍정적으로 답하라는 것은 아니다. 경우에 따라 나에게 부족한 부분도 있기 마련이다. 문제는 인사 담당자들이 알고 싶어 하는 내용을 염두에 두고 이에 대해 충분한 정보를 제공해 주어야 한다는 것이다. 이런 점을 바탕으로 좋은 자기 소개서 쓰기의 요령에 대해 알아보자.

① 헤드라인을 달아라

자기 소개서는 자기를 팔기 위해 자신이라는 상품을 홍보하는 것과 같다. 따라서 인사 담당자들의 관심을 끌기 위해서는 자신의 특성을 한눈에 파악할 수 있도록 해 줘야 한다. 헤드라인만 봐도 기사 전체 내용을 파악할 수 있는 신문 기사 헤드라인처럼 자신의 능력과 경력, 자질 등을 인사 담당자가 한눈에 파악할 수 있도록 간략한 문장이나 재치 있는 단어를 사용, 자기 소개서 중간 중간에 헤드라인을 다는 것이 효과적이다.

삶의 조건은 포장에 지나지 않는다

아버지가 일찍 돌아가셨다. 어머니는 악착같이 사셨다. 어린 시절엔 그런 삶의 조건이 늘 나를 슬프게 했다. 양지보단 그늘이라도 있는 음지가 좋았다. 다른 사람의 시선이 느껴지면 난 본능적으로 방어적이었다. 초등학교 6학년 여름 어느 날이었다. 비는 질릴 정도로 내리고 있었다. 하굣길에 시장 어귀를 지나다 야채가 담긴 광주리에 우산을 빌려 주고, 당신은 옴팍 비를 맞고 계시는 모습을 보았다. 젖을망정 팔아야 할, 우리의 생명줄이기도 한 그 야채는 절대 비에 젖게 할 수 없다는 어머니 생각이 그런 장면을 연출하고 있었다. 그런 '처절한' 삶의 의지가 순간적으로 느껴지자 빗물보다 더 많은 눈물이 쏟아지기 시작했다. 그날 이후로 내 삶은 변하기 시작했다. 모든 일에 적극적이었다. 어머니가 더 이상 삶의 굴레가 아닌 보호막으로 느껴졌다. 그 어머니를 실망시키지 않으려고 무진 애썼다. 그런 삶을 십 년 이상 지속해 온 지금, 내 삶의 악조건은 이제 포장에 지나지 않는다. 그런 변화된 삶의 자세가 모든 일을 긍정적으로 사고하게 만들었다.

② 진부한 표현은 피하고, 참신한 문구로 시작하라

체험은 어떤 관념도 무너뜨린다

아버지는 나를 비쳐 보는 거울이시다. 고등학교 시절, 진학 문제로 갈피를 잡지 못할 때 아버지께서는 내게 묵묵부답이셨다. 답답했다. 아버지가 남처럼 느껴졌다. 어느 토요일, 아버지께서는 아무 정보도 주지 않으신 채 같이 어딘가를 가자고 하셨다. 함께 간 곳은 사람들이 북적대는 재래시장이었다. 상인들의 남루한 옷, 때에 전 장갑, 검게 그을린 얼굴과 주름이 눈에 띄고 바람에 날리는 먼지 내음이 코끝을 스치자, 더럽다는 생각이 먼저 들었다. '이상도 하시지, 왜 이런 곳엘!' 아버지께서는 나를 데리고 한참 동안 시장 구석구석을 돌아다니셨다. "○○야, 사람은 누구나 제 몫이 있단다. 저기 보이는 분들은 자신의 일에 목숨 걸고 사시는 분들이다. 네가 무슨 일을 하건 난 탓하지 않을 것이다. 대신 목숨 걸고 하거라!" 그날 이후 아버지의 그 말씀은 내 삶의 지표가 되었다. 추상적인 구호 같지만, 내겐 늘 생생한 삶의 모습으로 환원되는 지표이기도 하다. 이제 난 사소한 일에도 '목숨 거는' 이상한 버릇을 가지게 되었다. 그래서 최선을 다한 뒤의 땀방울의 의미를 난 잘 안다.

③ 이미지를 만들어라

한 가지의 주제를 잡아 해당 주제에 맞게 초점 맞춰 자기 자신에 대해 기술함으로써 자기 자신의 독특한 이미지를 부각시키는 것이 유리하다. '실패는 하되 두려워하거나 좌절하지는 않는 사람'이라는 것에 초점을 맞췄다면 이러한 성격이 형성된 과정과 성장 시절, 이러한 성격과 얽힌 에피소드, 경험담을 구체적으로 기술하는 것이 좋다. 또한 자신의 인생에 있어서 이러한 성격이 미친 영향력 등을 유기적으로 기술함으로써 '성취욕이 강하나 독선적이지 않은 사람'이라는 자신만의 이미지를 만든다면 인사 담당자의 뇌리에 확실히 자신의 이미지를 전달할 수 있을 것이다.

체험은 어떤 관념도 무너뜨린다

아버지는 나를 비쳐 보는 거울이시다. (…중략…)

이제 난 사소한 일에도 '목숨 거는' 이상한 버릇을 가지게 되었다. 그래서 최선을 다한 뒤의 땀방울의 의미를 난 잘 안다.

실패는 나의 친절한 스승이다

내게 실패는 있으나 좌절은 없다. 목숨 걸고 한 일이 실패할 경우, 그것은 내 영역 밖의 일이라고 믿기 때문이다. 2015년 3월 새 학기가 시작되자마자 오랜 동안 꿈꿔 온 국전에 출품하기로 마음을 먹었다. ○○회 대한민국 미술대전, 내 전공인 한국화를 잘 살려 구상 계열에 입상하는 것이 목표였다. 1회부터 ○○회까지의 입상작들과 출품작들을 먼저 면밀히 검토했다. 그 결과 얻어 낸 것은 전통과 새로운 기법의 조화로움이 입상의 비결이라는 결론을 얻을 수 있었다. 작품 구상에 들어갔다. 가장 먼저 할 일은 전통을 내 몸에 체득하여 오늘의 삶 속에 융화하는 일이었다. 오래된 문화 유적지를 샅샅이 찾아다니면서 사진을 촬영했다. 단지 사진만을 촬영한 것이 아니라 그 문화유산을 낳은 조상들의 숨결도 함께 촬영하려 애썼다. 그리고 비지땀이 흐르는 여름 내내 내가 느낀 전통을 화폭에 하나하나 옮겨 갔다. 하지만 결과는 보기 좋게 낙선이었다. 원인 분석에 들어갔다. 나만의 색깔이 잘 묻어나지 않았다는 교수님의 좋은 지도의 말씀이 있으셨다. 2016년에 다시 도전했다. 그런데 나만의 색깔을 찾는다는 것이 말처럼 쉽지는 않았다. 그러다 문득 떠오른 것이 고등학교 때 재래시장에서 겪은, 내 삶의 지표를 만들어 준 그 사건이었다. 전통은 멀리 있는 것이 아니었다. 바로 내 이웃들이 살아온 삶의 내력이 바로 어제의 조상의 모습이었고, 오늘의 내 삶이며, 미래의 내 자녀의 삶이기도 했다. 주저하지 않았다. 다시 카메라를 들고 재래시장을 누비며, 남루해 보이지만 자신에게 당당한 분들의 삶을 담기 시작했다. 그 삶을 하나씩 기억하며 화폭에 진실을 그려 나갔다. 그리고 내가 예상한 만큼의 결과는 아니었지만, 입선을 하였다. 만족하지는 않지만 후회하지는 않는다. 목숨 걸고 얻은 좋은 결과였기 때문이다. 이제 나는 더 큰 꿈을 이루기 위해 또 목숨을 걸 것이다. 그래서 내 목숨은 끈질기지만 비루하지 않다.

④ 구체적인 경험을 바탕으로 작성하라

인사 담당자가 자기 소개서를 읽고 '이 사람은 이러이러한 사람이구나'라는 느낌을 효과적으로 전달하기 위해서는 자신의 경험을 바탕으로 구체적으로 자신을 묘사해야 한다. 자신을 부각시킬 수 있는 에피소드, 가족 관계에 얽힌 이야기, 자신의 인생에 있어서 변환점을 가져다 준 계기 등을 구체적으로 작성하고 각 사건들이 어떻게 자신에게 영향을 미쳤는지를 설명해 줘야 한다. 또한 자신이 가졌던 호기심이나 문제의식이 자신을 어떻게 변화시켰으며 현재 자신의 관심 분야와는 어떤 상관관계가 있는지 등을 구체적으로 기술해야 한다. 인사 담당자는 이렇게 구체적인 경험을 바탕으로 적은 자기 소개서를 읽는 동안 작성자의 성격, 행동 방식, 성향은 물론 글 속에 녹아 있는 논리력과 사고방식 등을 파악할 수 있을 것이다. 또한 인사 담당자는 지원자의 구체적인 성향을 나름대로 판단해 채용 시 업무 수행 능력과 추진력, 팀워크 등을 판단하게 된다.

내 꿈은 아직 배가 고프다

오케스트라는 잘 빚어진 항아리다. 난 어린 시절부터 화음을 빚어내는 사람들을 하나로 묶어내는 지휘자가 자랑스러워 보였다. 초등학교 5학년 때 문방구 앞을 지나다가 뭐라 표현할 수 없는 한 지휘자의 사진을 봤다. 뭔가에 홀린 듯 나는 그 사진으로 빨려 들어갔다. 다음 날 어머니를 졸라 그 사진을 내 손에 넣게 되었다. 한참이 지난 후 그 사람이 보스턴 필하모닉의 지휘자 벤 젠더라는 것을 알았다. 알 수 없는 그의 힘은 나를 음악의 세계로 자연스럽게 이끌었다. 영남대학교 음악 대학 작곡과, 독일 쾰른(부퍼탈) 국립 음대 작곡과, 네덜란드 마아스트리히트 음대 합창 지휘과를 졸업하는 동안 벤 젠더라는 이름은 늘 내 손 안에 있었다. 희로애락의 순간순간마다 난 벤 젠더의 이름을 꺼내서 내 손으로 만지작거렸다.

오케스트라 지휘자 자신은 정작 아무 소리도 내지 않는다. 다만 그는 다른 이들로 하여금 적절하게 조화로운 소리를 잘 내게 할 때 높은 평가를 받는다. 다른 이들 속에 잠자고 있는 기능성을 깨워서 꽃피게 해 주는 것이 바로 지휘자의 몫이며, 곧 리더십이다. 리더십이란 조화요, 흐름이요, 종합예술이다. 나는 그런 리더십을 갖춘 지휘자를 꿈꾸며, 그 꿈을 위루기 위해 노력했다. 하지만 내 꿈은 늘 배가 고프다. 그래서 오늘도 배고픔을 채우기 위해 난 지휘봉을 움켜쥔다.

⑤ 자신의 장점은 최대한 부각하되, 단점도 장점으로 바꾸라

보통 자기 소개서 작성과 관련된 책자들을 찾아보면 자신의 장점은 물론 단점도 밝혀야 한다고 충고한다. 그러나 인사 담당자는 단점을 많이 가진 사람보다는 장점이 많은 사람을 선호할 것이다. 따라서 자신의 단점은 솔직하되 간단하게 적는 것이 좋다. 자신의 단점을 장황히 묘사하는 대신 자신의 단점을 극복하기 위해 어떠한 노력을 해왔는지, 그 결과 자신이 어떻게 변화했는지에 초점을 맞춰 설명해야 한다. 이러한 방법은 '스스로 자신의 단점을 파악, 자신을 개선해 나갈 줄 아는 인간형'임을 부각시킬 수 있어 오히려 자신의 단점을 강점으로 승화시킬 수 있다. 특히 자신의 장·단점에 대한 질문은 면접 시에도 자주 나오는 질문이므로 평소 자신의 장점과 단점을 철저히 분석해 두고 자신의 단점을 장점으로 끌어올릴 수 있는 방법을 연구해 둬야 한다.

저는 스펀지 같은 사람입니다

스펀지는 부드럽습니다. 스펀지는 외부의 압력을 받으면 다양한 모양으로 변형되지만, 그 변형은 일시적입니다. 압력이 사라지면 순식간에 원형을 유지합니다. 저는 스펀지와 같은 사람입니다. 다양한 지식을 흡수하거나 사람들을 만나고 어울릴 때 스펀지처럼 유연합니다. 하지만 어떤 이는 그런 나를 우유부단하다고 말하기도 합니다. 그러나 전 우유부단하다는 말을 싫어하지 않습니다.

고등학교 2학년 때였습니다. 반장 선거를 했습니다. 후보는 절친한 친구와 저, 둘이었습니다. 그런데 공교롭게도 개표 결과 동수가 나왔습니다. 당연히 2차 투표가 치러져야 했습니다. 제가 이길 수도 있었고 질 수도 있는 상황이었는데 전 자진해서 사퇴를 했습니다. 친구들은 나의 그런 결정에 대해 바보스럽다고 말하기까지 했습니다. 그러나 반장이 되는 것보다 더 소중한 것이 있다는 것을 전 알기 때문에 사퇴를 했습니다. 하나는 치열한 선거 후유증으로 친구와 반목할 수도 있을지 모르겠다는 우려감 때문이었습니다. 다른 하나는 반 전체가 둘로 갈리는 것이 싫었기 때문입니다. 친구는 제게 반장보다 더 소중했고, 우리 반원들은 함께 추억을 간직해야 할 소중한 사람들이었습니다.

전 우유부단한 것을 좋아합니다. 좋은 결정을 얻기 위해서는 충분히 우유부단해야 한다고 생각합니다. 그렇다고 행동이 굼떠서는 안 된다는 사실을 잘 알고 있습니다. 제 가슴에는 '생각은 우유부단하게, 행동은 주저함 없이'라는 말이 아로새겨져 있습니다.

⑥ 입사 지원 동기를 구체적으로 밝혀라

자신의 철학, 비전 등을 회사의 경영 철학, 인재 상, 비전 등과 구체적으로 비교해 입사 지원 동기를 밝히는 것이 좋다. 동기가 확실치 않으면 성취 의욕도 적을 수밖에 없기 때문이다. 따라서 자신이 장차 추구하고 싶은 것이 무엇인지 등에 대한 자기 연구가 필요하다. 또한 지원하고자 하는 회사의 특성도 파악해 놓아야 한다. 그러기 위해서는 평소에 관심을 갖고 신문이나 인터넷을 통해 지원하고자 하는 회사에 대한 정보를 수집해 둘 필요가 있다. 자신과 지원하고자 하는 회사에 대한 충분한 분석을 바탕으로 자신의 가치관과 기업에서 바라는 인재상이 이러 이러한 점에서 유사하기 때문에 지원했다고 설득력 있게 설명해야 한다. 또한 자신의 전공과 희망 등과 연결시켜 지원 동기를 명확히 밝히는 것이 중요하다.

어느 대기업 출신 인사 전문가는 최악의 자기 소개서 내용 중 하나로 '어떤 일이든 맡겨만 주신다면 열심히 다 하겠습니다.'를 꼽은 적이 있었다. 여기서 '어떤 일이든'은 전문 분야가 없어 보인다는 뜻이고, '맡겨만 주신다면'은 새로운 업무를 창조하지 않는 수동적인 이미지로 비칠 수 있다는 것이다. 이때 '007' 작전을 펴야 한다. 인터넷에서 쉽게 찾아볼 수 있는 회사 사훈이나 회사 정보는 일차원적 수준. 몇 개월 전부터 조사에 착수해야 한다. 지원하려는 회사에 아는 선배가 있다면 찾아가 현재 회사의 분위기는 어떤지, 어떤 고민을 하고 있는지 등을 상세하게 알아봐야 한다. 목표 설정→수요 파악→전략적 준비 과정을 거친 후 그런 과정이 자기 소개서에 담긴다면, 반쯤은 취업에 성공한 셈이다. 회사의 개선 방향을 적극적이고 구체적으로 지적하는 싱싱한 지원자들이 인사 담당자들의 눈에 드는 것은 전혀 이상하지 않다.

입사 지원 동기를 구체적으로 밝히기 위해서는 다음과 같은 과정을 거치는 것이 좋다.

예) 디자인 잡지 회사의 지원 동기

㉠ 업계(회사)에 흥미를 가진 계기

우연한 기회에 인터넷에서 광고 디자인과 관련된 검색을 하다가 귀사를 발견했습니다. 제 눈을 사로잡은 것은 "2000년 10월 디자인 구인(www.design9in.co.kr)서비스 개설 이후 다음취업, 인크루트, 커리어다음 등과의 독점적 ASP 제휴"라는 문구였습니다. 어떤 회사인지 궁금했습니다. 이것저것을 살펴보다 다시 내 눈을 사로잡은 문구가 있었습니다. "사람보다 귀한 것은 없다."라는 구절이 그것입니다. 사실 인터넷은 사이버 공간이기 때문에 메마른 인간미가 풍겨 나기 십상입니다. 이 문구를 보는 순간 '사람 냄새'가 진하게 났습니다. 그 사람 냄새에 취해 귀사에 깊은 관심을 갖게 되었습니다.

ⓛ **회사의 인상**(무엇을 느꼈고 생각했는가)

디자인은 단순한 작업이 아닙니다. 수많은 아이디어가 모여 조화롭게 하나를 만들어 낼 때 비로소 그 가치가 극대화될 수 있는 분야입니다. 그런데 아이디어가 고갈되어 갈 때면 사람들은 점점 야수처럼 변해갈 위험도 도사리고 있는 분야이기도 합니다. 그렇기 때문에 무엇보다도 인간미가 강물처럼 흘러야 좋은 성과를 낼 수 있습니다. 귀사는 저의 이런 생각에 가장 부합하는 회사였습니다.

또한 귀사는 오프라인에서뿐만 아니라 여러 포털 및 디자인 사이트와 네트워크를 구성하여 장차 수준 높은 사이버 디자인 회사로 발돋움하려는 청사진을 갖고 있다는 사실을 발견하고 미래의 발전 가능성에 대해 신뢰하게 되었습니다. 귀사에서 내가 간직해 온 꿈을 펼쳐 보고 싶었습니다.

ⓒ **이 회사에 대한 지망의 열의**

귀사에서 발간한『내일을 이루는 디자인』紙 ○월호 ○○페이지를 펼쳤을 때, 세련된 기획서, 이해하기 쉬운 표현과 알아보기 쉬운 레이아웃으로 편집되어 있는 것이 눈에 확 들어왔습니다. 그러나 전혀 접하지 못한 새로운 정보가 다른 어떤 책보다 먼저 제공되고 있었다는 사실에 저는 더 큰 감동을 받았습니다. 디자인은 정보입니다. 정보는 정확성과 새로움이 생명인데 귀 잡지는 그 점에서 아주 높은 수준에 도달해 있음을 금방 알 수 있었습니다.

'귀신 같은 편집장 밑에서 철저하게 편집 기술을 익혀 정중하고 임팩트가 강한 책을 만들어 간다.'는 이야기를 자주 들었습니다. 귀사의 그러한 자세에 공감하는 동시에, 저의 능력이 귀사에 보탬이 될 것이라 믿어 지망했습니다. 저는 어떠한 악조건 하에서도 '나의 다리'를 가지고 정보를 수집해 올 각오와 체력이 준비되어 있음을 밝혀 둡니다.

⑦ 자신이 적임자임을 강조하라

최근 기업은 입사 즉시 업무에 투입시킬 수 있는 인재를 수시로 뽑고 있다. 따라서 인사 담당자의 눈에 띄려면 기업에서 채용하려고 하는 해당 업무에 자신이 최적의 사람임을 강조해야 한다. 아무리 많은 경력과 자격증을 지니고 있더라도 지원하는 회사의 업무와 관련이 없다면 무용지물이다. 자신이 지원하는 업무와 관련 있는 자격증과 경력만을 부각시켜야 한다. 그러기 위해서는 지원하는 회사에서 충원하고자 하는 사람이 담당해야 하는 일이 무엇인지 보다 구체적으로 파악하고 있어야 한다. 회사 홈페이지를 참조하거나 아는 사람 중 지원하고자 하는 회사에 다니는 사람이 있다면 해당 업무가 요구하는 기술이 무엇인지 어떤 일들을 하게 되는지 물어보는 것이 좋다. 또는 회사 홈페이지 게시판을 통해 문의하거나 인사 담당자에게 전화로 물어봄으로써 해당 직에 대한 자신의 열의를 비추는 것도 좋다. 이렇게 해서 파악한 업무 내용에 대해 구체적으로 자신이 '왜 해당 업무에 가장 적합한 사람인지', '자신의 어떤 점이 장점으로 작용하는지', '지원하는 동기는 무엇이고 앞으로 회사에 어떻게 기여할 수 있는지' 등을 논리적으로 설명, 자신의 조건을 효과적으로 부각시켜야 한다. 즉 자신이 회사에서 필요로 하는 바로 '그 사람'임을 인식시킴으로써 인사 담당자가 자신을 거부할 수 없도록 만들어야 한다.

계란으로 바위를 깨뜨릴 수 있다

저는 순수 미술인 서양화를 전공하기 위해 대학에 진학했었습니다. 제 전공에 대해 만족했기 때문에 훌륭한 화가가 되기 위해 열심히 노력했습니다. 그러던 중 대학 3학년 때, 어느 갤러리에서 가진 신인 작가의 작품 전시회에 간 적이 있었습니다. 그런데 전시회장 안으로 들어서는 순간, 저는 전율에 가까운 경탄을 발했습니다. 작품도 좋았지만 그 작품을 훨씬 더 가치 있도록 보이게 만든 작품 배열과 공간 활용이 제 눈을 사로잡았던 것입니다. 그 순간 큐레이터라는 단어가 제 머리를 스쳐 지나갔습니다.

그래서 순수 미술에 더해 전문적인 큐레이터가 되기 위한 공부를 시작했습니다. 대학원을 진학해 미술사와 미학을 공부했습니다. 그리고 공부를 하면서 우리나라에 유통되는 많은 관련 서적들이 영어와 더불어 중국어와 일본어로 쓰였다는 사실을 알게 되었습니다. 현대 미술의 감각을 체득하기 위해서는 일본어를 배우는 것이 좋겠다고 판단하여 일본어 공부를 본격적으로 했습니다. 큐레이터는 미술관과 작품을 조화시켜 제대로 돌아가게 만드는 총괄적인 운영자라고 할 수 있습니다. 그래서 마케팅적 감각은 필수일 것입니다. 이를 위해 경영학을 학부

때 부전공으로 공부했습니다.

처음에는 전혀 생각한 적이 없는 생소한 분야였지만 하나씩 이루어가는 과정에서 저 같은 '계란'도 바위를 깨뜨릴 수 있다는 확신이 섰습니다. 저는 훌륭한 큐레이터가 되기 위해 충분히 준비되어 있습니다. 만약 귀사에 입사하게 된다면 제 처음 느낌을 지속하기 위해 신인 작가 발굴에 주력해 보고 싶습니다. 이런 저의 꿈이 귀사에 유익한 보탬이 될 수 있을 것입니다.

⑧ 자신의 포부와 비전을 제시하라

기업이 자기 소개서를 통해 파악하고 싶어 하는 것 중의 하나가 지원자의 발전 가능성, 잠재 능력, 장래성 등이다. 인사 담당자들은 장래에 대한 포부가 있는 사람은 업무에 임할 때 매사에 적극적이며 열의를 갖고 있다고 판단한다. 자기 나름대로의 목표가 있으면 이 목표를 향해 나아갈 열의도 갖추고 있기 때문이다. 따라서 지원하는 기업의 업종, 특성을 고려해 자신의 포부와 비전을 명확히 제시하고 입사 후 자신의 꿈을 이루기 위해 어떠한 자세로 임할 것인지 등을 구체적으로 설명하는 것이 좋다. 평소 5년 후 자신의 모습, 10년 후 자신의 모습 등을 나름대로 설계해 현실성 있게 목표를 잡고 그 목표를 수행하기 위한 실행 전략 등도 세워 둔다면 자기 소개서를 작성할 때 자신의 비전을 보다 명확히 제시할 수 있을 것이다.

한 걸음씩 뚜벅뚜벅, 더딜지라도 멈추지 않는 전진을 위해

제가 귀사에 입사하게 된다면 디자인 계통에서 일을 하고 싶습니다. 그 이유는 무역 시장의 다변화를 위해 필요하다고 판단했기 때문입니다. 지금 귀사가 주력하고 있는 미주 시장은 향후 중저가 브랜드인 중국 제품의 진출로 시장 확장에 어려움이 있을 것으로 예측됩니다. 따라서 새로운 시장 개척이 필요하며, 그 적지로 전 EU를 꼽고 있습니다. 디자인이 앞서 가 있으나 반드시 틈새 시장은 있기 마련입니다. 미래 사회는 환경 오염 때문에 자연스럽게 친환경적인 디자인, 혹은 그런 재질의 옷이 호평을 받을 가능성이 높습니다. 그런데 다행스럽게도 동양학의 근간은 자연과 인간의 조화, 즉 웰빙의 삶이 선험적으로 강조되어 왔습니다. 동양 정신을 형상화한 독특한 디자인을 개발한다면 분명히 유럽 시장에서도 살아남을 가능성이 매우 높을 것입니다. 제가 공부한 경영학을 접목해 철저히 시장 조사를 병행할 것입니다. 이를 위해 프랑스어 공부도 게을리하지 않겠습니다. 미지의 세계에 대한 도전이기 때문에 행보는 느릴 것입니다. 더딜지라도 멈추지는 않겠습니다. 저의 이런 꿈을 귀사에서 맘껏 펼쳐 볼 수 있는 기회를 주신다면 그 선택이 옳았음을 입증해 보이겠습니다.

3) 톡톡 튀는 자기 소개서

지원하고자 하는 회사의 성격에 따라서 다음과 같은 자기 소개서가 때론 효과적일 수도 있다.

① 자신의 일대기를 가족 신문처럼 작성하여 삽입한다.
② 성장 과정을 한눈에 알아볼 수 있도록 사진을 첨부하여 삽입한다.
③ 딱딱하지 않게 그림과 만화 형식으로 작성한다.
④ 유머와 콩트 형식으로 재미있게 작성한다.
⑤ 자신이 타인에게 어떻게 인식되는지 가족들이 각각 작성한다.
⑥ 자신의 한 사건을 심층 분석하여 자신의 성격과 위기 상황에 대한 대처 능력을 보여줄 수 있도록 작성한다.
⑦ 풍선을 불어야만 글씨를 볼 수 있게 풍선 위에 작성한다.
⑧ 대화체 형식으로 작성한다.
⑨ 신문 기사 형식으로 작성한다.
⑩ 자기 소개를 합죽선(부채)에 작성하여 펴 볼 수 있도록 한다.
⑪ 객관식 시험 문제 형식으로 작성하여 맨 밑에 답안을 작성한다.
⑫ 여행 수기처럼 작성한다.
⑬ 자기 자신이 가장 자랑스러웠을 때를 작성한다.
⑭ 옛 직장 상사가 자신에 대하여 평가한 것을 추가한다.
⑮ 자신의 좋은 대인 관계를 나타내기 위해 지금까지 자기가 알고 있는 사람들을 모두 기록하며 작성한다.

[예문 1]

사랑은 세상을 밝히는 등불이다

"구석진 곳에 앉은 아이는 나의 존재 이유다." 제가 교직이 천직이라 믿고 교사의 길을 걸으려고 하면서 가슴에 새긴 금언입니다. 초등학교를 다닐 때였습니다. 남루한 옷을 입고 늘 코찔찔이여서 친구들의 놀림을 독차지하던 친구가 있었습니다. 하루는 방과 후 늦은 청소를 마치고 집으로 돌아가던 길이었습니다. 빈 도시락을 가져오지 않았다는 사실을 깨닫자 내 발걸음은 교실로 다시 향하고 있었습니다. 복도를 들어섰는데 어디선가 서툰 풍금 소리가 들렸습니다. 교실이 가까워질수록 풍금 소리는 더 크게 들렸습니다. 교실 문을 열고 들어서려다 저는 멈춰 섰습니다. 바로 그 코찔찔이가 매우 즐거운 표정으로 서툴게 풍금을 치고 있었고, 그 곁에 무뚝뚝하기만 해서 늘 호랑이 선생님으로 불리던 담임 선생님이 아주 인자한 모습으로, 옅은 미소를 머금은 채 흐뭇한 듯 그 아이를 보고 계셨습니다. 선생님은 그렇게 방과 후 놀림감의 대상이었던, 그래서 세상에선 유일하게 자신의 그림자만이 친구일 것 같던 그 아이의 친구가 되어 주셨습니다. 그 아이는 초등학교 졸업식 때 눈물 머금은 졸업 노래를 반주하였습니다. 사랑은 소외된 아이의 좋은 친구입니다.

행동은 말의 거울이다.

저의 금언에 좋은 본이 되신 분이 있습니다. 제 아버지입니다. 고3 시절 이른 아침을 먹고 학교에 갈 때면 아버지는 무거운 제 가방을 들고선 학교 앞까지 꼭 동행해 주셨습니다. 하루는 어느 슈퍼마켓 앞을 지나는데 껌 종이가 이리저리 날리고 있었습니다. 아버지는 주저 없이 그것들을 주워서 주머니 속에 넣었습니다. 그러시곤 한 말씀 하셨습니다. "자신의 본분에 최선을 다하는 사람, 그 사람이 성공한 사람이다. 난 그저 공무원인 내가 마땅히 해야 할 최소한의 것을 했을 뿐이다." 아버지는 내가 넘어서야 할 큰 산입니다. 그리고 내가 묵묵히 따라 걸어야 할 산 속에 난 오솔길이며, 나를 비추는 거울입니다.

벽은 두드려야 열린다.

저는 제가 원하는 대학에 가지 못했다는 생각에 대학 생활에 잘 적응하지 못했고 도피처를 찾는다는 기분으로 입대를 하게 되었습니다. 그때 저는 한 친구가 열심히 외국어 공부를 해서 장학생으로 유학을 갔다는 소식을 듣게 되었습니다. 저는 부럽기도 하고 무엇인가 조언을 얻을 것이 있지 않을까 해서 그 친구에게 편지를 썼습니다. 그 친구는 지금이라도 늦지 않았으니 다시 처음부터 시작하는 마음으로 노력해 보라는 내용의 답장을 보내왔습니다. 그 편지에 힘을 얻은 저는 그렇게 하겠노라는 약속을 담아 답장을 보냈고, 복학한 뒤 잊고 있었던 어릴 적 꿈을 이루어 보겠다는 다짐을 했습니다.

저는 어릴 적부터 교사가 되고 싶다는 꿈을 가지고 있었습니다. 저는 이 꿈을 이루고 싶었습니다. 대학을 졸업할 즈음 ○○대학교 대학원에 특별 전형으로 합격하였지만 꿈을 이루기 위해 이것까지 과감하게 포기하기로 마음먹었습니다. ○○대학교 대학원을 포기하겠다는 말에 서운해 하시는 부모님께는, 나중에 지금보다 더 나은 대학원에 꼭 진학을 하겠다는 약속을 하고서 저는 영남대학교 사범대학 국어교육과에 편입했습니다. 대학원 진학도 하고 싶었지만 누군가를 가르친다는 것이 저에게는 무엇보다도 큰 보람이라는 것을 확신했고, 또 제가 저 자신에게 했던 약속을 깨고 싶지 않았기 때문입니다.

영남대학교 사범대학 국어교육학과를 졸업한 다음 저는 좀 더 연구하는 교사가 되기 위해 영남대학교 교육대학원에 응시했습니다. 그리고 마침내 부모님께 약속했던 대로 영남대학교 교육대학원에 합격할 수 있었습니다. 이 모두가 약속에 충실하자는 제 신념의 결과가 아닌가 생각이 됩니다. 비록 처음에는 원하는 대학을 가지 못했지만, 제 자신과의 약속을 지키기 위해서 늦게나마 노력하여 마침내 결실을 맺게 된 것입니다.

쉼 없는 전진, 더불어 가는 미래

저는 교사가 되고 나서도 저와 했던 약속을 기억하며 계속 노력하고 저 자신을 계발시켜 나갈 것입니다. 저는 21세기는 전문가 사회가 될 것이라고 생각합니다. 그리고 교육 역시 전문직이라고 생각합니다. 저는 교사라는 전문인이 되기 위해서 더 넓고 깊은 공부를 해 보고 싶습니다. 제가 맡은 분야에서 최고가 되는 것은 저에게 배울 학생들에 대한 또 하나의 약속이라 생각합니다. 저는 제 전공 분야인 국어에서 국어 2급 정교사 자격증을 취득한 것은 물론 복수 전공으로 한문 2급 정교사 자격증을 취득했습니다. 이것은 약속을 이루기 위해 이제까지 제가 노력한 결과물입니다. 저는 앞으로도 약속을 지키기 위해 열심히 노력할 것입니다. 제가 귀교에서 정식 교사로 임명이 된다면 스스로의 약속을 이루기 위해 제가 가진 모든 것을 쏟아붓겠습니다.

[예문 2]

붓으로 꿈꾼 세상, 그리고 사랑

제게 삶이 아름답게 느껴지는 것은 봉사의 마음으로 교단에 설 수 있다는 희망이 있기 때문입니다. 미술 교사가 되고 싶었던 꿈을 이루기 위해 오늘 하루도 열심히 노력하는 모습으로 지난날들을 되돌아 봅니다.

초등학교 시절부터 그림이 너무 그리고 싶어 미술 학원을 기웃거리던 모습……. 미술을 하고픈 간절한 열망, 미대를 가지 않으면 후회할 것만 같은 생각들이 저를 사로잡았습니다. 미술을 전공하고 싶어 하셨지만 가정 사정으로 인해 꿈을 이루시지 못한 어머니께서 제가 미대를 갈 수 있도록 적극 도와 주셨고, 교원이신 아버지께서는 교사에 대한 관심과 열정, 교사가 지녀야 할 품성에 대해 가르쳐 주셨습니다.

이웃은 내 꿈을 이루는 지렛대

미술 교사가 되고 싶었던 꿈을 이루기 위해 저는 사범대학으로 진학을 했습니다. 미술 수업의 특성에 따른 미술 교사의 자질을 갖추기 위해 전문적인 표현 능력을 배웠고, 미술 수업의 특성에 따른 수업 방법도 배웠습니다. 재학 중에는 판화전과 소품전, 그룹전을 가졌으며 가톨릭 교회 안에서 출간되는 월간지와 주간지의 표지 제작을 한 경험도 있습니다. 항상 뭔가 새로운 것을 배우려고 하는 진취적인 성격 탓에 학교 수업에서 배워 보지 못한 종이 공예(종이 감기, 종이꽃 만들기, 쉐도우 박스), POP 매직 글씨 등을 배웠으며 Illustrator, Flash, Photoshop 등의 전자 출판 과정도 다루었습니다.

저는 또 주말이면 항상 ○○에 위치한 사회 복지 시설인 꽃동네로 달려가 봉사하곤 했으며 방학 동안에는 시설에 머무르면서 가난하고 헐벗은 사람들과 함께 했습니다. 의지할 곳 없고 얻어먹을 수 있는 힘조차 없는 사람들과 함께한 시간들은 제게 너무나 많은 것을 가르쳐 주었습니다. 그렇게 봉사 생활을 해 온 지가 벌써 10여 년이 되었습니다. 봉사 생활을 통해 가치 있는 삶이 무엇인지를 깨닫게 되었으며, 이렇게 봉사 생활을 통해 얻은 것이 사회생활(교직 생활)에 밑거름이 될 것임을 저는 확신하게 되었습니다.

수단으로서의 가르침이 아닌 목적으로서의 가르침

저는 학생들에게 창작과 감상의 다양한 활동을 통하여 표현 및 감상 능력을 길러 주고, 창조성을 계발하며 정서를 함양시켜 주는 것은 물론이거니와 봉사하는 사랑의 마음으로 학생들 앞에 다가서고자 합니다. 그리고 미술 치료를 수료한 경험을 통해 상처 입은 학생들의 마음을 미술을 통해 조금이나마 치료해 주고자 합니다.

저의 적성과 대학에서의 전공을 사회생활로 이어가는 것이 제 자신은 물론이고 사회에 유익한 일이라는 소신을 가지고 이렇게 지원하게 되었습니다. 제가 이 학교 교단에 서게 된다면 저의 열정과 지식과 사랑을 투자해 보고 싶습니다. 감사합니다.

[예문 3]

성장 과정-호기심은 유전된다.

어린 시절, 아버지께서 기분 좋게 약주 한잔 드시고 퇴근하시는 날이면 회사에서 있었던 당신의 자랑스러운 활약상을 말씀해 주셨습니다. 사소한 호기심에서 시작된 아이디어가 업무에 큰 도움이 되어 직장 상사와 동료에게 능력을 인정받았다며 흥겨워하시곤 했습니다. 이야기의 끝에는 항상 창의적인 사람이 되라고 말씀하시며 사소한 것 하나에도 호기심을 가지라는 당부를 잊지 않으셨습니다. 아버지의 이야기를 가장 흥미 있어 하고 주의 깊게 들었기 때문인지도 모르지만, 아버지의 호기심에서 비롯된 창의적인 사고가 세 딸 중 제게 많이 계승 발전하였습니다.

성격 및 사회생활-호기심은 도전이다.

창의적인 능력을 발휘할 수 있는 분야를 찾던 중, 디자인과 미술에 흥미를 느껴 미대 입학을 목표로 학업에 매진했지만 결과는 만족스럽지 못했습니다. '넘어졌을 때 무언가 주워 일어나면 실패도 인생의 값진 경험이 될 수 있다.'라는 글귀를 보며, 무엇을 주워 일어나야 하는지에 대한 강한 호기심을 느꼈고 그 호기심 덕분에 다시 도전할 수 있었습니다. 다음 해 원하던 입학을 하게 되었고, 실력뿐만 아니라 성실함과 강한 근성에 확신을 갖게 됐다며 미술 학원 측으로부터 데생 강사 제의를 받았습니다. 예비 반도 아닌 입시 반에서 여자 데생 강사를 채용하는 일이 거의 없었던 일인지라 그 어느 때보다 큰 성취감을 느낄 수 있었습니다. 단지 가르치는 입장이 아닌 멘토 역할에 충실하겠다는 책임감으로 성공적인 첫 사회생활을 하게 됐습니다. 호기심이 많기 때문에 대인 관계에서도 여러 부류의 인간관계를 형성하고 있긴 하나, 그만큼 사람들에게 상처받는 일도 많습니다. 그 때문에 때때로 소수의 사람들과 부딪히기도 하지만 그러면서 타인을 이해하는 자세를 배우기도 합니다.

학창 시절-호기심은 나를 성장시킨다.

대학 시절, 전공 교수님께서 '잡지에 실린 광고 한 편을 보더라도 그것을 디자인해 놓은 디자이너의 의도를 읽어낼 수 있어야 합니다.'라는 말씀을 하셨습니다. 감각에만 의존하는 디자인을 피하라는 의미도 있었으나, 디자이너도 기획력을 키워야 한다는 의미로 해석됐습니다. 그때 기획과 디자인의 관련성에 강한 호기심을 느꼈고, 이것을 계기로 ○○○에서 기획 과정부터 제작까지 배울 수 있었던 카피라이터 과정을 수료하며 학과에서 배우지 못한 지식을 보충하였습니다. 광고 기획에 대한 지식을 디자인 작업에 적용시켜 관련성을 확인하였고, 이를 통해 디자인을 새로운 시선으로 바라보게 되었으며, 디자인도 하나의 기획이라는 가치관을 형성하였습니다. 광고 기획과 제작에 대한 지식이 쌓이면서 공모전에서도 수상 소식을 들을 수 있었습니다. 수상 경력보다 더 값진 성과는 경쟁 PT가 있었던 공모전의 경험으로 광고 크리에이티브 전략이 주는 마케팅의 효과에 대해 깨닫게 된 것입니다. 학창 시절 배우고 느꼈던 모든 것들이 단지 소중한 경험으로 그치는 것이 아닌 저만의 자산으로써 ○○○에서 활용하고 발전시켜 보고 싶습니다.

지원 동기 및 포부- 호기심도 경쟁력이다.

차별화를 중요시하는 광고 시장에선 동전의 앞면과 뒷면뿐만이 아닌, 옆면을 보는 호기심의 시각이 필요하며 이것은 창의적인 요소와도 직결된다고 생각합니다. 그 동안 동전의 옆면까지 보기 위해 항상 다양한 각도에서 사물을 바라보고, 다르게 생각하고자 노력해 왔습니다. 학과에서뿐만 아니라 ○○○에서 교육 받을 당시에도 남들과 달리 호기심이 많았기에 기발하고 이색적인 아이디어가 풍부한 사람으로 평가 받을 수 있었다고 생각합니다. 제 이런 능력을 보다 전략적인 방법으로 활용하고 발전시키기 위해서는 ○○○의 체계적인 경험이 필요하다고 생각했기에 지원하였습니다.

광고 디자인은 컨셉츄얼할수록 보는 사람들로 하여금 더욱 강하게 어필되어 마케팅적으로도 성공 가능성이 크다고 생각합니다. 따라서 핵심을 제대로 전달하기 위한 전략으로 심플함을 유지하겠습니다. 심플함을 유지하되 틀에 박힌 광고가 되지 않도록 항상 새로움과 창의적인 것을 추구하며, ○○○의 감각과 실력을 익히는 데 노력하겠습니다. 인복은 스스로 만들 수 있는 최고의 행복이라고 생각합니다. 항상 동료와의 관계를 돈독히 하여 '내'가 아닌 '우리'라는 생각을 하며 좋은 대인 관계를 형성하는 데 앞장서겠습니다. 지금까지 해 왔던 노력 그 이상으로 끊임없이 자기 계발에 힘쓰는 디자이너가 되겠습니다. 감사합니다.

(〔예문 3〕은 http://www.saramin.co.kr에서 가져온 것임.)

TIP 자기 소개서 작성 시 피해야 될 어휘	영국 BBC방송은 입사 지원서 작성 시 도움이 되는 단어는 '성취(achievement)', '활동적인(active)', '발달한(developed)', '증거(evidence)', '경험(experience)', '영향 • 효과(impact)', '개인의(individual)', '관련된(involved)', '계획(planning)', '전달 능력(transferable skills)' 등이라고 밝혔다. 또한 도움이 되지 않는 10가지 단어는 '항상(always)', '무서운 • 심한(awful)', '나쁜(bad)', '잘못(fault)', '싫음(hate)', '실수(mistake)', '결코~않다(never)', '아무 것도~하지 않음(nothing)', '공포(panic)', '문제(problems)' 등 부정적인 느낌을 주는 것들이 꼽혔다.

<참고 문헌>

김양수, 『디자인 비즈니스 2』, 예경, 2002.
수험문장평가연구회 편, 『면접 자기 소개서』, 문장, 2003.
윤영돈, 『경력 자기 소개서』, 양서원, 2003
정주용 편, 『면접·자기 소개서 길라잡이』, 예문당, 1995.
http://www.bizresume.co.kr
http://www.incruit.com
http://www.myform.co.kr
http://www.saramin.co.kr
http://www.wizresume.com/
http://www.career.co.kr

연습문제 1 다음과 같은 글쓰기 방식으로, 제시된 상황에 맞는 글쓰기를 해 보자.

> 자판기에서 커피를 뽑는 장면을 '자판기에 동전을 넣는다 - 선택 버튼을 누른다 - 커피를 뽑는다' 등 3단계로 표현한다. 이것에 익숙해지면 같은 동작을 4단계, 5단계로 점차 늘려서 표현해 본다. '주머니에 손을 넣는다'나 '문을 연다' 등이 추가될 수 있다.

1. 어린 시절 가장 인상적이었던 사건 중 하나를 골라 4단계로 써 보라

1)

2)

3)

4)

2. 자신이 전공을 정하기까지의 과정을 7단계로 써 보라.

1)

2)

3)

4)

5)

6)

7)

연습문제 2 다음의 자기 소개서가 가지고 있는 문제점을 지적하고, 고쳐야 할 부분을 염두에 두고 자신의 상황에 맞는 자기 소개서를 작성하시오.

> 고등학교 때부터 주유소, 스키장, 서빙, 진열, 행사 도우미, 산업 현장 등 여러 아르바이트를 하면서 정말 하고 싶었던 일을 찾으려고 노력을 했습니다. 그리고 얼마 전에 대형 할인 매장에서 5개월간 아르바이트를 하면서 확실히 나에게 맞는 직업이 생각이 났습니다.
>
> 고객과 마주하면서 고객이 행복해 하고 기뻐하고 즐거워하는 것을 보는 것이 정말 내가 찾던 직업이라는 생각이 들었고, 이것을 느낄 수 있는 직업이 무엇일까 생각하던 중에 생활 문화 이벤트라는 직종이 눈에 띄게 되어서 이 회사에 지원하게 되었습니다.
>
> 비록 전공과는 전혀 상관없지만 지금이라도 자기가 정말로 하고 싶은 것을 해야 살아가면서 후회가 없다고 생각합니다. 저는 이 일을 정말 해 보고 싶고 회사가 한층 더 올라갈 수 있게 보탬이 되고 싶습니다.

1) 문제점 :

2) 수정된 자기 소개서 쓰기

제13장

기획서 - 학교 행사 기획, 전시 기획

1. 기획서란 무엇인가

기획의 사전적 의미는 "일을 꾀하여 계획함"으로 정의 내려져 있다. '기획'은 창조적인 아이디어에 초점을 둔 것이고 '계획'은 구체적인 실행 과정에 초점을 둔 것이라고 구분하기도 하지만, 사전적 의미를 보면 '기획'은 '계획'의 의미를 포괄하고 있다. 그렇다면 '기획'은 '어떤 사업의 목표를 설정하고 그 목표를 달성하기 위해 수행하는 모든 업무와 과정'으로 이해할 수 있다. 기획서는 이런 내용을 체계적이고 요약적으로 기술한 문서를 말한다.

기획서의 종류는 회사나 업무의 성격에 따라 마케팅 기획서, 광고 기획서, 이벤트 기획서, 홍보 기획서, 공연 기획서, 전시 기획서 등 다양하게 나누어질 수 있다. 이러한 기획서의 작성 목적은 크게 두 가지 정도로 생각해 볼 수 있다. 첫째는 특정 분야의 일에서 상대방을 설득하여 자신이 제안한 기획이 채택되도록 하기 위한 것이다. 이때 기획서는 자신이 기획한 바를 성시시키는 것을 목표로 하기 때문에 결정권자를 설득하는 것이 주된 목적이다. 둘째는 자체적으로 공연이나 행사, 전시 등을 기획하고 추진하기 위해 작성하는 것이다. 채택되거나 투자 받는 것을 목적으로 하는 것은 아니지만, 내부적으로 실행의 지침이 되고 외부적으로 관객이나 스태프, 참가자 등에게 배포되기도 하는 것이기 때문에 이것 역시 체계적이고 구체적으로 작성되어야 한다.

기획서는 읽는 사람의 입장에서 써야 하므로 내용이 간결하고 문장이 이해하기 쉬워야 한다. 상대방이 기획 내용에 대하여 제대로 이해할 수 없다면, 그 분야에 대한 자신의 아이디어를 충분히 전달할 수 없다. 더구나 상대방이 그 분야에 관하여 별다른 지식이 없는 경우라 하더라도 충분히 이해할 수 있도록 써야 한다. 그러기 위해서는 너무 많은 내용을 제시하기보다는 핵심을 분명하고 간결하게 제시하는 것이 중요하다.

특히 채택되거나 투자 받는 것을 목적으로 하는 기획서는 자신의 아이디어가 실행되게 하기 위해서 그것이 실현 가능하다는 것을 의뢰인에게 보여 주어야 한다. 실행되지 않는 기획서는 아무 소용이 없기 때문이다. 이를 위해서 기획자는 아이디어를 '어떻게 현실화하고 구체화할 것인가'에 관한 타당한 근거를 여러 각도에서 제시해야 한다. 기획서가 추진하는 일이 현재의 문제점을 개선하여 보다 발전적인 결과를 지향하고 있다는 점도 강조할 필요가 있다. 이 과정에서 기획자는 사전에 자료 조사를 철저히 해야 할 뿐만 아니라, 기획 분야의 현재 동향에 대해서도 훤히 꿰뚫고 있어야 한다.

회사에서 기획서는 자신의 업무 능력과 추진력을 보여 주는 데 가장 중요한 문서이다. 교직 생활에도 기획서는 필요하다. 학교에서 학생이나 학부모를 상대로 각종 행사나 프로그램을 추진할 때 반드시 작성해야 하는 것이다. 그리고 예술 분야에서는 더욱 중요하게 다루어지는 것이 기획서이다. 연주회, 오페라, 뮤지컬, 무용 등과 같은 공연, 예술과 관련된 행사나 이벤트, 그리고 미술 작품 전시회 등 다양한 분야에서 기획서 작성이 요구된다. 교직이나 예술을 전공하는 대학생들이 자신의 전공 영역과 관련된 기획서를 작성해 보는 것은 현재의 대학 생활뿐만 아니라 향후 직업 생활에도 많은 도움을 줄 수 있으리라 생각한다.

2. 기획서 작성하기

1) 기획서의 종류

여기에서는 사범·예체능 계열과 관련해서 많이 활용되는 기획서로 행사 기획서, 공연 기획서, 전시 기획서에 대해서 알아보기로 한다.

행사 기획서는 특정 목적을 위해 행사를 준비하고 이를 체계적으로 진행하기 위해 작성하는 문서이다. 행사의 취지를 분명히 밝히고 행사 개요와 세부 일정 등을 구체적으로 제시해야 한다. 핵심 사항만으로 요약된 행사 기획서는 행사 참가자들에게 배포되는 경우가 많기 때문에 행사 진행과 관련된 객관적인 사항들을 정확하게 기록해야 한다. 또한 행사 진행에는 여러 변수들이 있을 수 있기 때문에 이에 대한 대비를 위해 대안을 마련할 필요도 있다.

공연 기획서는 작품을 성공적으로 무대화하기 위한 구체적인 방안과 수익화 방안을 제시해 놓은 기획서를 말한다. 공연 기획서에는 공연 제작에 임하는 공연 기획자의 예술 철학, 목표, 관객에 대한 메시지 등이 담겨 있어야 한다. 공연 기획서는 공연에 참여하는 내부 관계자들에게 목표와 방향을 제시해 주는 안내서이자 외부 관계자들에게 전달되는 최초의 공연 소개서이다. 그러므로 모든 사람들이 쉽게 이해할 수 있도록 구체적이고 명료하게 작성해야 한다.

전시 기획서는 미술관, 갤러리, 박물관 등에서 예술 작품을 전시함으로써 관람객과 소통하는 일련의 프로그램과 관계되는 제반 사항을 기획한 문서이다. 박물관이나 미술관에서 재정 확보, 유물 관리, 자료 전시, 홍보 활동 따위를 하는 전시 기획자를 큐레이터(curator)라고 한다. 큐레이터는 문화의 창의적인 중개자라고도 하는 만큼 예술가와 관람객의 가교 역할을 해야 하며, 그러기 위해서는 예술계의 동향을 파악하고 자신이 속한 시대적·사회적·문화적 요구를 이해하고 있어야 한다. 전시 기획서는 큐레이터의 이런 역량과 역할이 구체화된 문서이다. 소통의 중요성을 감안할 때 전시 기획서 작성을 위해서는 관람객에 대한 조사와 분석이 반드시 이루어져야 한다.

2) 기획서 작성 과정

(1) 기획의 목적과 취지 설정

'어떤 목적으로 이러한 기획을 하려고 하는가', '이 기획을 통해 어떤 결과를 얻으려고 하는가' 등에 대한 질문에서 출발한다. 수익을 목적으로 하는 것인지 아닌지에 따라 기획의 방향이 달라질 것이다. 수익을 목적으로 하는 기획이라면 수익을 극대화할 수 있는 방안에 대한 고민이 필요하다. 수익을 목적으로 하지 않는 행사, 공연, 전시 기획인 경우에는 기획한 바를 실행하였을 때 그 결과가 어떤 가치를 창출할 수 있는지를 생각해야 한다. 그리고 이 기획이 얼마나 시의적절하고 유효한 것인지에 대한 검토를 바탕으로 기획 목적이 수립되어야 한다.

(2) 자료 조사

기획의 목적과 취지가 정해지고 나면 관련 분야에 대한 자료 조사가 이루어져야 한다. 그 분야의 기획에 대한 통시적·공시적 고찰이 필요하다. 회를 거듭해서 지속적으로 개최되는 행사이거나 기획 주제 아래 연속되는 공연 또는 전시라면 선행된 기획과의 연속선상에서 발전된 의미를 도출해야 하기 때문이다. 그리고 관련 분야의 최근 동향을 읽어냄으로써 유사 기획과의 차별성을 부각시킬 필요도 있다. 행사 참여자 또는 공연이나 전시의 관객들이 요구하는 바가 무엇인지 조사하고 파악하여 그 요구를 적극 수용해야 기획의 결과가 소통의 장이 될 수 있다.

(3) 기획의 콘셉트 설정

콘셉트의 사전적 의미는 '어떤 작품이나 제품, 공연, 행사 따위에서 드러내려고 하는 주된 생각'이다. 기획의 목적을 보다 효율적으로 성취할 수 있게 하고, 기획에 전체적인 통일성과 개성을 부여하는 것이 콘셉트이다. 기획의 목적이 같더라도 콘셉트는 다를 수 있다. 콘셉트를 설정하기 위해서는 기획 목적을 수립하고 자료 조사를 하는 과정에서 공통의 키워드를 찾아내야 한다. 도출된 키워드에 적절한 의미 부여가 이루어지면 콘셉트가 될 수 있다. 콘셉트가 결정되면 기획 목적과의 긴밀성을 반드시 검토해야 한다. 콘셉트가 개성 있고 탄탄한 기획은 그 자체로 경쟁력을 지닐 수 있다. 수요층에 대한 접근과 프로그램 구성을 보다 성공적으로 할 수 있는 기반이 되기 때문이다.

(4) 세부적인 계획 수립

기획 내용을 어떻게 추진해 나갈 것인지 구체적이고 체계적인 계획을 수립해야 한다. 기획의 실행 일정에 차질이 없도록 시기별, 단계별 계획이 필요하다. 행사 기획이라면 행사 진행에 필요한 인력, 장비, 물품 등을 준비하는 구체적인 계획이 필요할 것이다. 공연 기획이라면 작품이나 작가 선정에서부터 대관 계획, 연출 및 연습 계획 등도 포함되어야 한다. 전시 기획에도 작품 및 작가 선정이 선행되어야 하고 그 밖에 인테리어 공사, 전시품 대여 및 반환, 디스플레이 일정 등에 대한 구체적인 계획이 수립되어야 한다. 계획은 기획의 실제 진행을 위한 것이므로 현실적 여건도 고려해야 한다.

(5) 간결하고 명확한 글쓰기

기획서도 글이다. 그러므로 읽는 사람을 고려해야 한다. 정확하고 논리적이며 구체적인 기술이 필요하다. 기획의 목적은 간명하게 서술하고, 콘셉트는 광고의 카피처럼 기존의 상식을 넘어서는 참신한 표현이면 더욱 좋다. 파워포인트로 작성하여 프레젠테이션을 하면 시각적 이미지를 통해 기획서의 핵심 내용을 보다 효과적으로 전달할 수 있다. 단 한 장만으로 기획서를 작성하는 것이 하나의 추세로 대두되기도 할 만큼 기획서는 최대한 간결하게 작성하는 것이 중요하다.

3) 기획서의 구성 요소

기획의 콘셉트와 목적이 정해지면 이제 기획서 작성에 들어간다. 기획서의 구성은 목적과 용도에 따라서 조금씩 다를 수 있다. 일반적으로는 표지, 목차, 기획 개요, 기획 내용(프로그램), 홍보·마케팅 계획, 예산 및 수익 계획, 추진 계획, 기획자 소개, 관련 자료 등이 들어간다. 기획서의 종류나 규모에 따라 일부 항목이 추가되거나 생략될 수도 있고 몇 개의 항목을 아울러 작성할 수도 있다. 특히 수익을 목적으로 하는 공연 기획서 등에는 홍보·마케팅 계획, 예산 및 수익 계획 등이 반드시 들어가게 된다. 여기에서는 행사·공연·전시 기획서에 기본적으로 들어가야 할 항목에 대해서 간단히 살펴보겠다.

(1) 표지

표지에는 기획 제목과 기획을 소개하는 카피가 들어가고, 기획자에 대한 간략한 소개나 기획 개요가 제시되기도 한다. 기획을 주관하는 단체를 상징하는 사진이나 로고, 공연이나 전시의 포스터 등을 활용하면 시각적 효과를 높일 수 있다.

(2) 목차

목차는 기획서의 전체 구성을 알 수 있도록 하는 것이다. 기획서의 구성 순서를 차례대로 기입하고 보는 이가 한눈에 파악할 수 있도록 일목요연하게 작성한다. 기획서의 규모가 크고 분량이 많을 때는 층위를 구분해서 목차를 작성하기도 한다.

- 목 차 -

1. 행사 목적
2. 행사 개요
3. 행사 내용
   (1) 전시
   (2) 공연
   (3) 강연
4. 추진 계획
   (1) 홍보 계획
   (2) 업무 일정별 계획
5. 소요 예산

(3) 기획 개요

기획 개요는 기획의 취지와 목적을 핵심적으로 정리해서 보여주는 것이다. 왜 이 기획을 하게 되었는가, 이 기획을 통해 어떤 기대 효과를 얻고자 하는가 등을 제시한다. 기획 의도를 보다 효과적으로 표현하기 위해서는 간결한 몇 개의 문장으로 서술하거나, 짧고 간결한 카피 형식으로 서술하는 것이 좋다.

2014년 다문화 · 탈북 학생 멘토링 문화 체험 학습

- 문화 체험 학습을 통한 문화 적응력 강화
- 멘토-멘티 활동을 통한 소통과 화합 모색
- 다문화·탈북 학생의 대안 문화 모색
- 다문화·탈북 학생의 자존감 고양

(4) 행사 개요

행사 개요는 기획한 행사나 전시, 공연 등의 내용을 한눈에 알아보기 쉽게 요약적으로 제시하는 것이다. 여기에는 해당 기획의 제목, 장소, 일시, 주최/주관/후원, 가격, 문의처 등이 기술된다.

세계 여성 인권 영화 상영 및 강연회

상영 일시 : 201○. 3. 8.

장소 : 인문관강당

주최 : 영남대학교 총여학생회

강연 : 세계 여성 인권 영화의 현주소와 미래

강사 : ○○○(○○대학교 국어국문학과 교수)

(5) 기획 내용

기획 내용은 기획을 실행할 때의 세부적인 프로그램을 의미한다. 행사 기획일 경우에는 세부적인 행사 일정을 소개한다. 뮤지컬이나 오페라 공연일 경우에는 시놉시스(synopsis)와 출연자 등을 소개하고, 연주회일 때는 연주자, 연주 곡목 소개와 더불어 연주자의 음악 세계와 연주 작품에 대한 설명 등도 수록한다. 미술 전시일 경우에는 전시되는 작품과 작가에 대한 소개, 그에 대한 기획자의 해설 등을 함께 싣는다.

김지원 <그림의 벽>

2015. 10. 13. - 2016. 2. 9.
대구미술관 4, 5전시실

대구미술관은 제15회 이인성 미술상 수상자인 김지원의 개인전 <그림의 벽>전을 개최한다. 이번 전시는 일상적인 소재를 사용해 회화의 본질에 대한 탐구를 이어 온 김지원의 대표작 80여 점을 소개한다.

김지원(1961~)은 1980년대 말부터 '그리기'와 '회화'에 대한 꾸준한 탐색의 과정을 거쳐 주변의 대상과 자연 환경을 캔버스에 담는 작업을 지속해 왔다. 그는 일상적인 사물에서부터 맨드라미, 항공 모함, 비행장과 같이 작가에게 특별한 의미로 다가오는 특정 대상이나 공간 등을 다루면서 회화의 본질을 탐구하는 내적 성찰을 통해 전통 회화의 틀을 벗어난 독창적인 작업 세계를 펼치고 있다. 김지원은 하나의 대상을 선택한 후 철저하게 관찰, 분석하여 연작으로 제작하는데 그의 '그리기'는 단순히 본 것을 재현하는 것에서 멈추지 않고 대상과의 거리를 좁히거나 넓히는 능동적인 과정을 통해 은폐되어 있는 것들을 드러내며 그림으로 세상을 번역하는 작업이 된다. 만개했다가 처절하게 죽어가는 맨드라미의 모습을 통해 희로애락이 뒤섞인 인간의 삶을, 비슷한 모양의 벽을 그리며 이 시대의 획일성과 부조리함을 사유하는 것이다. 이번 전시는 김지원의 대표작인 <맨드라미> 연작을 비롯해 <이륙하다> 연작, 그리고 1998년부터 2007년까지 진행하였던 <비슷한 벽, 똑같은 벽> 연작 이후 2013년부터 '무제(Untitled)'라는 제목으로 다시 제작된 작품 등 작가의 작품 세계 전반을 살펴볼 수 있다. 김지원의 작품을 통해 지난 30여 년간 이어온 회화에 대한 작가의 고민과 그 해법을 확인하고 다양한 장르가 혼재한 현대 미술 속에서 회화가 가지고 있는 미덕을 경험할 수 있을 것이다.

전시 연계 프로그램

김지원 작가와의 대화: 2015년 11월 21일(토) 오후 3시

김지원은 1961년 경기도 과천에서 태어나 인하대학교 미술교육과와 독일 프랑크푸르트 국립 조형미술학교를 졸업하였으며 현재 한국예술종합학교 미술원 교수로 재직 중이다. 김지원은 지난 30여 년간 회화라는 장르를 고집하며 '그림을 그린다'라는 행위의 이유, 동기에 대한 질문을 스스로에게 던지며 회화의 본질에 대한 연구를 지속해 왔다. 1990년대 말부터 그림에 대한 그림 그리기인 <그림의 시작-구석에서>, 전국의 똑같은 벽을 통해 사회를 풍자한 <정물화, 화>, <이륙하다>, <풍경> 연작과 대표작인 <맨드라미> 연작에 이르기까지 일상적인 풍경이나 사물을 주제로 꾸준하게 작업하며 작품을 통해 삶에 대한 통찰 그리고 이 시대의 획일성과 부조리에 대한 사유를 이끌어내고 있다.

이인성 미술상

대구가 낳은 천재 화가라 불리며 한국근대미술사에 큰 업적을 남긴 이인성 화백

(1912-1950)의 작품 세계와 예술 정신을 기리고자 1999년에 제정된 이인성 미술상은 2014년부터 대구미술관으로 이관되어 새로운 방향으로 개편되었다. 새로워진 이인성 미술상은 다양한 장르가 혼재한 현대 미술의 흐름 속에서 평면 작업에 주목해 독창적이고 실험적인 작업을 지속하고 있는 중진 작가를 선정해 현대 미술에서 비주류화 되어가고 있는 회화를 적극 후원하고 한국 현대 미술의 균형 있는 발전을 이루고자 한다.

- 대구미술관 & 작성자: **최지아** 큐레이터 -

(6) 추진 계획

추진 계획은 기획을 실행하는 구체적인 일정을 정리한 것이다. 누가 어떠한 일을 할지 업무 분담을 하고, 언제 어떠한 일을 할지 시기별로 계획을 제시한다.

(7) 관련 자료

기획서의 맨 마지막 부분에는 기획에 관련된 보도 자료나 증빙 서류, 사진 자료, 도표 자료 등을 첨부한다.

<기획서 예시>

<전시 기획서>[28]

영남대박물관, 대구대중앙박물관, 국립민속박물관 공동기획전

전통목공예, 일상을 수(繡)놓다

Ⅰ. 전시 개요

• 전 시 명: 영남대학교박물관 2014학년도 특별전

28. 작성자 : 최경호 학예연구원(영남대박물관 민속인류부).

"전통목공예, 일상을 수(繡)놓다"

• 전시 형태 : 영남대박물관, 대구대중앙박물관, 국립민속박물관 공동기획전

• 국립민속박물관 공동기획전 기관 선정 배경

-2월 3일, 2014년 상반기 국립민속박물관 공동기획전 기관에 선정 공고문 접수

-3월 11일, 대구대학교중앙박물관과 연합 전시 형태로 신청서 작성 후 제출

-3월 18일, 국립민속박물관에서 전시기획안 발표(최경호 학예연구원)

-3월 24일, 국립민속박물관 공동기획전시관으로 선정됨

• 전시 기간 : 2014.09.25.(목)~12.14.(일)

• 개 막 식 : 2014.09.25.(목) 13:30~14:30

Ⅱ. 전시 목적

• 명품 목공예 유물을 다량 소장하고 있는 영남대학교박물관과 현대목칠공예전시관을 갖추고 목공예 분야의 다양한 유물을 소장하고 있는 대구대학교중앙박물관 그리고 민속 문화 창달과 확산에 중추적 역할을 담당하고 있는 국립민속박물관이 힘을 모아 아름다운 우리 문화, 특히 목공예에 대한 인식을 확산할 수 있는 의미 있는 연합전을 개최하고자 함

• 서울 경기권에 비해 상대적 문화 소외 지역이라 할 수 있는 경산, 영천, 하양 등의 지역민과 학생들뿐만 아니라 각 대학별 2만 명 이상의 재학생을 보유하고 있는 대학 구성원들에게 접근성 높은 곳에서의 폭넓은 문화 향유의 기회를 제공함으로써 우리 문화에 대한 자긍심을 높일 수 있는 자리 마련

• 국립민속박물관 및 대학박물관의 지역민을 향한 적극적 문화 서비스를 통해 국립민속박물관 및 각 대학박물관의 홍보 및 이미지 고양의 자리 마련

• 학교 밖 교육프로그램의 발굴 및 활성화가 요구되는 변화하는 교육 환경에 맞춘 박물관 교육 프로그램의 새로운 가능성 모색의 기회 마련

Ⅲ. 전시 기본 방향

• 전통 가옥의 생활 공간인 안방, 사랑방, 대청, 부엌 등에서 사용된 전통 목가구 및 소품 등을 통해 한국 목공예의 "멋"을 조명함

- 전통목공예의 제작 도구인 대패, 톱, 먹통 등 목공구 및 짜임을 통해 한국 목공예의 "技"를 조명함.
- 한국목공예의 전통 문양을 통해 생활 곳곳에 담긴 한국인의 염원, "한국인의 정서"를 이해함

Ⅳ. 전시 주제 구성(안)

※ 아래의 전시 주제 구성안은 전시 기획 방향에 따라 변동이 가능함

- 영남대학교박물관은 사랑방을 중심으로 전통 가옥의 내외공간의 개념에서 외부공간(남성공간)의 목공예를 중심으로 전시하고, 대구대중앙박물관은 안방을 중심으로 전통 가옥의 내외공간의 개념에서 내부공간(여성공간)의 목공예를 중심으로 전시함.

<영남대학교박물관>

- 주제 1부: 사랑방 전통목공예 사랑방을 수놓다: 사랑방 가구 및 목공예를 중심으로 전시함(※ 남성의 공간을 중심으로 한 목공예 전시실)
- 주제 2부: 대청 전통목공예 대청을 수놓다: 대청 가구 및 목공예를 중심으로 전시함 (※ 기능에 따른 혹은 문양에 따른 목공예 전시실로 변경 가능)
- 주제 3부: 기타 목공예 소품전 목공구, 전통 문양(능화판, 실패, 떡살 등), 장석 등을 전시함

<대구대학교중앙박물관>

- 주제 1부: 안방 전통목공예 안방을 수놓다: 안방 가구 및 목공예를 중심으로 전시함.
- 주제 2부: 부엌 부엌에 繡놓인 전통목공예: 부엌 가구 및 목공예를 중심으로 전시함
- 주제 3부: 목공구, 장석, 현대목가구 등을 전시함

<전시 연계 교육 프로그램>

- 교학상장(教學相長) 프로그램(가칭) 운영
- 목적: 전시 공간의 목공예에 투영된 전통 사회의 의식을 체험하고, 유교에서 인

간이 마땅히 취해야 할 도리로 배움의 정신을 강조한 말로 전통교육의 핵심을 축약한 것을 교육 프로그램에 투영

• 대상 : 초등학교 고학년(5~6학년) 및 중학생 반별 운영

• 내용 : - 교내 민속촌(화산서당, 구계서원 등)을 활용한 체험
  - 향약의 주요 내용이기도 한 '교학상장'을 주 테마로 전통사회에서 강조되는 절목을 교육: 서당 간접 체험

<전시 연계 시연 및 탁본 체험 프로그램>

• "나무에 수놓다": 판각 시연 및 탁본 체험

• 목적 : 각종 목공예에 문양과 글씨를 수놓는 장인의 모습을 원형대로 시연하고 관람객들이 직접 탁본도 해 보는 체험 공간을 마련하여 전시 유물에 대한 생생한 이해를 도모함

• 대상 : 관람객 전체

• 내용 : 중요무형문화재 제○○○호 각자장 이수자인 ○○○ 선생님을 초빙하여 현대 사회에서도 묵묵히 전통문화 기술을 전승하는 작업 현장을 재현함

Ⅴ. 전시 준비 일정 및 추진 계획

다음 페이지

Ⅵ. 전시 연계 특강(안)

• 일시 : 2012. 9. 25(목) 14:30~17:00

• 특강 일정 및 내용 (사회 ○○○ 학예연구원)

◇ 14:30~15:00 ○○○(○○○○박물관장): 목공예와 한국 문화

◇ 15:00~16:00 ○○○(○○대학교 교수): 한국 목공예의 미학적 특징

◇ 16:00~17:00 ○○○(○○○○박물관 학예연구관): 한국 목공예의 기능과 형태

Ⅶ. 예산(안)

(생략)

<전시 준비 일정 및 추진 계획>

내용 \ 일정	1	2	3	4	5	6	7	8	9	10	11	12	비고
전시 기획안 작성		■											
사업 발표회 및 선정			■										
자부담 예산 확보			■										
유물 1차 선정			■										
가상 디스플레이				■									
유물 최종 선정				■									
자료(사진, 원고) 정리·수합				■	■								
도록 등 홍보물 제작						■	■						
패널 등 사인물 제작						■	■						
연계 교육 프로그램 추진						■	■						
학술대회 세부 추진				■			■		■				
국립민속박물관 중간 설명회								■					
인테리어 공사								■	■				
사인물(패널 외) 설치								■	■				
국립민속박물관 유물 운송								■					
대구대학교박물관 유물 운송								■					
대내외 홍보								■	■				
유물 디스플레이								■	■				
전시 개막식									■				9.25
특별전 연계 특강									■				9.25
전시 진행									■	■			
전시 폐막/유물 포장												■	12.14
대여 유물 반환												■	
결과 통계 및 회계 정산												■	
사업 결과보고서 제출												■	

<행사 기획서>

○○중학교 토론 대회

1. 추진 목적

1) 학생들이 함께하는 토론의 경험을 통해 토론 문화를 확산시킨다.
2) 다양한 갈등을 해결할 수 있는 도구로서 토론 능력을 신장한다.
3) 문제를 비판적으로 분석하고, 합리적인 해결책을 모색하는 활동을 통해 민주 사회 시민으로서의 자질을 함양한다.
4) 사회적 쟁점들에 대한 관심을 가짐으로써 리더로서의 자질을 함양한다.
5) 객관적·사실적 논거를 통해 논리적으로 설득하는 능력을 기름으로써 논술과 심층 면접 등에 대비한다.

2. 토론 대회 주제

학생의 복장, 화장, 두발 제한 필요하다. (개인의 자유, 공공의 질서를 위해 제한이 필요하다.)

3. 토론대회 운영 계획

구분	내 용		
대상	토론 대회 신청서와 참가 글을 제출한 본교 1, 2, 3학년 학생		
일시	예선 대회	2015. 09. 11(금) 16:00~17:00(상황에 따라 시간 연장 가능)	
	결선 대회	2015. 09. 16(수) 16:00~16:30(상황에 따라 시간 연장 가능)	
장소	1학년	2학년	3학년
	1학년 3반 교실	2학년 8반 교실	3학년 7반 교실
방식	3인 1팀 / 찬반양론의 대립 토론 형식		
심사	○국어과 교사 2인이 공동 심사하여 심사의 공정성을 기함 ○심사 위원 2명의 협의를 통해 순위를 결정함 ○2인 중 한 명이 사회자 역할을 함 ○심사 결과는 비공개를 원칙으로 함		
평가 항목	① 논증력: 논거를 객관적으로 제시하고 인식을 생산하는 과정에서의 새로운 발상 ② 비판력: 상대방의 주장을 파악하고 적절히 반박하는 능력		

	③ 언어 표현력: 정확한 용어 사용, 정확하고 분명한 발음, 어휘나 수사적 표현과 목소리 ④ 토론 윤리 및 태도: 경청, 포용력과 배려, 상대방을 인격적으로 존중하는 태도
시상	★수상자는 참가 인원의 5% 이내 -단 참가 대상이 10명 이상, 60명 미만일 경우: 수상자는 1팀 3명

4. 세부 일정

시 기	내 용
참가 신청	○9월 3일(목)까지 인문사회교육부 ○○○ 선생님께 신청서를 제출함 ○9월 7일(월)까지 참가 글을 제출함 ○찬성, 반대 비율이 맞지 않을 경우에는 예선 대회 전 뽑기를 통해 찬성, 반대 모둠을 결정함
오리엔테이션 9월 8일(화)	○참가자들을 대상으로 토론 방식 및 일정에 대해 설명함 ○찬성, 반대 모둠을 정함
예선 대회 9월 11일(금) 16:00~17:00	○참가자는 말하기 대본을 작성하고, 말하기 대본을 발표 전에 제출해야 함 ○참가자는 절대 대본이나 메모를 보고 말할 수 없음 ○예선 순서는 당일 참가자 대표들이 뽑기를 통해 결정함 ○심사 위원들의 평가표에 따라 결선 대회에 진출할 학생들(각 학년별 2팀씩)을 선발함
결과 통보 9월 11일(금)	○예선을 통과한 참가자에게 개별 통보함
오리엔테이션 9월 14일 (월))	○결선 대회 참가자들을 대상으로 토론 방식 및 일정에 대해 설명함 ○찬성, 반대 모둠을 정함
결선 대회 09. 16(수) 16:00~16:30	○학년별로 해당 장소에서 토론 대회 진행 ○심사 위원 집결, 평가표 완성 및 순위 결정 ○찬성 팀과 반대 팀 학생들이 각 입장에서 토론함 ○1인 1표제 형식으로 발언 기회를 균등하게 분배함 ○앉은 순서에 따라 발언 기회를 균등 부여한다. 단 입론 순서와 최종 발언 순서는 역순으로 하고, 첫 번째 입론자는 마지막에 최종 발언함 ○발언은 입론, 교차 질문, 반박, 최종 입론 등으로 자유롭게 구사함 ○모든 발언은 원고를 보고 읽지 않도록 하되, 토론 중에 작성한 간단한 메모는 참고가 가능함

연습문제 1. 학과 홍보 동영상 제작을 위한 기획서를 작성해 보자.

2. 20년 후 자신의 연주회, 전시회 등을 준비한다고 가정하고 기획서를 작성해 보자.

<참고 문헌>

김순국,『김PD의 공연기획』, 컬처플러스, 2011.

김홍희 외,『미술전시 기획자들의 12가지 이야기』, 한길아트, 2005.

사이토 마코토 지음·양영철 옮김,『기획서·제안서 작성법』, 삼양미디어, 2004.

서종학·노상래·박종갑·곽은희,『예·체능계열 직업세계와 맞춤형 글쓰기』, 영남대학교출판부, 2010.

디지털 시대의 글쓰기

1. 디지털 시대의 문식성 환경

지금은 인터넷과 스마트폰의 시대다. 인터넷과 스마트폰은 우리의 소통 방식에 상당한 변화를 가져왔다. 문자, 영상, 음성이 복합된 디지털 매체는 네트워크의 구성을 바탕으로 동시적인 양방향 소통을 가능하게 함으로써 기존의 문자나 인쇄 매체 주도의 환경에서와는 전혀 다른 읽기와 쓰기 능력을 요구하고 있다.

이제 종이 신문을 찾아 읽는 사람은 그리 많지 않다. 현대인들은 인터넷에서 신문 기사를 찾아 읽고 영화도 보고 음악도 듣는다. 그리고 사회 관계망 서비스를 이용하여 지극히 개인적인 내용의 글들을 써서 인터넷에 올린다. 인터넷 카페나 개인 블로그를 이용하여 전문적인 지식을 공유하기도 하고, 의견을 나누기도 한다.

이처럼 인터넷으로 대표되는 디지털 매체의 발달은 개인의 생활 방식뿐만 아니라 읽고 쓰는 문식성 환경에도 큰 변화를 초래하였다. 책이나 종이 신문을 통해 얻던 정보들이 인터넷의 다양한 자료들을 통해 수용되거나 재생산되고 있으며, 종이로 보관하던 글들도 대부분 컴퓨터에 파일로 저장되고 클라우드로 손쉽게 접근 및 공유가 가능하게 되었다. 초고속 인터넷 보급률은 갈수록 높아지고 있을 뿐만 아니라, 인터넷 이용자에 대한 최근 통계는 이제 유아에게까지 적용되어 나오고 있으며 현재 세대를 디지털 네이티브(digital native)라 부르기도 한다.

이러한 미디어 환경의 변화가 장기적으로 인간의 사고 구조에까지 영향을 미칠 것이라는 분석 및 예측이 이미 다양하게 나오고 있다. 현재 구체적으로 확인되는 문식성 환경의 변화를 몇 가지 측면에서 살펴보기로 하자.

디지털 시대의 문식성 환경의 특징으로는 하이퍼텍스트, 상호작용성, 네트워크성, 멀티미디어 기반 등을 꼽을 수 있다.[29]

하이퍼텍스트는 책으로 대표되는 문자 텍스트의 선형적이고 순차적인 방식에 의한 텍스트 제시가 아닌, 지식과 정보의 다양한 조합과 연계성 속에서 텍스트를 상호 연결시키는 비선형적 텍스트 제시 방식을 가리킨다. 하나의 텍스트를 읽고 순차적으로 다음 텍스트로 넘어가는 것이 아니라 하나의 텍스트 내에서 음성, 문자, 그림, 동영상 등 다양한 다른 매체를 복합한 텍스트로 '점프'할 수가 있는 것이다. 이러한 하이퍼텍스트 방식에 의한 디지털 텍스트는 전통적인 책 텍스트의 개념을 근본적으로 해체시키며, 기존과는 다른 읽기와 사고방식을 요구한다.

상호작용성은 신문이나 텔레비전의 일방적 정보 제공 방식과는 다른, 수용자가 생산자로 즉각적으로 참여하는 것을 가능하게 하는 양방향 의사소통이 가능한 디지털 매체의 속성을 가리킨다. 디지털 매체는 기술적으로 지식과 정보의 생산이 이전보다 쉬워져, 단순히 독자 혹은 수용자 입장에서 텍스트를 대하는 것이 아니라 스스로 텍스트를 생산할 수 있도록 수용자의 위치를 바꿔 놓는 것이다.

네트워크성은 디지털 매체가 유무선망을 통해 연결되어 있음을 가리키는데, 개인용 컴퓨터 이용자들이 네트워크상에서는 상호 연결되어 즉각적으로 소통을 하거나 게임을 하는 것을 가능하게 한다. 디지털 매체의 네트워크성을 기반으로 한 상호연결성은 읽기와 쓰기가 동시에 일어나는 것을 가능하게 하고, 따라서 정보의 수용자이면서 동시에 정보의 생산자로 소통하는 것을 가능하게 한다.

마지막으로 멀티미디어에 기반함으로써 음성이나 문자에만 의존하는 소통방식에서 벗어나 사진이나 동영상 등이 적극적인 소통의 매체로 활용되는 것을 볼 수 있다. 개인 블로그에 올리는 글들 중 상당수는 사진을 텍스트로 포함하고 있으며, 또한 배경 음악을 통해 부수적인 메시지를 전달하기도 한다.

디지털 시대의 글쓰기는 이러한 변화를 적극적으로 수용하고 활용함으로써 이루어진다.

---

29. 윤여탁 외, 『매체언어와 국어교육』, 서울대 출판부, 2008, 제3장 참조.

연습문제 다음 영상을 찾아 본 후 폭설로 인한 휴교령을 알리기 위해 교장 선생님이 선택한 소통 방식에 대해 말해 보자.

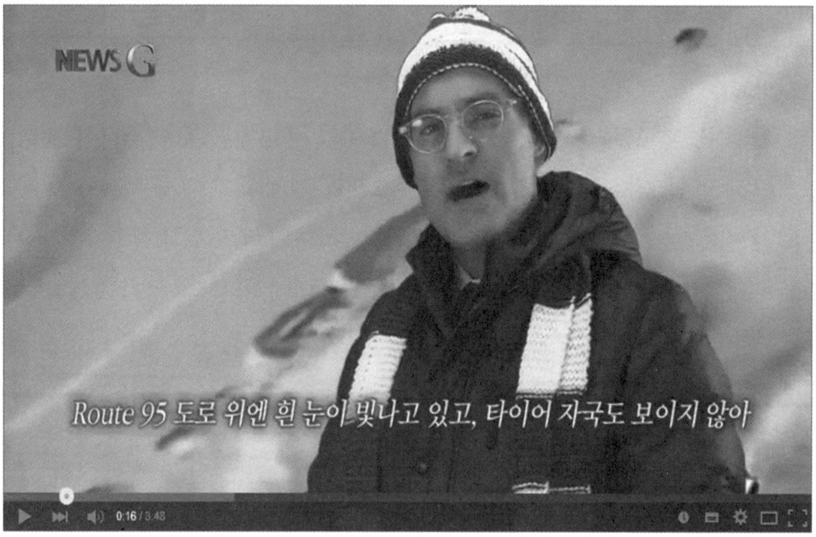

https://www.youtube.com/watch?v=bX5rdh7Ebqc9

2. 디지털 글쓰기의 특징

그렇다면 이러한 디지털 문식성 환경에서 글쓰기는 어떠한 특징을 지니고 있을까?

디지털 환경에서의 모든 글쓰기가 그러한 것은 아니지만 대체적으로 디지털 시대의 글쓰기는 다음과 같은 특징을 지니고 있다.

첫째, 저자 개념의 변화 및 저자의 확대이다. 인터넷 공간에서는 저자와 독자의 경계가 희미해진다. 저자이면서 독자, 독자이면서 저자의 역할을 하게 됨에 따라 '작독자'라는 개념이 새롭게 생겨났다. 작독자 개념을 잘 보여주는 것이 댓글 쓰기이다. 다른 사람의 글이나 신문 기사 등에 댓글을 다는 행위는 정보 읽기와 이에 대한 반응 쓰기를 아우르고 있는 것이다.

또한 개인 블로그 등에 특정 주제에 대해 지속적으로 글을 올림으로써 누구나 책을 출판할 수 있는 시대가 되었다. 신뢰성 등의 측면에서 기존의 저자만큼 권위를 지니고 있는 것은 아니지만, 글쓰기가 창조적 개인이나 특정 분야의 전문가에 의해서만 이루어지는 것은 아니라는 점을 보여 주고 있는 것이다. 이를 블룩(Blook) 현상으로 보기도 하는데, 블로그(blog)에 올린 내용을 책(book)으로 낸 것을 합성하여 만든 말이다. 주부와 블로거를 합성한 와이프로거(wifelogger)라는 조어도 마찬가지인데, 주부의 관심사인 요리, 인테리어, 육아 등에 대한 생생한 정보를 담은 책들이 주부 블로거들에 의해 발간되는 현상을 가리키는 말이다.

디지털 시대의 저자 개념은 구성자 혹은 디자이너 차원으로까지 그 의미가 확장되기도 한다. 멀티미디어 환경이 일반화됨으로써 단순히 문자로써 글을 쓰는 것이 아니라 화면을 구성하고 디자인하거나 혹은 음악, 사진 등의 다른 매체 자료를 활용하는 등의 능력이 글을 쓰는 사람에게 요구되기도 한다.

둘째, 독자를 의식하는 특성이 강하다. 인터넷 글쓰기는 끊임없이 독자를 염두에 두게 한다. 토론방이나 게시판에 올린 글은 조회 수에 의해 그 글의 가치가 평가되기도 하고, 개인 SNS에 올린 글들은 얼마나 많은 '좋아요'를 얻었는지가 관심의 대상이 되기도 한다. 자신이 쓴 글이 조회 수가 많고 댓글도 많다면 글쓰기에 자신감을 갖게 되기도 하며, 오히려 반대인 경우에는 위축감이나 혹은 긴장감을 가지게 될 수도 있다. 그런 면에서 인터넷에서의 글쓰기는 소통하고자 하는 욕망이 표현되는 곳인 동시에 다른 사람들에게서 인정받고자 하는 욕망, 다른 사람들과 연결되어 있다는 것을 확인 받고자 하는 연대의 욕망이 표현되는 장이기도 하다.

셋째, 다층적이고 가변적이다. 디지털 매체에 기록된 글들은 하나의 거대한 정보로 연결되며, 각각이 하나의 텍스트로서 다른 텍스트들과 상호텍스트적으로, 하이퍼텍스트적으로 밀접하게 연계되어 있다. 이러한 다층적 글쓰기의 특징을 가장 잘 보여 주는 것이 '위키위키(WikiWiki)' 시스템이다. 위키위키는 관리자가 아니더라도 누구나 읽고 쓸 수 있는 웹사이트로서 누구나 쉽고 빠르게 웹 페이지를 수정할 수 있다. 위키피디아는 인터넷 백과사전으로서 지식의 공동 생산을 잘 보여주는 동시에 인터넷 글쓰기의 다층성을 잘 드러낸다. 이들은 답글 형식이 아니라 도큐먼트 형식으로 작성자 이외의 사람이 작성자의 글을 수정할 수 있는 공개 게시판으로 글이 차례차례 쌓이지 않고 수정하고 싶은 부분만 골라 수정할 수 있다.

'네이버지식인'은 이와 성격은 다르지만 지식의 협업적 생산이라는 점에서 공통점이 있으며, 일부 수정이 아닌 차곡차곡 쌓이는 형태로 하나의 문제에 대한 지식을 형성해 간다는 점에서 위키위키 시스템과는 다르다고 할 수 있다.

연습문제 1 다음은 대중적으로 크게 성공한 인터넷 소설 중 일부이다. 이 소설에서 드러나는 인터넷 글쓰기의 특징들을 정리해 보고, 이에 대한 의견을 말해 보자.

"전화해. 안하면 죽여 버린다!"
"너 나랑 진짜 결혼할라고? -.,-"
"미친놈. -_-^"
이 새끼가 말 바꾸네. -.,-
"난 너 책임 안 진다. -.,-"
라고 내가 말했다.
"누군 너 좋은 줄 아냐!? 곰대가리야! 너 나랑 사귀는 거 소문내고 다니면 가만 안 둬!"
라고 지은성이 말했다. -.,-
"누가 너랑 사귀는데?! -_-^"
"나도 역겹지만 -_-^ 니가 내 입술 덮친 거 본 애들 네 명이나 있잖아!"
"헉. 뽀뽀가 대수냐. 나 사귀는 사람 있어(있긴 쥐뿔도 없음)."
"그건 내가 상관할 바 아닌데. --* 누가 니 좋아한대냐?"
"금 왜 사겨!"
"뽀뽀했으니까! -_-^ 난 말했다? 전화 안하면 죽어. 에이 씨, 얘네 왜 안 와. 후문이 여기서 머나?"
"아니, 존나 가까워."
촐랑이가 대답했다.
"우리가 가자!"
얼빠진 나랑 경원일 뒤로하고 그들은 휘적휘적 떠났다. 이렇게 보니까 지은성 그놈 키가 제일 컸다.

- **귀여니**, 『그놈은 멋있었다. 1』, 반디, 2009, 14쪽.

연습문제 2 자신이 즐겨 찾는 웹 사이트나 혹은 자신이 가입한 인터넷 카페가 있으면 말해 보고, 그곳에 올라오는 게시판 글들 중 1편을 골라 와서 함께 토의해 보자.

<토의 참조>

1. 어떤 내용을 다루고 있는가?
2. 지식이나 정보의 깊이는 어떠한가?
3. 해당 글의 공유(올린 사람의 입장)가 사회적 맥락에서 볼 때 어떠한 의미가 있는가?
4. 해당 글을 읽는 것이 나에게는 어떤 의미가 있는가?
5. 내가 글을 써서 올린다면 어떤 글을 써서 올리고 싶은가?

연습문제 3 '나는 누구인가'라는 주제를, 6~8컷의 만화로 표현해 보자(기성 사진이나 그림 등 활용 가능).

부록 : Y형 인재가 읽는 명저 100선

문학 계열	01	1984	조지 오웰
	02	고리오 영감	오노레 발자크
	03	광장	최인훈
	04	구운몽	김만중
	05	그리스 비극	소포클레스 외
	06	난장이가 쏘아올린 작은 공	조세희
	07	네루다 시선	파블로 네루다
	08	다산시선	정약용
	09	당시선	두보 외
	10	당신들의 천국	이청준
	11	루쉰 소설집	루쉰
	12	마음	나쯔메 소세키
	13	멋진 신세계	올더스 헐슬리
	14	미당시선	서정주
	15	백년 동안의 고독	가브리엘 마르케스
	16	백석 시선집	백석
	17	변신	프란츠 카프카
	18	변신 이야기	오비디우스
	19	부활	톨스토이
	20	삼국유사	일연
	21	삼대	염상섭
	22	설국	카와바타 야스나리
	23	세익스피어 희비극선	세익스피어

문학 계열	24	아라비안나이트	리처드 버턴
	25	열하일기	박지원
	26	오만과 편견	제인 오스틴
	27	위대한 유산	찰스 디킨스
	28	인간조건	앙드레 말로
	29	주홍글자	다니엘 호손
	30	춘향전	
	31	카라마조프가의 형제들	표도르 도스토예프스키
	32	태백산맥	조정래
	33	태평천하	채만식
	34	파우스트	괴테
	35	픽션들	호로헤 보르헤스
	36	한국고전시가선	임형택
	37	한중록	혜경궁 홍씨
	38	황석영 단편	황석영
	39	희곡선	안톤 체홉
인문 계열	40	간디 자서전	마하트마 간디
	41	난중일기	이순신
	42	논리철학 논고	비트겐슈타인
	43	논어	공자
	44	니코마코스 윤리학	아리스토텔레스
	45	도덕의 계보	프리드리히 니체
	46	뜻으로 본 한국역사	함석헌
	47	물리계 안에서의 마음	김재권
	48	백범일지	김구
	49	봉건사회	블로크
	50	사기	사마천
	51	소유냐 존재냐	에리히 프롬
	52	에밀	장자크 루소
	53	역사란 무엇인가?	에드워드 헬릿 카
	54	우파니샤드	
	55	유림외사	오경재
	56	자성록	이황

인문 계열	57	장자	장자
	58	주역	
	59	플루타르코스 영웅전	플루타르코스
사회 계열	60	감시와 처벌	미셸 푸코
	61	거대한 전환	칼 폴라니
	62	국가	플라톤
	63	국부론	아담 스미스
	64	리바이어던	토마스 홉스
	65	문명속의 불만	지그문트 프로이트
	66	미디어의 이해	미셸 매클루언
	67	사회계약론	장 자크 루소
	68	세계화의 덫	한스 페터 마르틴
	69	슬픈 열대	끌로드 레비 스트로스
	70	에로스와 문명	허버트 마르쿠재
	71	오래된 미래	헬레나 노르베리 호지
	72	오리엔탈리즘	에드워드 사이드
	73	옥중수고	안토니오 그람시
	74	원형과 무의식	칼 구스타프 융
	75	월든	헨리 데이빗 소로우
	76	유토피아	토마스 모어
	77	인간의 조건	한나 아렌트
	78	자본론	칼 마르크스
	79	자유론	존 스튜어트 밀
	80	정의론	존 롤즈
	81	프로테스탄티즘 윤리와 자본주의 정신	막스 베버
	82	혁명의 시대	에릭 존 에른스트 홉스봄
자연 계열	83	거의 모든 것의 역사	빌 브라이슨
	84	과학혁명의 구조	토마스 쿤
	85	부분과 전체	하이젠 베르그
	86	엔트로피	제레미 리프킨
	87	이기적 유전자	리차드 도킨스
	88	이중나선	제임스 왓슨
	89	종의 기원	찰스 다윈

자연 계열	90	카오스	제임스 글리크
	91	코스모스	칼 세이건
	92	털 없는 원숭이	데즈먼드 모리스
	93	파인만의 여섯 가지 물리이야기	리처드 파인만
	94	현대물리학과 동양사상	프리초프 카프라
	95	혼돈으로부터의 질서	일리야 프리고진 외
예술 계열	96	놀이와 예술 그리고 상상력	진중권
	97	문학과 예술의 사회사	아놀드 하우저
	98	예술과 환영	에른스트 한스 곰브리치
	99	점·선·면	바실리 칸딘스키
	100	호모 루덴스	요한 호이징하